浙江理工大学人文社会科学学术专著出版资金资助（2010年度）

国际劳工组织合作项目（项目编号：40041167/0）研究成果

浙江省社会科学界联合会重点项目（项目编号：08Z24）研究成果

浙江理工大学科研启动基金资助（项目编号：1105807-Y）

◎ 赵林飞 顾庆良 著

全球产业网络下的企业社会责任和产业升级

Corporate Social Responsibility and Industry Upgrading in the Global Production Network

ZHEJIANG UNIVERSITY PRESS
浙江大学出版社

图书在版编目（CIP）数据

全球产业网络下的企业社会责任和产业升级 / 赵林飞，顾庆良著. —杭州：浙江大学出版社，2011.7
ISBN 978-7-308-08789-6

Ⅰ.①全… Ⅱ.①赵… ②顾… Ⅲ.①企业责任：社会责任—研究 ②企业—产业结构升级—研究 Ⅳ.①F270

中国版本图书馆 CIP 数据核字（2011）第 119719 号

全球产业网络下的企业社会责任和产业升级
赵林飞　顾庆良　著

责任编辑　张　琛
封面设计　刘依群
出版发行　浙江大学出版社
（杭州市天目山路 148 号　邮政编码 310007）
（网址：http://www.zjupress.com）
排　　版　杭州中大图文设计有限公司
印　　刷　德清县第二印刷厂
开　　本　710mm×1000mm　1/16
印　　张　12.75
字　　数　250 千
版 印 次　2011 年 7 月第 1 版　2011 年 7 月第 1 次印刷
书　　号　ISBN 978-7-308-08789-6
定　　价　32.00 元

序

企业社会责任和产业转型升级是管理学界和经济学界共同关注的两大问题，现有的相关研究主要沿着两条平行的主线展开：企业社会责任研究重点在于对其本质、动因与绩效的探讨；产业转型升级的研究随着经济全球化的不断发展，其视角从全球商品链到全球价值链再到全球产业网络，涉及经济全球化进程、国家与区域经济发展、产业与企业战略的运营等，包括国际贸易自由化原则与贸易磨擦、公平贸易与公平竞争、区域经济发展、国际竞争优势、就业和体面劳动、经济升级和社会升级等有关国家、产业和企业等关键问题。

自20世纪70年代末以来，全球经济格局发生了翻天覆地的变化，以跨国公司为主导的经济组织致力于在全球范围内构建以价值链为基础的全球产业网络。在此背景下，发展中国家以低劳动成本的优势承接了大量生产制造环节，获得了前所未有的发展机遇，但总体上处于价值链低端的分工地位。作为"世界工厂"，中国制造业面临着经济转型和社会转型升级的双重使命。随着中国的入世和纺织品贸易配额的取消，中国纺织服装业的规模优势得以充分发挥，巨大产能得以释放，成为全球第一大纺织服装生产和出口国，在全球纺织服装产业网络中占据重要地位。但总体而言，大量出口产品来自加工贸易环节，产品附加值较低。当前面对欧美等发达国家买家强悍的侃价能力和严格的企业社会责任标准，加之出口退税调整、人民币升值、原料和劳动力价格以及经营成本的提高等因素的影响，中国纺织服装业面临着前所未有的强化社会责任和转变发展方式的压力。然而，我国学术界对此所进行的理论和实证研究还很不够，尤其是把两者结合起来深入研究的成果尚不多见。

鉴此，赵林飞博士和顾庆良教授知难而进，在深入调查研究的基础上，运用现代经济管理理论，写成了具有较强创新性的学术专著《全球产业网络下的企业社会责任和产业升级》，我读后深受启发。该书从全球产业网络的分析框架出发，以中国纺织服装业为重点，验证了"做好事把事情做好(Do well by doing good)"的可能性。作者运用CSP(Context-Strategy-Performance)的研究逻辑，探讨全球产业网络的本质特征、企业社会责任的制约机制和不同分析框架下产业升级内涵的演变。经济性和社会性是全球产业网络的双重特征，作者对发展方式转变从经济升级和社会升级两个方面进行分析，用企业势力和企业价值反映经济升级，用体面劳动反映社会升级，并选择相应的变量构建了结构方程模型，揭示了企业社会责任与产业升级之间的正相关关系；进一步采用聚类分析的方法，将企业分为主动适应型和被动反应型两类，比较了不同类型企业的行为表现；并以"申洲"和"雅戈尔"两家纺织服装企业为案例，探讨了中国纺织服装企业在全球产业网络框架下经济升级和社会升级的成功路径，最后提出了相应的政策建议。

当然，本书的研究还是初步的，关于企业社会责任和产业升级及其相互关系还需从理论与实践的相结合上开展更为全面、系统的研究。而这样的研究对于中国工业经济、尤其是纺织服装等传统优势行业的转型升级以及企业家素质提高和社会转型，无疑具有重要理论和现实意义。我们期待并相信作者会推出具有更高学术水准和应用价值的新作，也希望学术界、企业界有更多同仁能投入这项研究与实践中，以便对我国经济社会的科学发展、转型升级作出新的更大的贡献！

浙江省特级专家

2010年12月25日

目　录

第一章 绪 论

第一节 研究背景及意义

一、研究背景

自20世纪70年代末以来，随着经济全球化进程的不断深入，全球经济格局发生了翻天覆地的变化，世界价值创造和分工体系出现了前所未有的垂直分离和重构，以跨国公司为主导的经济组织将生产过程分解为若干阶段，根据不同的要素禀赋在全球配置生产资源，形成以全球价值链（Global Value Chain，GVC）为基础的全球产业网络[①]（Global Production Network，GPN）。一方面，发达国家对自身的核心竞争能力作了一次重新定位，将重心由生产制造转移到了创新、设计、市场营销、服务和制造业中高附加值环节等方面；另一方面，发展中国家由于接受了大量从发达国家转移出来的生产制造等价值环节，从而获得了前所未有的发展机遇（张辉等，2007）。在此过程中，中国也正在大规模、全方位地融入世界经济，尤其是制造业已经成为世界分工体系中的重要组成部分（金碚，2003）。中国产业在新一轮国际分工格局中仍处于较低层次，总体地位还不高，处于不利的分工地位（汪斌，2006）。因此，中国产业如何在全球产业网络中提高国际分工的地位，从而获得更高的附加值，加快产业结构的升级是一个非常紧迫的课题。

---

① 似乎国内多数学者将其表述为“全球生产网络”。如 Shahid Yusuf 等（2005）；刘春生（2006）；刘德学等（2006）；鲁邦旺等（2007）。笔者认为，“Global Production Network”所涵盖的范围涉及特定产业的设计、生产、营销和物流等所有环节，而不仅限于生产环节，用“全球产业网络”一词更合适。因此，在本书中采用“全球产业网络”的表述。同样的，文嫮（2005）在其博士论文中也采用了“全球产业网络”的表述。吴晓波等（2007）则用了“全球制造网络”的表述。

自20世纪20年代起，资本的不断扩张引起了一系列的社会矛盾，如贫富分化、社会穷困，特别是劳工问题和劳资冲突（刘俊海，1999）。在经济全球化的背景下，资本的国际化促进了世界经济的发展和财富的增长，资本地位不断上升，而世界劳工的地位在不断下降，因此加剧了世界范围内的劳动问题（常凯，2002）。随着经济全球化的深入，产业资本和商业资本在全球跨地域流动以寻求最大的利益，跨国公司将生产制造环节转移到劳动力成本低廉的发展中国家，世界范围的资源流动和生产使得跨国公司不受当地劳工立法的制约，减少了对生产工人的直接管理与保障。同时，跨国公司不断地在全球范围内寻求最低成本的制造商。在跨国公司的这种“订单转移”的策略下，发展中国家的企业为了争取到订单而不得不陷入一种“向下竞争”（Race to Bottom）：低工资、延长劳动时间、强制加班、严格管理、劳工权益缺乏保障，同时造成对环境的破坏（兰荣国，2006）。资本在全球流动追求利润最大化的活动造成了发展中国家工人工作条件和劳工利益的“向下竞争”，结果就是劳动密集型产业内劳工状况的全球性恶化（余晓敏，2006）。西方发达国家尤其是美国的消费者、工会、学生组织、跨国非政府组织批评跨国公司的“血汗工厂”，并纷纷发起“反血汗工厂”的运动（Anti-sweatshop Campaigns）。自20世纪60年代尤其是90年代以来，全球范围内形成了一场声势浩大的企业社会责任（Corporate Social Responsibility, CSR）运动（张忠，2005），个体的利益相关者、贸易联合会、非政府组织等对公司按社会责任方式运作的呼声越来越强烈，要求跨国公司承担企业社会责任，要求企业在赚取利润的同时，应主动承担对环境、社会和利益相关者的责任（谭深、刘开明，2003）。受全球化和竞争的双重压力，跨国公司也通过制定行为守则（Code of Conduct, COD）来规范其国内和国外的经营活动。全球产业网络中的领导者也通过制定相应的规则（如COD、SA8000认证）来约束其各生产环节中成员的行为。企业社会责任成为当今社会最流行的概念之一（Kagnicioglu & Kagnicioglu, 2007）。

以典型的劳动密集型产业——纺织服装产业为例，随着中国的入世和扭曲的全球纺织品贸易体制——多边纤维协定①（Multi-Fiber Agreement, MFA）的取消，中国纺织服装业的规模优势得以充分发挥，巨大产能得以有效释放，成为全球第一大纺织服装生产和出口国，在全球纺织服装产业网络中占据了重要地位。但总体上来说，大量出口产品来自加工贸易环节，品牌贡献率较低②，服装

① MFA/ATC是设计通过限制更有竞争力的供应商的进口（比如中国）以保护美国和欧盟的国内产业（Thoburn，2009）。

② 资料来源：2008/2009中国纺织工业发展报告，第232页。

出口单价也出现下降的趋势①。在全球商品链中中国强于生产却弱于流通，强于产品弱于品牌，强于单品加工弱于系列设计和商品策划，缺乏主导权和议价权。在全球价值链中，中国只获得很小部分加工附加值，而服装及终端产品十分之九的附加值被设计师品牌、零售商和服装品牌拥有者占有。在全球产业网络框架下，面对着欧美等发达国家买家强悍的侃价能力和严格的企业社会责任标准，加之出口退税调整，人民币升值，原料、劳动力以及经营成本的提高等因素的影响，中国纺织服装业面临着前所未有的压力。与此同时，"劳动力"问题成为困扰中国纺织服装业发展的一大主要制约因素。2008 年全球金融危机和地方政策导向变化等因素导致我国部分纺织服装企业关停，但"劳工荒"并没有得到根本改善。江苏、浙江、福建等地，"熟练工"依然存在较大缺口和隐患②。解决"民工荒"的主要路径只能依赖企业承担更多的社会责任，改善劳动环境，提高员工的社会福利和工资水平。这就意味着企业增加了更多的劳动力成本，这又给以低成本为优势的加工企业带来了更大的困扰。

2010 年世界知名企业富士康的"多连跳事件"是企业转型升级和企业社会责任困境的极端和集中体现。作为一家优秀的代工企业，富士康构建了"高品质"("技术领先的客户化体现"、"客户快速响应"和"总成本领先")的竞争优势③，在这样的战略选择下，为了与上端研发产业及下端市场接口，不得不在制造环节加大设备和技术投入，而对人工成本进行严格控制，从而降低总成本。但随着产业发展升级，制造环节的利润率越来越低，由 2000 年前后的 20%左右下降为目前的 5%左右④。据美国权威市场调查机构 iSupply 提供的数据表明，富士康给苹果加工一台 iPad，费用仅为 11.2 美元，而平均成本为 260 美元的 iPad，在美国最低售价为 499 美元，富士康的代工费仅占售价的 2%，少得可怜⑤。这种经济全球化条件下的产业链布局和竞争压力传递机制，直接传导到产业链最底层的劳动者身上⑥。造成整个产业系统持续的关键问题在于：已有劳动法的国家执法的缺失；不足以维持生存的低工资、过多或强制性的加班；充

---

① 资料来源：2008—2009 中国服装行业发展报告，第 59 页。

② 资料来源：2008/2009 中国纺织工业发展报告，第 116 页。

③ 资料来源："极致"的管理，极端的"表达"——"富士康事件"背后的管理困局专家研讨沙龙(姜汝祥)，中国经营报，2010-05-31。

④ 资料来源："极致"的管理，极端的"表达"——"富士康事件"背后的管理困局专家研讨沙龙(吕峰)，中国经营报，2010-05-31。

⑤ 资料来源："极致"的管理，极端的"表达"——"富士康事件"背后的管理困局专家研讨沙龙(刘步尘)，中国经营报，2010-05-31。

⑥ 资料来源：金碚.从富士康事件中吸取教训，中国经营报，2010-05-31。

分的劳动者管理代表的缺失等①。劳动者的压力无处传导就用极端的"跳楼"形式表达,惨痛地体现了代工模式存在的深层次问题。

在两难困境的情景下,中国制造业应该如何解题?企业社会责任能否作为一种投入转化为产出,使企业创造更多的价值?企业社会责任能否提高本地供应商在全球产业网络中的地位,从而获得更多的议价权?企业社会责任能否作为供应商与买家、供应商与员工之间的凝化剂,使得企业的网络组织更为稳定?这些问题围绕着"企业社会责任能否促进产业升级"这一焦点问题展开,需要学术界作出解答,为企业界走出困境指明方向。

二、研究意义

现有的研究主要沿着企业社会责任和产业升级两条平行的主线展开:企业社会责任理论研究重点在于企业社会责任的形成与发展、动因及其绩效;产业升级的研究框架随着经济全球化发展的不断深入,从全球商品链到全球价值链再到全球产业网络,重点关注发展中国家的产业升级问题,升级路径及其模式和内涵都在不断的发展和变化中(Zhao & Gu,2009a)。以 Gereffi 为代表的学者基于全球商品链的视角以东南亚的服装产业为例,揭示了发展中国家本地供应商一条从组装(Original Equipment Assembling,OEA)—委托加工(Original Equipment Manufacturing,OEM)—自主设计和制造(Original Designing and Manufacturing,ODM)—自主品牌制造(Own Brand Manufacturing,OBM)的产业升级路径(Gereffi,1999;Bair & Gereffi,2003;Humphrey,2004)。全球价值链的分析框架使产业升级的研究重心转移至价值链不同环节的价值的创造、分化及其俘获上,价值链的全球化使得设计、生产和营销等不同的环节更加协同(Barrientos et al., 2008)。全球价值链视野下的发展中国家产业升级有四种模式:流程升级;产品升级;功能升级和链条升级(Humphrey & Schmitz, 2002),不同模式有着不同的创新行为和绩效(Kaplinsky & Morris,2002)。全球产业网络的分析框架与前两者相比,除了从商业视角关注发展中国家参与全球活动外,更从社会视角关注其对人们生活的影响(Barrientos et al., 2008),更多关注生产和雇佣关系的社会和制度嵌入,特别是发展中国家的当地供应商(Herderson et al., 2002)。随着研究的深入和拓展,升级的研究对象超越了制造业的范围向农产品、服务业(如旅游、商务外包等)延伸,原有的"产业升级"的概念用更宽泛、更具包容性的概念"经济升级"所替代,研究的重心也逐渐转向

---

① Forstater M. Sectoral coverage of the global economic crisis: Implications of the global financial and economic crisis on the textile and clothing sector. International Labour Organization(ILO) Sectoral Activities Programme, 2010:5.

社会升级问题，关注劳动者作为社会行为者的能力和权益的提升及其雇佣质量的提升(Barrientos et al., 2008)。

国内众多学者基于全球价值链视角研究了纺织服装产业升级路径及其策略(黄永明等，2006；刘芹、陈继祥，2006；胡丹婷、汪佩霞，2007；梁文玲、李鹏，2008；卓越、张珉，2008 等)，而对纺织服装业的企业社会责任问题关注不多。有实证研究表明产业升级与劳动力技术水平的提高和工作环境的改善等暗含着关系(Bair & Gereffi,2001)，产业升级产生一定的劳动力市场收益(如雇用的增加，工作质量及劳动安全的提高，培训和技能的提升，对劳工标准更多的关注等)(Remesh,2007)。Ahmed 和 Peerlings(2009) 对孟加拉国的纺织服装业的研究表明，企业对劳动者生产条件和服务的改善，可以导致劳动生产率的提高。这不仅增加了劳动者的收入和福利，也给企业带来了更高的收入，使其更多地投入到改善劳动环境中。Zhao 和 Gu(2009c)对宁波纺织服装产业集群的研究表明企业不同的经营模式与体面劳动的一些变量之间存在着显著关系。企业社会责任战略与经营模式之间也存在着显著的差异(Zhao & Gu,2009a)。但企业社会责任与产业升级之间的关系还有待于进一步从理论上深入探讨并得到实证检验。

本研究的目的就在于在全球产业网络的框架下，从理论上探讨企业社会责任和产业升级之间可能存在的关系，构建理论模型，通过中国纺织服装业的调研进行实证检验，得到相关的结论。研究结果对发展中国家的产业尤其是制造业升级与社会的和谐发展有着重要的现实和指导意义。

第二节 文献综述

企业社会责任和产业升级是本书两个核心概念，涉及的文献颇多，本节仅择其要，对两个概念的演变进行梳理，作为本书研究的基础。总的来说，企业社会责任的观念经历了从“责任”到“战略”的演变，而对产业升级的研究则从一般理论转向产业实践，其研究视角出现微观化趋势。

一、企业社会责任观念：从“责任”到“战略”

企业社会责任概念的演变可以看成是两条平行路径的结果(Vurro,2006)：一是政策制定者和组织为推广企业社会责任思想而推出的概念。如联合国、世界银行、世界可持续发展协会(WBCSD)、国际劳工组织(ILO)、欧盟(EU)等。二是学术界对企业社会责任是企业与社会/环境之间的关系问题的模糊认识到企业社会责任作为管理工具和行为指导原则的明确界定的演进过程。

在学术文献中，CSR 是个“备受煎熬”的概念(Godfrey & Hatch，2007)，Carroll(1999)回顾并讨论了学术文献中 25 个关于 CSR 的不同定义。企业社会责任最早的定义是由 Bowen(1943)给出的，指“商人按照社会的目标和价值，寻求其政策，做出其决策，或采取令人合意的行为底线的义务”(Perrini et al.，2006)。Carroll(1991)的金字塔模型认为企业社会责任是某一特定时期社会对组织所寄托的经济、法律、伦理和慈善的期望。Donaldson 和 Preston(1995)对企业社会责任的定义则包含了利益相关者的思想。Kotler 和 Lee(2005)认为企业社会责任是通过企业自主决定的经营实践和企业资源的贡献而提高公共福利的义务。Sacconi(2006)认为企业社会责任是基于所有利益相关者的企业治理的延伸模型。刘俊海(1999)认为企业社会责任是指企业不能仅仅以最大限度地为股东们营利或赚钱作为自己的唯一存在目的，而应最大限度地增进股东利益之外的其他所有社会利益。卢代富(2002)则认为企业社会责任是指企业在谋求股东利润最大化之外所负有的维护和增进社会利益的义务。陈永正(2004)将企业社会责任的本质归结为企业与股东之外的其他社会成员的利益关系对于企业利益的实现机制的重构。

不同的学者分析了企业社会责任的演变过程。De Bettignies(2002)回顾总结了 1955—2002 年间企业社会责任不同的含义，将企业社会责任思想划分为十个阶段：企业慈善(1955)、企业伦理(1960)、企业社会责任(1965)、利益相关者模型(1970)、企业社会响应(1975)、企业社会绩效(1980)、企业社会公正(1985)、可持续发展(1990)、三维基本底线(1995)和企业公民(2002)。Juholin(2004) 根据 Frederick(1994) 和 Vercic(1994)的研究将企业社会责任分为五个阶段和类型：CSR0(Public Responsibility 1900s—1930s)，强调公共利益；CSR1(Corporate Social Responsibility 1930s—1970s)，企业社会责任，关注普通公众；CSR2(Corporate Social Responsiveness 1970s)，企业社会响应，重点在于公司社会关系管理；CSR3(Corporate Social Rectitude 1980s)，企业社会公正，强调双向均衡的公共关系；CSR4(Corporate Social Reason 1990s)，企业社会动机，强调企业的公共关系不仅仅在于有效、正确地管理公司的关系，而且应该完全地参加寻求解决环境问题的路径。沈洪涛和沈艺峰(2007)则将企业社会责任思想的演变划分为五个过程：狭义的企业社会责任(20 世纪 70 年代以前)、公司社会回应(20 世纪 70 年代)、公司社会表现(20 世纪 80 年代)、利益者相关理论(20 世纪 90 年代)、公司公民(21 世纪初)。

学者对企业社会责任的认识也由最初的“责任”转向“战略”思想。Kotler 和 Lee(2005)认为企业社会责任经历了从“职责到战略的转变(A Shift from

Obligation to Strategy）”。Perrini 等（2006）认为企业社会责任包括战略和公司政策等内容，与企业管理的所有领域产生交互的因果关系，同时也是竞争优势的源泉。Porter 和 Kramer（2006）认为企业社会责任不仅仅是成本、限制或慈善行为，更重要的是，通过策略路径，企业社会责任会在解决社会问题的同时产生机会、创新和企业的竞争优势。不同的企业社会责任战略会产生不同的绩效。姜启军、顾庆良（2008）的研究表明企业社会责任战略对企业绩效影响显著的是企业竞争力，对员工流失率、企业声誉有影响且有显著性差异。Zhao 和 Gu（2009a）对中国纺织服装产业的研究表明主动实施企业社会责任战略的企业获得更高的利润率。

二、产业升级：从一般理论到产业实践

传统的产业升级理论研究视角相对比较宏观，主要研究经济增长与产业结构演变的内在关联。产业结构的发展和演变是任何一个国家经济发展过程中必然发生的经济现象（芮明杰，2005）。产业结构的演变可以带动经济结构增长，而经济增长又可以促进产业结构的加速演变和升级（王述英等，2006）。许多经济学家对经济增长与产业结构演变的内在关联进行了深入的研究。代表性理论有西蒙·库兹涅茨的总体增长与产业结构的关系理论、罗斯托的主导产业转换规律以及钱纳里的工业经济增长模型。

库兹涅茨提出经济增长因素主要是知识存量的增加、劳动生产力的提高和结构方面的变化。在第三个重要因素——结构变化研究中，不仅考察了产业结构变动与总量增长的一般关系，而且分析了结构变动在不同总量增长时点上的状态。其研究指出，发达国家在现代经济增长时期的总体增长率和生产结构变动率都比以前高得多。首先，假如按人口平均产值和生产率的高增长率是与新知识和技术革新大规模地应用于生产相联系时，生产结构的变动率大致上也是高的。其次，新知识和技术革新大规模地应用于生产按人口平均产值和生产率的高增长率导致了生产结构的高变动率。相反，不发达国家经济结构变动缓慢，结构因素对经济增长的影响比较小，这表现在：不发达国家传统结构束缚着60%以上的劳动力，使之聚集在传统的农业部门，传统的生产技术和生产组织方式阻碍着经济增长；制造业结构不能满足现代经济增长对它提出的要求；需求结构变化缓慢，消费水平低，不能形成对经济增长的强有力的刺激。因此，产业结构的演变是总体增长高速度的必要条件和可能的费用（芮明杰，2005；王述英等，2006）。

罗斯托则认为，经济增长在本质上是一个产业部门变化的过程，它根植于现代技术所提供的生产函数的累积扩散之中。现代经济增长对技术创新的吸收是一个产业经济部门的形成过程，也是主导产业经济部门依次更替的结果。

主导产业部门之所以能带动其他部门经济增长，不仅因为它本身有相当高的增长率，而且还由于它具有回顾效应、旁侧效应和前向效应。另一方面，引进新的重要技术或者进行技术创新是产业经济结构彼此联系、相互作用而使产业结构升级的结果。主导产业的建立和扩展，主要是由于引进新的重要技术，进而形成高新技术产业，大规模地集结和组合新的生产要素，引起产业结构的变动，同时引起传统产业的改造与更新。因此，经济增长是产业结构不断变化而使其功能不断提高的结果（芮明杰，2005；王述英等，2006）。

钱纳里(1986)认为经济增长是生产结构转变的一个方面，并将发展中国家的结构转变定义为：随人均收入增长而发生的需求、贸易、生产和要素使用结构的全面变化。多国增长研究表明，一方面，随着人均收入的提高，结构变化造就了增长率先增加而后下降的发展格局；另一方面，结构因素对发展中国家比对发达国家重要得多，反之劳动力增长对发达国家效果更显著，而投资则是对两组国家都重要的增长因素。制造业加上社会基础设施的崛起，是结构转变后期增长的决定性因素。

产业结构的演变过程也是一个升级的过程（厉无畏、王振，2001）。自 20 世纪 90 年代以来，产业升级的研究视角出现了微观化趋势。虽然产业升级的重要性毋庸置疑，但产业升级的概念及内涵至今仍然很难完全统一。不同的学者从不同的层面对产业升级有不同的表述。厉无畏、王振(2001)认为产业升级是产业发展由低级向高级的提升，不仅包括数量的增加，而且还包括质量的提高。产业升级的过程主要涉及三个层面：一是三次产业的结构升级过程（可用著名的配第—克拉克定理描述）；二是制造业内部的结构升级过程（可用工业化阶段理论和著名的霍夫曼定理进行描述）；三是各个行业内部，包括传统行业内部的结构升级过程。Porter(1990)认为，产业升级的本质在于当资本（人力和物力）相对于劳动力和其他的资源更加充裕时，国家在资本和技术密集型产业中发展比较优势。Gereffi(1999a)认为产业升级是一个企业或经济体提高迈向更具获利能力和/或技术复杂的资本和技能密集型经济领域转移的过程。Poon(2004)则将产业升级视为制造商成功地从生产劳动密集型低价值产品向生产更高价值的资本或技术密集型产品的经济角色转移过程。尽管学者从不同的层面对产业升级进行界定，但可以看出产业升级的核心在于技术升级，产业升级的研究对象出现由宏观转向微观的趋势，由国家（区域）层面转向产业层面乃至企业层面的升级。

随着经济全球化的不断深入，全球产业网络的形成使产品的价值创造环节分散于不同国家和地区，这无疑为发展中国家嵌入价值创造环节、提高生产和创新能力、实现产业结构的调整与升级带来了机遇。基于此，自 20 世纪 90 年代末,国外学者开始尝试从全球价值链这一崭新视角来研究发展中国家的产业升级问题(张向阳、朱有为,2005)。

在全球价值链中关于产业升级的研究源于 Gereffi 等人始于 20 世纪 90 年代中期所作的东亚服装产业研究[①]。在全球价值链的视角下,Gereffi(1999a)将产业升级分为四个层次:一是产品升级,即从简单到复杂的同类型产品;二是经济活动升级,包括设计、生产和营销能力的提升;三是部门内升级,如从最终环节的制造到更高价值产品和服务的生产,也包括供应链的前向和后向联系;四是部门间升级,即从低价值、劳动密集型产业到资本和技术密集型产业。同时,他指出这一升级框架不仅可用于国家(区域)的升级研究,也可用于产业乃至企业的升级研究。在这个分类的基础上,Humphrey 和 Schmitz(2002)明确提出了一种以企业为中心、由低级到高级的四层次升级分类方法:一是流程升级,通过重组生产系统或是引入高级技术将投入转化为产出;二是产品升级,根据单位增加值转向更高端生产线;三是功能升级,即获得链上新的、更好的功能,如设计和营销,或放弃现有的低附加值功能而集中致力于附加值更高的环节。四是部门间升级,把从一个特定环节中获得的能力应用于新的领域或转向一个新的全球价值链,也称链升级。这种四分法在目前的研究中得到了较为广泛的认可,普遍认为产业升级一般都依循从工艺流程升级到产品升级再到功能升级最后到链条升级。这一升级规律基本上可以通过东亚众多国家工业化进程来加以佐证。

20 世纪末期以来,一些学者延续 Gereffi 等人的早期研究成果,从更广阔的视角来研究产业升级问题。产业升级可以包括价值环节内在属性和外在组合等两个方面的变动,这两方面都连接在同一链条中或不同链条之间的相互关联中(张辉等,2007)。由上可见,西方对产业升级研究的视角较为微观,实质上把企业的生产能力以及竞争力的提高视为产业升级的本源。因此,从全球价值链的理论来看,产业升级就直接表现为企业在一个全球价值链中顺着价值阶梯逐步提升的过程。当然产业升级也有部门维度,并且因不同产业集群的特点而有所差异。中国产业在世界分工中处于不利地位,在全球价值链中仅占据附加值较低的环节。随着全球化的深入,我国地方特别是沿海等先发展起来的地区面临的产业转型和升级压力也越来越大,基于全球价值链中国产业升级也成为国内学者关注的焦点问题。

纺织服装业是主要的研究对象之一。黄永明等(2006) 运用全球价值链的

---

① Gereffi 等人在上世纪 90 年代中期提出全球商品链(Global Commodity Chain, GCC)的分析框架,随着经济全球化的发展及研究的进一步深入,对产业升级的研究视角也由全球商品链转向全球价值链。在本书第四章中将进一步讨论。

升级分析框架，分析了嵌入全球价值链的中国纺织服装企业面临的升级障碍和升级路径选择问题，提出了基于技术能力、市场扩张能力以及技术和市场相组合三种企业升级路径。胡丹婷、汪佩霞(2007)分析了中国服装产业在全球价值链中的地位，并提出了通过制造样衣以提高产品设计能力、品牌国际化以拓展国际市场营销渠道的由价值链低端逐步向价值链高端发展升级路径。赵君丽(2007)研究了开放条件下的中国纺织服装产业的升级问题，认为中国服装产业升级可按照 OEM——外包或制造三角[①]——OBM 模式进行，升级的关键在于纺织服装企业是否具有创造产品差异的能力。刘芹、陈继祥(2006)，梁文玲、李鹏(2008) 分别分析了基于全球价值链治理理论的中国纺织服装产业集群及企业在全球价值链中的地位及升级的策略。卓越、张珉(2008)通过分析全球价值链的收益分配机制，认为国内纺织服装业在通过加入全球价值链以实现产业升级，获取分工收益的出口导向型产业发展道路中，形成了以跨国采购商为主导的俘获式全球价值链。跨国采购商所决定的分工格局以及对升级的控制，将作为代工者的国内纺织服装企业牢牢锁定在低附加值的加工制造环节，使国内代工企业在全球价值链中的分配地位日趋恶化，陷入"悲惨增长"。中国服装业只有摆脱跨国采购商的升级控制，培养自己的高级要素，实现由俘获式全球价值链向均衡式全球价值链的转变，才能走出"悲惨增长"困境。

汽车和信息电子等产业的升级问题也引起了学者们的广泛关注。段文娟(2006)、沈溶(2006)分别探讨了汽车产业价值链的治理模式以及国际分工转换背景下的中国汽车产业的价值链重置和升级问题。文嫮、曾刚(2005)以上海浦东集成电路产业网络为例，研究了全球价值链治理与地方产业网络的升级问题。文嫮(2006)对上海浦东 IC 地方产业网络进行了研究。王如镜(2006)则对苏州 IT 制造业产业集群在全球产业网络内的升级进行了研究。

产业升级的研究还与地方产业集群紧密联系。张辉等对地方产业集群的升级作了大量的研究(张辉，2004a，2004b；张辉，2005a，2005b；张辉、喻桂华，2005；张辉、王缉慈，2006；张辉，2006；张辉等，2007)。黎继子等(2005)探讨了全球价值链下地方产业集群的供应链整合问题。张向阳等(2005)对苏州和温州两类以不同模式嵌入全球产业网络的升级路径进行了研究。朱允卫、董美双(2006)基于全球价值链视角对温州内向型和外向型两类不同发展路径的鞋类企业的升级途径进行了研究。汪斌、侯茂章(2006)考察了杭州 14 个典型地方产业集群嵌入全球价值链的状况，探讨了地方产业集群嵌入全球价值链实现升级的模式选择和总体思路。汪斌、侯茂章(2007a)进一步分析了浙江杭州区域

---

① "制造三角"指拿到发达国家的订单，然后部分或全部外包给其他低工资国家或地区。见赵君丽(2007)。

创新体系与地方产业集群嵌入全球价值链实现产业升级的关联。

毋庸置疑,国内学者对全球价值链视角下的中国产业升级问题的研究取得了丰硕的成果,为本书的研究奠定了扎实的基础。但从以上对相关研究的综述可以看出,国内学者主要从经济角度关注中国产业升级问题,其研究主要基于全球价值链视角,对网络内成员之间关系及其权力的分配研究不够深入,因而也忽视了中国产业的社会升级问题。而社会升级恰恰是全球产业网络分析框架的另一研究路径。这方面研究的不足成为本书的立足点,本研究将在全球产业网络的分析框架下,从经济性和社会性两个方面讨论中国产业的升级问题。这也是本书在理论上的创新之处。

第三节 国内外学者关于全球产业网络的研究

一、国外学者关于全球产业网络的研究

国外学者对全球产业网络的研究有两条平行的路径:Ernst 等人的研究和 Herderson 等人的研究(Roper & Grimes,2005)。全球产业网络的概念也是由 Ernst 和 Herderson 等人在 1999 年于同期平行提出的①,但两人研究的起点及表达的含义有所不同,研究框架及研究重点也存在差异。

Ernst 等人全球产业网络的研究是基于电子和信息技术产业进行的,认为全球产业网络是一种组织创新,通过一种平行的过程,将不同等级层次的网络参与者进行整合,使跨过企业与国家边界的分散化的价值链集中起来。其本质特征在于范围(全球产业网络包括价值链的所有阶段,而不仅仅是生产环节)、不对称性(旗舰主导和控制着网络资源和决策)、知识扩散(知识的共享是网络维持生长的黏合剂)三个方面(Ernst,2003)。基于此,Ernst 将研究重心放在全球产业网络内的知识扩散(以旗舰为主导的)以及本地供应商的能力升级和发展中国家的产业升级上(e.g. Ernst & Kim,2002;Ernst, 2001a;2001b;2002;2003a;2003b)。

Herderson 等(2002)对 Ernst 关于全球产业网络的研究进行了评述,除了肯定其贡献外,也提出了其全球产业网络分析框架的不足:第一,其分析框架狭隘地集中于全球产业网络中主要"旗舰"公司的作用,而缺少对网络供应商的关注。这在理论上和实践上都无法揭示全球产业网络中竞争成功的源泉。第二,

① 参见 Herderson 等(2002b),第 8 页。

其分析框架忽视全球产业网络中服务功能(从设计到营销)的作用,而服务功能对全球产业网络的可行性是至关重要的。第三,过多强调研究与开发、技术转移等正式机制的作用,而较少注意隐性知识的扩散作用。

Herderson 等人的全球产业网络概念建立在 Gereffi 等人的关于全球商品链的研究基础上,同时,其分析框架致力于提供一个与 Ernst 相比更为严格和完整的全球产业网络概念及其组成要素和研究背景。在他们的理论体系中,全球产业网络是被作为一个概念框架提出的,将包括全球的、区域的和当地经济和社会在内的各个方面融入多种形态的经济全球化中。在研究内容上,Herderson等更致力于对融入产品和服务的生产及知识、资本和劳动力的再生产的整个社会过程的分析(Herderson et al., 2002b)。在方法论上,其全球产业网络观点直接关注:网络中的企业融入特定产品的研发、设计、生产和营销中及其在全球和区域范围内的组织;网络中企业势力的分配及其变化;体制、政府机构、工会、雇主联盟和非政府组织等对融入产业网络的企业战略的影响;以及以上所有这些因素对嵌入网络的不同企业和社会的技术升级、价值增殖及获取、经济繁荣等的影响(Herderson et al., 2002a)。

从以上内容可以看出,与 Ernst 等人的全球产业网络研究框架相比,Herderson等人的研究具有更深厚的理论基础,研究的内容也更为全面,为经济全球化研究提供了更为广阔的视野,也为本书提供了坚实的研究基础。

国外其他学者从不同的角度对全球产业网络进行了研究。如 Taudes 等(2002)研究了产业网络内的组织学习机制;Levy(2005)则研究了全球工厂在全球产业网络中的霸权地位;Roper 和 Grimes(2005)研究了 ICT 全球产业网络背景下不同城市 ICT 产业发展的特征。Coe 等(2004)构建了区域发展与全球产业网络的分析框架;Henry Wai-chung Yeung(2009)则以东亚地区为例,研究了区域发展和全球产业网络竞争力变迁之间的关系。

二、国内学者关于全球产业网络的研究

"全球产业网络"一词在国内出现得相对较晚①,但相关的研究并不少见,大致可分为理论和实证研究两大块。理论方面主要探讨新一轮国际分工特点及全球产业网络(全球价值链)运行机制及其特征;实证方面主要研究全球产业网络(全球价值链)背景下中国产业升级问题。两大内容涉及的文献相当丰富,本节仅择其要进行回顾与述评。

---

① 国内较早出现"全球产业(生产)网络"一词的文献为苏桂富、刘德学的《浅析全球生产网络的运行机制及其经济学本质》一文,载《生产力研究》2006 年第 1 期:41—43。

(一)国际分工新格局

从20世纪90年代以来,经济全球化的发展和知识经济的迅速崛起,极大地促进了国际分工形态的深化发展,总体上使得传统的以垂直型分工为主导向混合型分工为主导转变,呈现出产业间分工、产业内分工与产品内分工并存的多层次、多样化形态。当代国际分工格局是"一个复杂的、多层次的、多边、交叉叠加的立体结构[①]"(汪斌 2006)。在这种多层次的产业分工格局中,分工不仅表现为传统意义上的劳动密集型产业和资本技术密集型产业之间的垂直分工,还表现为同一产业、同一产品价值链上不同环节之间的水平分工。垂直分工向水平分工和混合分工的过渡使得世界各国的生产活动不再孤立地进行,而成为全球生产网络的有机组成部分(刘春生,2007)。在新型国际分工格局中,一个国家或地区在国际分工中的地位,不仅取决于产业层次的高度化,还取决于产业链条或产品工序中所处地位及增殖能力的提升上。所以,国际产业分工形态的深刻变化使得一国的竞争优势不再体现于最终产品和某个特定产业上,而是体现于该国在全球化产业的价值链中所占据的环节上(汪斌,2006)。

随着知识经济的到来,知识成为生产力要素中的最重要组成部分,成为驱动生产力发展的决定性因素,从而也成为国际分工的决定性因素。一个国家在国际分工中的主导地位取决于这个国家在知识方面的比较优势。因此,国际分工的另一个显著的新特点是国际分工的形式从产品分工向要素分工发展。国际分工形式的改变也使国际分工利益不再取决于企业产权和产品的产地,而取决于参与国际分工的要素的质量(刘春生,2007)。一国或地区在国际分工的产业链条或产品工序中的位置,取决于其知识要素的拥有状况(汪斌,2006)。

以要素分工为表征的国际分工新格局的形成,意味着资本、资源、技术、劳务等生产要素可以在世界范围内大规模流动并进行优化配置,这有助于扩大全球经济规模,可以增加世界各国的总收益。因而,在经济全球化的推动下,不同社会制度、不同发展水平的国家都不可避免地被纳入全球经济体系中,各国经济之间的联系也越来越紧密,但发达国家和发展中国家从全球化中获得的经济利益是不平等的,也是不可能平等的。因为发达国家凭借其在资本、技术、管理等方面的优势及强大的经济实力,在经济全球化进程中始终居于主导地位(易锐、何晖,2008)。世界经济交往中的"游戏规则"基本上是由发达国家制定的,因而更多体现的是发达国家的意识形态和基本看法,经济全球化在某种程度上

① "多层次"指不仅在全球分工体系中并存着各类国际区域分工子体系,而且在各区域内存在的各国产业结构体,也以不同类型的分工关系联接在一起;"多边"指当代国际分工在多国经济体之间展开;"交叉叠加"指一国不仅与域内国家,也同域外国家发生分工关系,即各国间交叉叠加地发生分工关系。参见汪斌(2006):27。

成为发达国家控制全球经济的重要手段(白树强,2000)。

当代国际分工体系的发展表现也是多方面的。从总体上看,是一个由世界市场机制协调的国际分工和由跨国公司内部国际分工共同构成的一个混合体。跨国公司作为当代国际分工体系的主体,不仅仅对一般意义上的国际分工格局带来重大影响,更对全球分工体系带来极为深刻的影响。全球化运作的跨国公司不仅突破了单一或分散的国家资源的传统限制,而且体现了一种在全球范围内有效利用并整合全球要素的分工体系和分工协作体系,从而令当代国际分工呈现出日趋深化的特征。正是由于跨国公司在当代国际分工格局中的决定性地位,因而各国参与国际分工的方式在越来越大的程度上取决于本国跨国公司的发展及其全球战略。同时,某国在国际分工中地位的高低变化,也取决于该国各类微观主体在全球一体化生产体系中的地位(金芳,2003;汪斌,2006)。因此,企业竞争优势是新型国际分工格局形成的微观基础。企业竞争机制主要是企业运行的更新能力机制和创新能力机制,充分体现在企业产品价值链的各个环节和相应活动创新(刘春生,2007)。

随着经济全球化的快速发展,中国也正在大规模、全方位地融入世界经济,尤其是制造业已经成为世界分工体系中的重要组成部分(金碚,2003)。中国与各类国家(地区)贸易已呈现出产业间贸易和产业内贸易共生共存的状态,一方面,经过30年的改革开放和中国经济的持续高速增长,其产业在国际分工中的地位有了明显的提高。中国产业的比较优势和竞争优势不仅体现在劳动密集型产业上,而且开始体现在部分资本、技术密集型产业上,总体上制造业有了较强的出口竞争力。但另一方面,从特定行业或产业内贸易来看,中国工业产业及其产品中一部分只是占据提供一定价值量的不完全竞争环节,大部分工业行业及产品占据的是提供很少价值量的完全竞争环节,与发达国家占据具有垄断地位的战略环节、获得价值链上最多价值增加值相比,还有相当的距离。因此,中国如何在21世纪经济全球化过程中,提高在国际分工中的地位,从而获得更高的产品附加值,加快产业结构的升级,由工业大国真正发展成为工业强国,进而成为世界经济强国,是一个非常需要和值得认真研究的重要课题(汪斌,2006)。

(二)全球产业网络的动因及运作机制

对于全球产业网络的形成原因,不同的学者给予了不同的解释。鲁邦旺(2007)从三个层面分析了全球产业网络的成因:(1)政策层面。贸易投资的自由化和贸易投资政策的改善,为生产网络的地区化和全球化创造了条件,又降低了全球生产网络的形成成本。(2)产业层面。制造业的模块化发展促进了高效的全球产品价值链布局的形成,并最终推动全球生产网络的出现与发展。(3)企业层面。跨国公司是全球生产网络形成的关键推动者,直接促进了全球生产网络的形成。因此，全球生产网络在一定程度上可以归结为跨国公司战略调整的产物。

苏桂富、刘德学(2006)则认为全球生产网络的出现除了与多数学者认为的世界经济全球化、信息化和贸易投资自由化趋势等因素有关外，与日益加剧的竞争压力和跨国公司经营战略的作用也是密不可分的。一方面，投资贸易的自由化和经济的全球化趋势使得世界各国纷纷制定相关的开放经济政策，从而为全球生产网络的形成提供了有力的制度保障；信息通讯技术的快速发展则为全球生产网络的形成提供了有利的技术条件，尤其是互联网及电子商务的出现，大大降低了以往在不同国家和地区组织生产的费用。另一方面，竞争压力的加剧，迫使跨国公司经营战略由简单一体化战略逐渐向复合一体化战略转变，采用网络的方式在全球配置资源，根据各区域竞争优势，通过内部分工体系将位于不同国家的子公司和合作伙伴的经济活动进行分工合作，形成全球生产网络。

刘春生(2006a)指出，信息技术的发展为全球生产网络提供了最为坚实的物质基础。市场经济是推动全球生产网络形成的原动力，建立在市场经济运行机制基础上的国际经济一体化的制度规则正在逐步完善，并成为世界各国参与国际市场的必要环节和进行国际竞争的主要领域；而跨国公司本身作为全球生产网络的载体和节点，利用其"企业优势"和"内部化优势"而大举进行全球性套利活动的时候，其客观的效应便是推动了全球生产网络的形成和发展，跨国公司发展的广度与深度体现着全球生产网络的进程。

卜国琴(2007)则从静态比较优势、规模经济、内生比较优势、不同生产环节的有效规模差异、投入品比例差异、交易费用和市场竞争压力等方面，分析了全球产业网络的产生和演变。

刘春生(2006b)研究了全球产业网络的特征，指出全球范围内的区位布局是跨国公司全球产业网络的重要特征之一。全球生产网络不但涵盖了价值链上的生产环节，还囊括了技术研发、物流配送、市场销售、品牌管理等价值链的所有环节，包含的职能是相当全面的。另一重要特征是全球生产网络的参与主体之间呈现出的是一种多样化的合作。典型的全球生产网络通常包括各种级别不尽相同的层次，从拥有系统整合能力而控制整个网络的领导厂商到通常规模较小的各种本地专业化网络供应商。领导企业位于网络的中心位置，可以直接加以管理和控制的资源，其运作过程往往是由领导企业作出战略决策和进行组织管理的；而后者，反过来对于领导企业的战略也会产生或多或少的影响。领导企业通过其对重要资源的控制，具备便利的技术创新条件以及拥有协调不同网络节点之间知识交易和交流的能力等诸多有利因素，从而可以更进一步地增强自己的实力。

苏桂富、刘德学(2006)则指出全球产业网络中领导企业的竞争优势主要来源于对关键资源的控制、创新能力以及不同节点的协调和知识交流的能力。主要供应商一般拥有自主性技术，直接与核心主体进行交易，他们同时建立了自己的小型全球生产网络。除了核心 R&D 和战略性营销环节被领导厂商控制外，主要供应商他们能够承担所有的价值链环节。一般供应商直接与主要供应商进行交易，他们很少与核心主体打交道，其竞争优势主要来自于低成本以及交货的灵活性和速度，主要承担价值链的低附加值环节。全球产业网络组织的运行效能依赖于以信息资产为核心的信息资源管理和伴随着信息资源管理的学习机制，其协调机制则是基于网络内成员的声誉、承诺和信用。

苏桂富、刘德学(2006)认为以跨国公司为主导的全球产业网络的出现形成了经济全球化的新的微观基础，其本质在于包含了多种不同深度合约的复合网络组织形式，是整个世界经济发展中一次重要的组织创新活动，兼容了传统二元治理模式的种种优点，使生产组织得更有效率，也使居于网络中的某一企业尤其是领导厂商更具竞争力。尹建华(2004)，尹建华、王兆华(2004)，刘志强(2008)等探讨了资源外包网络的治理问题。任胜钢等(2010)基于企业的内外部网络视角对创新绩效的影响因素进行了实证研究。

发展中国家与工业化国家之间工资水平的差异，使得跨国公司一般将全球产业链中技术密集型的生产安排在本国，将劳动力密集型的生产安排在发展中国家，从而为发展中国家融入跨国公司全球生产网络提供了广泛的竞争机会。融入全球生产网络有助于发展中国家将资源转移到价值链中具有相对优势的价值活动中去，还有利于降低不利冲击所带来的影响，推动技术升级(刘春生，2006b)。

刘德学等则着重分析了全球产业网络下的中国加工贸易企业的升级问题(刘德学、苏桂富，2006；刘德学等，2006；卜国琴，2007)。邬关荣(2007)以服装产业为例，研究了加工贸易转型升级问题。徐雪刚(2008)则讨论了全球产业网络背景下的中国外贸企业转型问题。

从以上内容看出，全球产业网络的分析框架关注社会嵌入问题，但国内学者还是延续了全球价值链的分析框架，更多地关注经济升级问题，对社会升级关注不多。这方面研究的不足将成为本书的立足点。

第四节　研究思路和方法

一、研究思路

本书运用“情景—战略—绩效”(Context-Strategy-Performance，CSP)的研究逻辑，探讨在全球产业网络的情景下，不同的企业社会责任战略所导致的经济绩效和社会绩效，从而揭示企业社会责任和产业升级之间的关系。本研究选择纺织服装业为研究对象，通过问卷调查搜集相关的数据，运用结构方程模型的分析方法，从微观个体出发揭示宏观规律。主要研究内容包括：

(1)全球产业网络的分析框架。探讨全球产业网络的成因及其本质，通过与全球商品链、全球价值链、网络治理等理论的比较，剖析全球产业网络的分析框架特点。

(2)基于全球产业网络的企业社会责任和产业升级的理论模型的构建。首先，在追溯企业社会责任概念演变的基础上，分析企业社会责任与企业绩效之间的关系，探究企业社会责任在全球产业网络中的传递机制；其次，分析全球商品链、全球价值链和全球产业网络不同分析框架下产业升级的内涵，结合全球产业网络的特征，将产业升级分为经济升级和社会升级两个方面；最后，构建全球产业网络下企业社会责任与经济升级和社会升级关系的理论模型。

(3)全球产业网络下企业社会责任和产业升级的实证分析。在理论模型的基础上，提出研究假设，结合中国纺织服装业的调研，通过结构方程模型分析的方法，运用 AMOS 统计软件进行实证检验，对模型进行修正。

(4)结果讨论与建议。在理论和实证研究的基础上，结合中国纺织服装业的调研资料，运用聚类分析法验证不同企业社会责任观念的不同行为和战略，对研究结果提供进一步的支持。结合案例分析，揭示全球产业网络情景下中国纺织服装企业成功升级的路径，并提出促进中国制造业升级和社会和谐发展的对策和建议。

二、研究方法

(1)理论研究部分采用案头研究的方法，对国内外相关研究和文献资料进行系统总结，综合运用经济学、产业组织理论、网络治理以及社会学等相关理论，在已有研究的基础上，构建全球产业网络下企业社会责任与产业升级关系的理论模型。

首先运用制度经济学成本与交易的相关理论分析全球产业网络的本质特征(与企业和市场相区别)，运用网络治理理论分析全球产业网络的社会机制，结合产业组织理论，比较全球产业网络的分析框架与全球商品链、全球价值链分析框架的差异，剖析全球产业网络的内涵及其要素，确立本研究的分析框架。

其次用文献综述归纳企业社会责任观念的演变过程以及企业社会责任与企业绩效之间的关系，表明企业社会责任作为一种“战略”，能给企业带来正的绩效。在此基础上，分析企业社会责任在全球产业网络中的约束传递机制，这种约束传递机制与全球产业网络的社会机制存在关联；分析全球商品链、全球价值链和全球产业网络视野下的产业升级的不同内涵。经济性和社会性是全球产业网络的双重特征，因此产业升级包含着经济升级和社会升级两个方面的含义。在全球产业网络的框架下，企业势力和价值代表着经济升级，体面劳动代表着社会升级。

最后，在全球产业网络的框架下，建立企业社会责任与产业升级（经济升级和社会升级）之间的理论模型，选择企业社会责任、企业势力和企业价值（反映经济升级）、体面劳动（反映社会升级）四个变量，构建结构方程模型，并提出相关的假设。

(2)实证研究部分运用问卷调查法，结合中国纺织服装业的调查搜集数据，运用数理统计的方法对模型进行检验。

首先，根据理论模型选择反映四个潜变量的观测变量，通过合理的问卷设计，结合中国纺织服装业的调查搜集相关的数据。

其次，对数据进行信度和效度检验，以保证数据的可靠性和有效性。本书采用 Cronbach's α 系数和探索性因子分析分别对量表的信度和效度进行检验。

再次，运用 Amos 软件用最大似然估计对模型进行参数估计，以提高模型的整体拟合优度。在违犯估计检验的基础上，对模型进行检验，并利用 MI 进行修正，得出相应的结论。

最后，运用聚类分析的方法对结果进行进一步的讨论。通过聚类分析的方法，将企业分为主动适应型和被动反应型两类企业，比较不同类型企业的行为表现，为结论提供进一步的支持。

(3)案例分析部分，选择两家有代表性的企业，分析其在全球产业网络情景下的不同升级路径，对实证研究的结果进行进一步的验证。

(4)结果讨论和对策研究部分，对理论和实证研究的结果进行进一步的讨论和归纳总结，对促进中国制造业的经济升级和社会升级提出相应的对策和建议。

第五节　本书的结构和创新

一、本书的结构

本书运用“情景—战略—绩效”的研究框架，探讨在全球产业网络的情景下企业社会责任和产业升级之间的关系，构建结构方程模型，结合中国纺织服装业的调研进行实证检验。本书共分八章：

第一章，绪论。介绍研究背景和研究意义，在对相关文献简要回顾的基础上，提出本书的研究思路和方法，并提出可能的创新点。

第二章，全球产业网络的分析框架。分析全球产业网络的本质特征及内涵，探讨全球产业网络的治理机制。

第三章，全球产业网络下的企业社会责任。对企业社会责任的概念进行界定，回顾企业社会责任观念的演变过程，探讨企业社会责任与企业绩效之间的关系；在企业社会责任理论框架的基础上，分析全球产业网络下企业社会责任的约束传递机制。

第四章，全球产业网络下的产业升级。对全球商品链、全球价值链视野下的产业升级进行回顾，分析全球产业网络框架下产业升级的新内涵，结合全球产业网络的特征，从经济升级和产业升级两个方面进行讨论。

第五章，全球产业网络中的中国纺织服装产业。在分析全球纺织服装产业转移的基础上，讨论动态的全球产业网络，分析中国服装产业在全球产业网络中的地位；结合对中国纺织服装产业的调研，分析中国纺织服装产业发展的现状。

第六章，全球产业网络下企业社会责任和产业升级的实证分析。在理论分析的基础上，构建企业社会责任和产业升级的理论模型，根据理论模型进行研究设计，运用结构方程模型分析方法，结合中国纺织服装业的调研进行实证检验，对结果进行进一步的解释和讨论。

第七章，案例分析。以有代表性的两家纺织服装企业（"申洲"和"雅戈尔"）为典型，探讨中国纺织服装企业在全球产业网络框架下经济升级和社会升级的成功路径。

第八章，研究结论和建议。归纳研究结果并提出促进中国制造业经济升级和社会升级的建议、研究的局限性和研究展望。

二、本书的创新之处

（1）在系统阐述全球产业网络本质特征的基础上，探讨了全球产业网络分析框架的内涵及要素以及全球产业网络下企业社会责任的传递约束机制。

（2）在全球产业网络的情景下，运用新的分析框架，赋予产业升级新的内涵，从经济升级和社会升级两个角度进行讨论，突破了现有对社会升级和经济升级平行研究的路径。

（3）运用结构方程模型的分析方法揭示了全球产业网络情景下企业社会责任和产业升级之间的关系。结合全球产业网络的特征，经济升级包括企业价值和企业势力两个变量来测量，社会升级则用体面劳动来测量，在理论上有所创新。

第六节 本章小结

作为“世界工厂”，中国制造业面临着经济转型升级和社会升级的两难困境。经济升级和社会升级是现有全球产业网络框架两条平行的路径，更多的研究关注基于全球价值链的发展中国家升级问题，但从网络的角度对社会升级的关注不多。本研究在全球产业网络的情景下，运用新的分析框架，突破现有对社会升级和经济升级平行研究的路径，研究企业社会责任与产业升级之间的关系，运用结构方程模型的方法，结合中国纺织服装业的调查，进行实证检验，用典型的案例分析进一步支持研究结论。

第二章　全球产业网络的分析框架

从广义来讲，全球化指人类活动在全球范围内的交互联系和整合，这种交互联系体现在社会和经济的各个领域（Sturgeon，2000）。贸易自由化、技术进步和激烈的竞争进一步推动了经济全球化的发展（Ernst & Kim，2002），使世界经济格局发生了翻天覆地的变化，国际经济在全球空间上经历了剧烈的重组和再构，介于市场和等级制之间的全球产业网络作为一种组织创新，成为一种越来越重要的经济组织方式。新的组织网络的出现给社会和经济发展的研究带来了新的分析框架，全球产业网络既有别于跨国公司，又有别于产业链（或商品链、价值链），有其新的特征及独特的内涵。

第一节　全球产业网络的本质

一、企业、市场与网络

产业网络，作为通过产品和服务的生产和分配而相互关联的职能和运作之联接，不仅在组织上更加复杂，而且在地理范围上也日益全球化（Herderson et al.，2002b）。网络内的交换也更加社会化，更多地依赖关系、相互利益和声誉（Powell，1990），而非基于传统的交易成本。全球产业网络作为一种组织，与企业和市场有着不同的性质。

经济学理论对企业本质的讨论由来已久，新古典经济学的“黑匣子”理论，把企业高度抽象成一个完全由外生技术决定的生产函数 $y=f(K, L)$，输入各种生产要素，使资源组合以最优的方式进行产出，从而构成优美的经济体系，微观上满足帕累托最优条件，宏观上实现瓦尔拉斯一般均衡。在遵循完全竞争、完全理性、完备信息和交易费用为零等瓦尔拉斯教条下，该理论赋予企业一个人格化的目标函数——利润最大化，阐明了企业的生产性质，但并未解释企业产生的根源。

经济学家科斯的开创性论文《企业的性质》(1937)将企业设想为一种治理结构,从而突破了传统的企业作为"黑匣子"生产功能的理论,解释了企业产生的根源。科斯的开创性贡献主要表现为两点:一是指出替代市场的企业协调机制以权威为特征;二是企业替代市场资源配置的条件是两种交易成本的边际比较。张五常发展了科斯的企业理论,认为企业是以一个要素市场的契约替代了中间产品市场上的一系列契约。之后的二三十年,现代企业理论依据以不确定性思想为核心的阿罗—德布鲁范式,沿着交易费用理论、不完备契约理论和委托代理理论方向发展。威廉姆森从纵向一体化与资产专用性的角度,分析了机会主义存在的可能。当人的有限理性、机会主义以及环境的不确定性和资产专用性在组织某些交易产生过高的交易费用时,企业作为另一种组织交易的规制结构(纵向一体化)就会产生,企业作为长期契约存在有效性。采用市场方式还是企业方式组织交易,关键取决于交易本身的特性。

在新古典的企业本质研究范畴里,企业和市场处在交易治理机制的两极,资源配置是两种非此即彼的组织形式。尽管威廉姆森也认为治理结构两极之间,存在着一种具有中性特征的混合状态,但这是一种不稳定的组织状态。在长期内,或者滑向市场,或者滑向企业(他们在合约中所加入的第三方规制也是不得已而为之的被动事后纠偏,不可视为独立交易组织方式)。然而,全球生产网络等网络化组织的出现,提供了一种例证,资源配置并不仅有企业、市场两种组织形式,并非概率上简单的 0～1 离散分布,还存在网络这一创新组织形式。当采用市场与企业形式组织完成交易不符合个体理性时,交易还可以通过网络完成(苏贵富、刘德学,2006)。

事实上,企业的创新与价值越来越多地来自于网络,网络化增强了网络主体学习和创新的能力,扩大了企业利用的资源与能力范围,由信息技术支持的网络组织单元之间点到点联系使企业的边界越来越模糊。企业与企业之间基于互惠互利、互补分工等原则建立起来的长期合作关系(网络)已经严重地模糊了企业与市场、企业与企业的边界。企业、正式功能和市场组织相互渗透,随着网络这一组织形式发展成熟,企业的边界不再有一个清晰的界限,而变成一个模糊的过渡区域。如果把原来的组织形式看作属于市场与企业两极的 0～1 分布的话,今天的交易安排已经演变为 0～1 之间连续分布的无限组织形式。在这种连续分布中,企业可以看作完全内部化的合约安排,市场则是完全外部化的合约安排,其间按照合约的深度不同则是处在不同程度的部分内部化、部分外部化的网络化的合约安排(图 2-1)。这些不同程度的合约安排反映了网络化的程度,现阶段从低到高包括外包、战略联盟、合资等形式,随着社会、网络的发展，由于现存的组织形式与制度不能够有效地配置资源或者阻碍了资源的有效配置，越来越多的新合作形式必然会出现，日益充实网络化交易的组织形式。

市场、企业和网络三种不同的组织形式有着不同的特征（表 2-1）。在市场交易中，交换是基于利益的，与信任无关，交易的合约受到法律规制。而网络内的交换是互动的情景下基于关系进行的，互补和相互适应是成功的产业网络的基石。在市场机制下，企业之间的关系强调的是你死我活的竞争。而在网络组织里，企业之间的关系是靠声誉来维系的，成员之间是合作共赢的关系。基于信任的交换一方面有效地降低了双方讨价还价以及搜索的成本，另一方面也加快了交易的速度，从而提高了交易的绩效。因此，网络这种创新组织更有利于资源的有效配置。

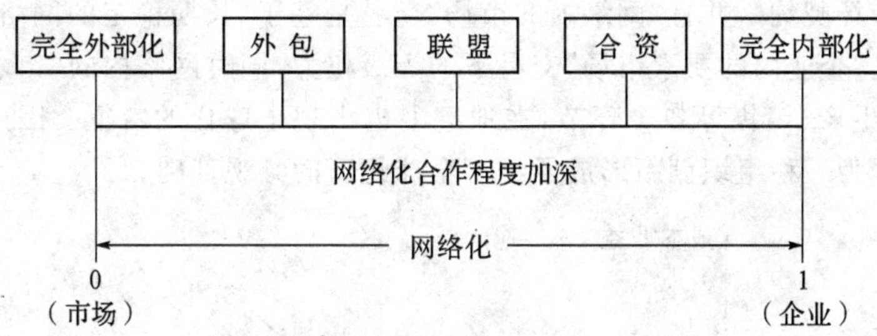

图 2-1　交易的组织形式

资料来源：在苏贵富、刘德学（2006）的基础上修改。

表 2-1　不同经济组织形式的比较

属性	市场	企业	网络
规制基础	契约（所有权）	雇佣关系	互补强度
交流路径	价格	常规（Routines）	关系
冲突解决方法	讨价还价，诉诸法院强制执行	行政管理监督	互惠规范，声誉维系
灵活度	高	低	中等
团体中委托的数量	低	中或高	中或高
风气或气氛	刻板、猜疑	正式、官僚	开放、互利
行为者偏好	独立	非独立	相互依赖
形式组合	重复交易 契约文件	以利润为中心 转移定价	地位等级 复合多层的合作者

资料来源：Powell，1990：300。

网络这种结合了企业和市场特征的混合组织方式，改变了原来单纯两极治理方式下的成本与收益曲线，使得交易变得理性（苏贵富、刘德学，2006）。企业这种内部化方式有可能因交易量过小、单位成本太大而使交易不可行；而市场这种外部化方式有可能因信息不对称造成的交易成本太大而导致交易不可行。当两种情况同时产生时，网络化交易便成了一种有效的选择。如图 2-2 所示，假设三种交易完成时所带来的收益相等，企业和市场两种机制下的成本[①]（MC_1）要高于收益（MR），使得交易不可行。但由于网络内长期合作形成的信任关系降低了交易成本从而使成本曲线下移至 MC_2，使交易变得可行。因此，网络是完成企业与市场不能完成的特定交易的一种组织形式，也可看做是节约交易费用产生净收益而产生（移动了成本收益曲线），或“一个网络内的契约替代了一系列市场契约”，并且“网络内的市场”交易是基于“长期稳定的网络合作关系”，而不是“企业内的要素市场”交易下的等级权力，同时网络内的“市场契约”涉及研发、生产、销售等各个环节，在地理上也出现全球化的特征。因此，全球产业网络作为一种组织创新形成了经济全球化新的微观基础。

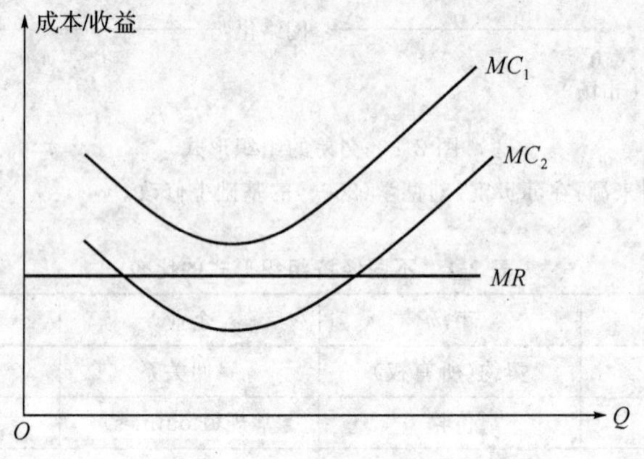

图 2-2　不同组织下的成本收益曲线

二、全球产业网络的内涵

全球产业网络的概念是由 Ernst 和 Herderson 等人在 1999 年于同期平行提出的，其内涵在随后的研究中也得到了进一步的完善。Ernst 提出了全球产业网络的旗舰模式，重点关注领导企业的行为；而 Herderson 等人为代表的新经济地理学家提出的全球产业网络分析框架注重对其要素的分析。

① 假设企业和市场两种机制下的交易成本相等，事实上两者的交易成本会存在差异，但这并不影响理论上的分析。

(一)旗舰模式

Ernst 等人全球产业网络的研究是基于电子和信息技术产业进行的，认为全球产业网络是一种组织创新，通过一种平行的过程，将不同等级层次的网络参与者进行整合，使跨国企业与国家边界的分散化的价值链集中起来。它“包括领导企业[①]与子公司、附属企业和合资企业，以及供应商和分包商、分销渠道和增殖经销商(Value-added Resellers，VARs)，还包括其研发联盟和一系列合作协议，如：标准联盟(Standards Consortia)”(Ernst，1999)。其组织结构如图 2-3 所示。

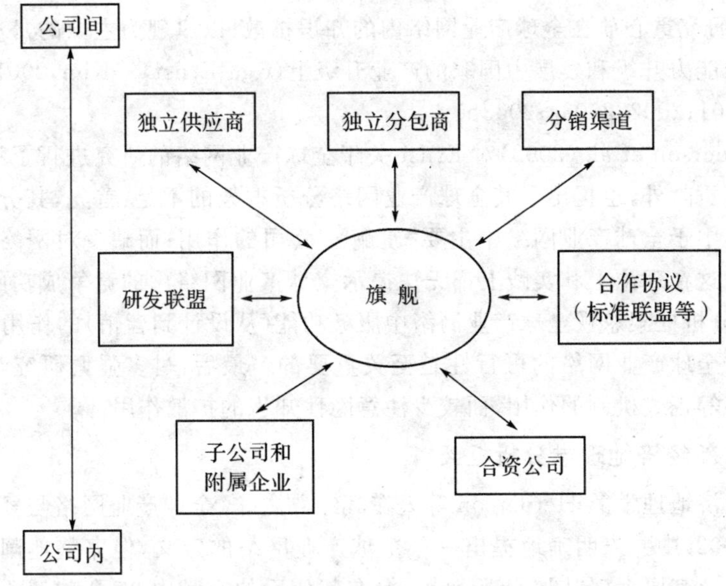

图 2-3　全球产业网络的组织结构(旗舰模式)

资料来源：Ernst & Kim，2002：1421。

该概念突出了两个重要的内容：(1)交易和协调形式从企业内向企业间的转移；(2)网络范围的日益扩大。全球产业网络将旗舰[②]、自己的子公司、附属企业和合资企业与其分包商、供应商、服务支持者和战略联盟的合作伙伴联系起

---

① 在其随后的研究中，又称之为旗舰(Flagship)，如见 Ernst(2000)、Ernst & Kim(2002)。

② Ernst 将旗舰分为两类，但对分类的名称似乎有些混淆。在较多的文献中，将旗舰分为原始设备制造商(Original Equipment Manufacturers，OEM)和合同制造商(Contract Manufactures，CM)。前者发动其市场力量销售全球品牌，不管设计和生产是自己完成还是外包；后者建立自己的全球旗舰网络(Global Flagship Network，GFN)为 OEM 提供整合制造和全球供应链服务(通常包括设计)(参见 Ernst，2002，2003a)。而在部分文献中，又将前者称为品牌领导者(Brand Leader，BL)(参见 Ernst and Kim，2002)。

来(Ernst,2003b)。其领导企业(旗舰)处于网络的中心地位,具有战略和组织领导权,其他成员在其直接的管理和控制之下。其分析框架关注领导企业的行为:资源的分配和创新。企业寻求全球化的驱动力来自于三个决定因素的相互作用:技术[①]、制度和竞争(Ernst,1999;2003)。网络的主要目的在于为旗舰提供快速和低成本的资源、效率和知识等与其核心竞争力互补的要素。

Ernst 认为全球产业网络有三个本质特征:范围,全球产业网络包括价值链的所有阶段,而不仅仅是生产环节;不对称性,旗舰主导和控制着网络资源和决策;知识扩散,知识的共享是网络维持生长的黏合剂(Ernst,2003)。基于此,Ernst 将研究重心放在全球产业网络内的知识扩散(以旗舰为主导的)以及本地供应商的能力升级和发展中国家的产业升级上(e.g. Ernst & Kim,2001;2002;Ernst,2001;2002;2003a;2003b)。

Herderson et al.(2002)对 Ernst 关于全球产业网络的研究进行了评述,除了肯定其贡献外,也提出了其全球产业网络分析框架的不足:首先,其分析框架狭隘地集中于全球产业网络中主要"旗舰[②]"公司的作用;而缺少对网络供应商的关注。这在理论上和实践上都无法揭示全球产业网络中的竞争成功的源泉。其次,其分析框架忽视全球产业网络中服务功能(从设计到营销)的作用[③],而服务功能对全球产业网络的可行性是至关重要的。最后,过多强调研究与开发、技术转移等正式机制的作用,而较少注意隐性知识的扩散作用。

(二)新经济地理学分析框架

新经济地理学家 Herderson 等人在其经典之作《全球产业网络与经济发展分析》(2002)中并未明确地提出一个全球产业网络的定义,但完整地阐述了其分析框架及其要素(如图 2-4 所示)。但在其随后的文献中,对全球产业网络给出了一个简短的定义:通过产品和劳务的生产和分配而具有相互联系功能和运

---

① Ernst 强调技术变迁和信息交流技术(ICT)在全球产业网络的形成及其转型中的作用,而 Herderson 等人认为技术并不是一个独立的变量。相反地,信息交流技术是一个 GPN 的内在要素,构成网络连接的发展和维护的基础;而技术作为全球化的引擎之一,影响着在不同地方的价值链的创造过程以及权力形成的路径(Herderson et al., 2002b:9)。

② Herderson 等人对 Ernst 等人提出的"旗舰公司"概念有些"感冒",认为该称呼意味着特定全球产业网络中权力关系导向的前提假设,而不是将其视为偶发的。特别地,所谓的"旗舰"在其第一次出现时并不具有说服力(Herderson et al., 2002b)。笔者认为,Ernst 等人"旗舰公司"概念是与其研究背景——电子与信息技术产业的特征相适应的,作为制造商驱动的全球产业网络,其领导厂商具有"旗舰"的特征。这也说明了 Ernst 等人的全球产业网络分析框架的单一层次性(one level)(Herderson et al., 2002b)。本书中运用其他文献一般采用的"核心企业"或"领导企业"等称谓。

③ 事实上,这也是与 Ernst 等人单一的研究背景有关系,典型的制造商驱动产业(电子和信息技术产业)中技术起着重要的作用,而在采购商驱动的全球产业网络(如服装产业网络)中,设计与营销起着至关重要的作用。

作的全球组织联结(Dicken et al., 2003)。

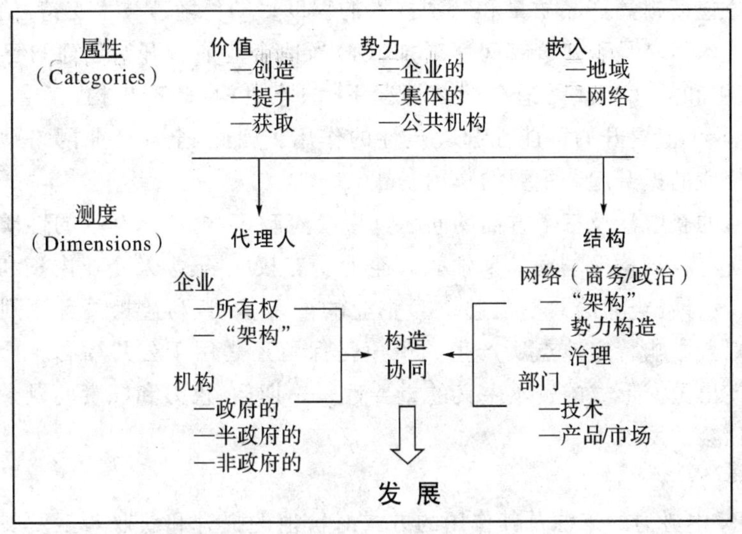

图 2-4 全球产业网络分析框架

资料来源:Herderson et al., 2002b:20。

而 Roper 和 Grimes(2005)将 Herderson 等(2002)所阐述的全球产业网络概括为:"由企业、机构及其他经济代理人等通过知识和财富的创造、提升和开发,企业、集体、机构等的组织权力,以及空间和网络的嵌入等基本过程形成的全球网络。"其定义突出了全球产业网络的三个要素:价值(Value)、势力(Power)和嵌入(Embeddedness)。这也是 Herderson 等人提出的全球产业网络分析框架的主要内容:

1. 价值

不仅包括马克思主义的剩余价值观点,也包括主流的经济租观点。价值的创造(Creation)、提升(Enhancement)和获取(Capture)是全球产业网络的核心内容。

价值的创造与加入到特定 GPN 的每个企业相关。与价值创造相关的重要问题包括劳动力在什么条件下通过怎样的劳动过程转换成实际劳动(社会性);产生不同形式租金的可能性(经济性)。企业在不同的要素条件会产生不同类型的经济租,如技术租:掌握关键产品和流程的技术;组织租:特殊的组织和管理技能,如 JIT(Just-in-time),生产技术和全质量管理等;关系租:变化的企业之间的关系,如与其他企业之间的生产链接,战略联盟的发展,中小企业集群的关系管理等;品牌租:在主要市场树立知名品牌;额外租:贸易保护政策所带来的租金等(Kaplinsky,1998)。经济租的来源也是企业的竞争优势的源泉。

价值的提升问题包括以下四方面内容:(1)发生在给定的产业网络之内与

外部的技术转移的性质及范围；(2)网络内的领导企业与其他主要企业支持供应商和分包商提高产品质量和精密技术的程度；(3)伴随着技术支持，给定劳动过程的技术需求是否随着时间而增加；(4)当地企业能否开始创建自己的组织租、关系租和品牌租。无论在什么情况下，国家机构(政府机构、工会、雇主协会)对企业价值提升的可能性起决定性的作用。因此，全球产业网络中的社会结构对价值的提升起着重要的作用。

价值的获取涉及三个方面的问题：(1)政府政策，财产所有权的性质及法律决定着所有权结构及利润的回馈；(2)企业所有权问题，涉及企业内资和外资的比例，以及合资企业的共享权益；(3)企业的治理基础，利益相关者原则和股东优势原则会影响特定地点所产生的价值是保留还是用于公共福利。价值的获取问题突出国家形式的资本主义的重要性——期望、权力和职责问题——事关经济和社会的发展。

2. 势力

GPN 中势力的来源及其作用的方式对价值的提升和获取乃至发展和繁荣的前景起着决定性的作用。全球产业网络中主要有三种权力形态：

(1)企业势力(Corporate Power)。GPN 的领导企业在企业势力方面具有垄断地位，具有基于其自身利益作出相关决策及资源定位的能力。然而，如果权力总是在产业网络中不均衡分配，次级企业有时(也基于协同的原因)会有充分的自主权去发展和实践自己的升级战略。此外，至少在原则上，加入到产业网络的次级企业有可能联合其他的次级企业以提高该集体在 GPN 的地位。

(2)机构势力(Institutional Power)。GPN 中的机构包括国家和地方机构、国际组织(如 EU、ASEAN、NAFTA 等)、世界组织(如 IMF、世界银行、WTO 等)、联合国机构(特别是 ILO)等。不同的机构在 GPN 中所拥有的势力及所起的作用是不同的。如东南亚的一些国家和地方机构，韩国以及改革开放开放后的中国等国家和地区对私营企业的影响力就要比英国和印度尼西亚等国家机构的影响更大一些。国际组织对企业的影响是潜在的，存在着弱作用力。世界组织则通过制定相关的经济和社会政策要求国家政府强制实行，对企业和社团产生非直接的影响。而联合国机构对企业的影响相比而言更不重要，其作用力不是直接的，而且也仅仅体现在道德和劝诫层面。如国际劳工组织(ILO)推行的体面劳动项目。此外，信用评级机构对领导企业会产生直接影响，同时也会间接影响国家政府的信用风险评估。

(3)集体势力(Collective Power)。GPN 中特定区位的公共机构寻求对企业、各自的政府及国际组织等的影响。常见的集体机构包括工会、雇主协会，以及关注人权、环境保护等问题的非政府组织等。在大多数情况下，这些机构试图对特定网络内一些特殊的企业产生直接影响(如工会对劳动密集型产业劳动者的保护,中国纺织工业协会在中国纺织服装企业推行的 CSC9000T 等),或者对国家政府或国际机构产生间接影响。

3. 嵌入

GPN 不仅通过职能和地域将企业联系起来,还联系着社会和空间安排的各个方面;不仅影响嵌入网络的企业战略、价值和优先权,还影响着管理者、劳动和社会的期望。GPN 中的嵌入有两种形态①:

(1)地域嵌入(Territorial Embeddeness)。GPN 并不仅仅定位在特殊的地点,其区域的定位会受地方已有的经济活动和社会变迁的影响。如领导企业会利用地方产业集群中小企业的社会网络和劳动力市场建立其分包或附属业务。此外,领导企业的区位选择会卷入已有的企业并吸引新的企业加入,从而产生新的地方或区域的经济和社会关系网络。因此,嵌入成为区域经济发展和获取全球机会的关键因素。同时,国家和地方政府政策(如税收、培训项目)会对嵌入产生影响。地域嵌入的模式决定着地方企业在全球产业网络中的地位和权力,从而对企业价值创造、提升和获取产生重要影响。

(2)网络嵌入(Network Embeddeness)。GPN 不仅仅是以地域嵌入为特征,还包括网络成员之间与其原地域无关的联系,特别涵盖了"架构(Architec-

---

① 还有其他学者对嵌入进行了不同的分类。Granovetter(1973,1985)提出关系嵌入和结构嵌入,前者指基于互惠预期而发生的双向关系,可用互动频率、亲密程度、关系持续时间以及相互服务的内容等来判定强关系或弱关系。而结构则是关系之间的分布情况,反映关系结构的特征,主要采用关系联结在整个网络中的位置、规模和密度等测度指标。Gulati(1999)则强调关系嵌入是网络中作为共享优质信息的机制的直接结合关系,而结构嵌入或网络位置的观点则显示网络结构中成员所占的位置的信息价值。Zukin 和 DiIMaggio(1990)则提出了认知、文化、社会结构以及政治制度四种嵌入机制。其中认知嵌入主要关注个体或企业行动者的认知来源及其结果等问题;文化嵌入主要指共同的信念与价值观等影响组织行为、结构与过程的形式,认为文化因素对于组织行为、组织结构及组织过程会产生重要的影响,包括对组织战略和目标的集体理解、规定个人行动的意识形态以及组织的控制系统和组织的规则系统(郭劲光,2006);政治嵌入则关注经济交换如何受到政治势力以及行动者与社会机构之间的势力差异的影响,这种影响是通过改变企业相互作用的情景,从而对个体公司及产业产生重大的影响(Dacin, Ventresca & Beal,1999); Andersson, Forsgren 和 Holm(2002)把嵌入分为业务嵌入(Business Embeddedness)与技术嵌入(Technology Embeddedness) 。他认为,业务嵌入是企业理解变化的业务环境的能力以及企业如何适应这种环境的能力,反映了企业与外部供应商和顾客之间关系的亲密程度;技术嵌入是网络中企业间产品开发与产品过程开发中的相互依赖程度,关系到企业能否从企业网络中获取新的技术。Hagedoom(2006)提出三个层次的嵌入:环境嵌入(Environmental Embeddedness)、组织间嵌入(Interoganizational Embeddedness)与双向嵌入(Dyadic Embeddedness)。其中环境嵌入包括宏观与中观两个层次,宏观层次的嵌入指在国际环境中,国别差异影响企业合作关系形成的可能性,中观层次的嵌入指产业特点带来的企业间合作的倾向性;组织间嵌入是企业群组中组织间合作关系形成的网络,反映了企业与其他公司建立的合作关系的经验及其参与多种网络的历史;双向嵌入与信息的非对称性、熟悉与信任等相关,需要在两个企业间不断重复的关系情景中理解。

ture)”、关系的持久性和稳定性、正式和非正式的机构以及 GPN 作为一个整体的结构及其演化等方面的内容。网络嵌入可以被认为是网络成员之间建立信任过程的产品,对成功和稳定的关系起着重要的作用。

Herderson 等人的全球产业网络的概念建立在 Gereffi 等人的关于全球商品链的研究基础上,其分析框架致力于提供一个与 Ernst 相比更为严格和完整的全球产业网络概念及其组成要素和研究背景。在他们的理论体系中,全球产业网络是被作为一个概念框架提出的,将包括全球的、区域的和当地经济和社会在内的各个方面融入多种形态的经济全球化中。在研究内容上,Herderson 等更致力于对融入产品和服务的生产及知识、资本和劳动力的再生产的整个社会过程的分析(Herderson et al., 2002b)。在方法论上,其全球产业网络观点直接关注:网络中的企业融入特定产品的研发、设计、生产和营销中及其在全球和区域范围内的组织;网络中企业势力的分配及其变化;体制、政府机构、工会、雇主联盟和非政府组织等对融入产业网络的企业战略的影响;以及以上所有这些因素对嵌入网络的不同企业和社会的技术升级、价值增殖及获取、经济繁荣等的影响(Herderson et al., 2002a)。

从以上内容可以看出,与 Ernst 等人的全球产业网络研究框架相比,Herderson 等人的研究具有更深厚的理论基础,研究的内容也更为全面,为经济全球化研究提供了更为广阔的视野,也为本书提供了坚实的研究基础。

三、全球产业网络的定义

在前面分析的基础上,本书将全球产业网络定义为:全球范围内各类经济体通过特定产品和劳务的生产和交换而形成的网络组织。该定义包含三个要素:(1)价值,特定产品和劳务的生产和交换也是价值的创造、提升和分配的过程,是全球产业网络的核心内容,反映经济性;(2)结构,基于价值的创造和分配而形成的组织结构决定着产业网络内的权力分配以及成员相互之间的关系,是全球产业网络的基础,反映社会性;(3)地域,产业网络根据资源和要素的差异在全球范围内的布局,反映着网络的地理分布以及地方经济体的嵌入,是全球产业网络形成的条件。

第二节　全球产业网络分析框架的理论基础

全球产业网络的分析框架是建立在众多理论基础之上的,并处于不断的完善和发展中。国外不少学者对全球产业网络的理论渊源作了追溯,本节在他们研究的基础上，探讨全球产业网络分析框架的理论基础。毋庸置疑，该理论的发展是与经济全球化这一现象密不可分的，用来解释这一现象的理论大致可以分为三类：商品链和全球商品链理论；价值链和全球价值链理论；行为者网络理论（Actor-Network Theory，ANT）和网络治理理论。

"网"的理论是在"链"的理论基础上发展起来的，"链"和"网"表达着不同空间概念。"链"描绘的是商品或服务诸多生产和流通活动的一种垂直序列关系，侧重一系列经济活动在不同的经济行为主体之间如何安排和切分；而"网"主要研究将一系列企业组成更大规模经济集团的企业间关系的程度和范围，侧重企业间关系的特性和界限（Sturgeon，2001）。因此，"网"的理论更注重组织成员之间的关系及其治理问题。

一、商品链和全球商品链理论

商品链的概念首先是由 Hopinkis 和 Walleratein 于 1977 年首次提出的，并于 1986 年给出了一个简洁的定义：商品链是一个劳动力和生产过程的网络，其最终结果是一个成品的商品[①]。Gereffi 与合作者于 1994 年首次提出了全球商品链[②③]的研究框架，认为全球商品链是由一系列通过一种商品或产品集聚的组织间网络，将家庭、企业和国家相互联系到一个世界经济体中。这些网络在情境上是具体的，在社会上是结构化的、当地整合的，强调经济组织的社会嵌

① 转引自 Bair(2005)。

② 在"全球商品链"这个术语中，"全球(Global)"并不是指商品链的地理范围，而是与"国际化(Internationalization)"和"全球化(Globalization)"有所区别。"国际化"仅仅指经济活动跨越国家地理边界的扩散，"而全球化"意味着国际分散活动功能整合的程度(Gereffi，1994)。这是全球商品链框架的前提之一：当代全球化是以跨国生产系统是跨越空间的不断整合并通过各种各样的市场和非市场形式的协调以特征的，但这定义中并不意味着这一生产系统怎样的"全球(Global)"而与"全球商品链"相匹配。事实上，许多基于全球商品链的研究是区域范围的，如北美链指美国和墨西哥，欧州链联系着德国和罗马尼亚之间的经济活动。参见 Bair(2005)。

③ 虽然 Gereffi 对全球商品链的研究至关重要，但其在经济全球化研究中并不是先行者。对经济全球化进行中所带来的全球产业组织新的变化，在上世纪七八十年代就有不少学者从全球新的劳动分工格局和其所带来的社会经济影响角度作了不少研究(e.g. Frobel et al.，1980；Friedman，1986；Sassen，1998；Herderson，1989)。Gereffi 等人的全球商品链研究框架破除了先前沿用的静态空间分析模式，即核心、半边缘和边缘的模式，给出一个更能抓住全球新的产业分工组织变化的研究思路(张辉等，2007：12)。Gereffi 和他的同事认为全球商品链包括："通过一系列国际网络将围绕某一商品或产品而发生关系的诸多家庭、企业和政府等紧密地联系到世界经济体系中；这些网络关系一般具在社会结构性、特殊适配性和地方集聚性等特性；任一商品链的具体加工流程一般都能表现为通过网络关系连接在一起的节点或一些节点的集合；商品链中任何一个节点的集合都包括投入(原材料和半成品等)组织、劳动力供应、运输、市场营销和最终消费等内容"(Gereffi et al.，1994：2)。从其概念可以看出，全球商品链概念强调经济组织里社会嵌入的重要性，包含了许多与企业组织和企业内部网络相关的元素以及与经济和社会发展相关的元素，已具有网络的特征。

入。商品链中具体的过程或片断以节点为代表，联系着整个网络。一条商品链中每个连续的节点包含着输入（原材料和半成品）、劳动力（供给）、物流、营销渠道和消费（Gereffi et al., 1994）。

全球商品链的分析框架包含四个方面的内容：（1）投入—产出结构（Input-output Structure）。商品链是由原材料、知识、生产性和服务功能等通过不同的价值增殖活动在一条给定的产业链中串联起来的一系列流程。（2）地域性（Territoriality）。与链相关的活动的空间模式，尤其是在空间的集聚或分散化及其地域范围。（3）治理结构（Governance）。给定链内的企业内及企业间的权力关系，决定着资源的分配及其在链条内不同节点之间的流动。（4）制度框架（Institutional Framework）。主要研究国内和国际体制背景（包括政策法规、正式和非正式的游戏规则等），及其在各个节点上对链所产生的影响（Gereffi, 1994；1999b）。但在实际上，Gereffi 和其他大多数合作者对全球商品链的研究集中在链条的治理结构这一分析层面，部分关注投入—产出结构关系（仅限于服装和鞋类产业），而对其余两个分析层面很少有关注（Herderson et al., 2002b）。

在全球商品链治理结构这一分析层面，Gereffi（1994；1999a）提出了两种理想的全球商品链模式：采购商驱动（Buyer-driven）和制造商驱动（Producer-driven）[①]（图 2-5）。采购商驱动，指拥有强大品牌优势和销售渠道的发达国家企业通过全球采购和 OEM 等生产组织起来的跨国商品流通网络，形成强大的市场需求，拉动那些奉行出口导向战略的发展中地区的工业化（张辉等，2007）。采购商驱动的全球商品链中那些成熟的大型零售商和品牌商是链条的核心和驱动力之源，这些企业控制并形成如下的空间分工协作网络：总部设在核心国家，半边缘地区负责协调，生产则集中在低薪资的边缘地带。采购商驱动的商品链大多集中在劳动密集型的传统产业，如鞋业、服装、自行车和玩具等。制造商驱动的商品链则主要集中在汽车、航空、计算机、装备制造等技术资本密集型产业或一些新兴的现代制造业。其核心环节对下游生产环节的控制一般会通过海外直接投资的形式来完成；而采购商驱动的价值链中生产环节则大多由发达国家的大型零售商、品牌商和代理商等通过外包网络分包给发展中国家的合约商。

进入 21 世纪以来，随着经济全球化的发展及其研究的进一步深入，Gereffi 等人的研究重心由全球商品链转向了全球价值链的研究，如 Gereffi 和 Memedovic（2003）；Gereffi 等（2005）。

---

① 在此基础上，张辉（2007）根据全球经济活动的实际情况，提出了第三种模式：混合型驱动，并对三种模式进行了比较。参见张辉，2007：66－68。

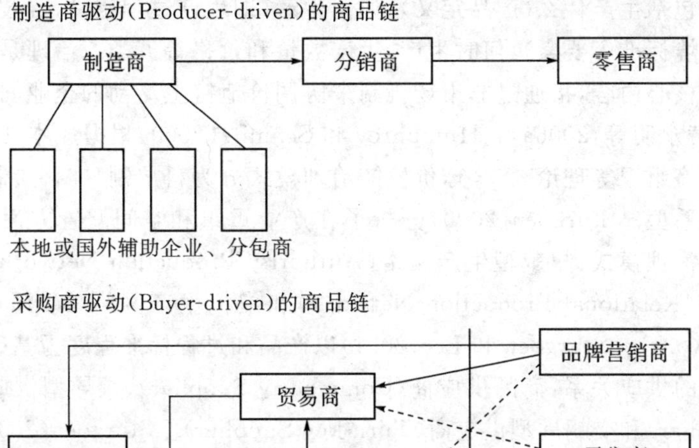

图 2-5 全球商品链两种驱动机制

资料来源:Gereffi,1999。

二、价值链和全球价值链理论

价值链的概念源于 20 世纪六七十年代对矿物出口经济发展路径的分析(Girvan, 1987),用来描述一个产品或劳务从概念、通过中间的生产过程(包括物理转变的结合制造商驱动的商品链与各种各样的生产者服务的投入)、传递至最终消费者及使用后的最终处置等整个活动范围(Kaplinsky,2002)。Kogut(1985)将价值链概念用于分析企业在全球产业和构建战略性配置决策的竞争定位,而 Porter(1985,1990)运用价值链的概念分析企业的竞争优势。价值链研究关注卷入链条的不同行为者之间的关系及其对发展的含义。价值链分析有三个要素:进入壁垒和租金、治理、系统效率。其中治理是其核心,分别有立法治理、司法治理和执法治理三种模式(Kaplinsky,2002)。

随着全球生产和贸易网络的复杂化和渗透,Gereffi 等人在世界系统分析的基础上,特别地将价值链的概念与发展中国家相联系,提出了全球价值链的分析框架,用于弥补早期全球商品链分析框架的不足[①]。当价值链上的一些企业根据其他主体设定的参数(标准、规则)进行生产工作时,治理问题就产生了。

① 全球商品链的购买者驱动和制造商驱动的分析框架不能充分区分实地研究所揭示的不同的网络形态(Gereffi et al., 2005)。

这些参数包括生产什么(产品定义)、如何生产(即生产过程定义,含技术、质量、劳动和环境标准等要素)、何时生产、生产数量和价格等五类。治理是全球价值链研究的核心内容,指通过非市场机制来协调价值链上活动的企业间关系和制度机制(黄永明等,2006a)。Humphrey 和 Schmitz(2000)根据成本交易经济学和企业网络组织等理论,将全球价值链治理模式分为科层制、准科层制、网络型和市场关系型。Sturgoen(2000)分析了在产业重组和空间配置方面起重要作用的三种治理模式:权威型生产网络(Authority Production Network)、关系型生产网络(Relational Production Network)和虚拟生产网络(Virtual Production Network)。Sturgoen 和 Lee(2001)以产品和过程标准程度为基础,比较了三种类型的供应关系:商品供应商(Commodity Supplier)、领导型供应商(Captive Supplier)和交钥匙型供应商(Turn-key Supplier)。Sturgoen(2002)进一步将依赖交钥匙型供应商的生产系统称为模块化生产网络(Modular Production Networks)。在上述研究基础上,Gereffi 等(2005)归纳了五种全球治理模式:市场型(Markets)、模块型(Modular)、关系型(Relational)、领导型(Captive)和等级型(Hierarchy),并基于交易的复杂程度、交易信息编码的能力和供应能力等三个关键变量对五种治理模式进行了比较,协调明晰程度和权力不对称程度依次由低到高排列(表 2-2)。

表 2-2 全球价值链治理的关键因素

治理模式	交易的复杂程度	交易信息编码的能力	供应能力	协调明晰程度和权力不对称程度
市场型	低	高	高	低 ↓ 高
模块型	高	高	高	
关系型	高	低	高	
领导型	高	高	低	
等级型	高	低	低	

资料来源:Gereffi et al., 2005。

全球价值链视野拓宽了对全球经济一体化现象的分析,体现在以下四个方面:(1)研究重心从制造转移至商品和劳务供应链中的其他环节,包括分配和营销;(2)链内不同行为者之间的关系及其对发展的启示;(3)基于价值链分析的组织间的联系的主张使得正式或非正式工作与劳动者之间的关系分析变得更加容易(特别是发展中国家);(4)对链条内所有链结与过程(而非仅仅生产)及其活动的关注,有助于确定如何在市场中通过不完全竞争和片断化以提高市场回报(Pietrobelli & Saliola,2006)。

三、行为者网络理论和网络治理理论

行为者网络理论（ANT）是由 Callon（1986），Latour（1987；1999），Law（1987；1999）等人于 20 世纪 80 年代发展起来的。基于对称性原则，行为者将行为者网络的特点描述为异构网络或技术—经济网络（Callon，1991）、人类和非人类的集合（Latour，1991；Dicken et al.，2001）、异构物质的模式网络（Law，1992）、混合集体（Callon & Law，1995）。行为者网络理论着重于客体与机构在异构网络中的重要性，并认为网络中的实体是通过与网络中的其他实体之间的关系和链接形成的（Law，1999）。对全球产业网络的研究来说，这意味着空间和距离并不是绝对的，而是作为影响、权力、和链接的"空间领域"和关系范畴（Herderson et al.，2002）。此外，行为者网络理论强化了其作为流体物质的特点（Miettinen，1999），是围绕非现代情境的关于空间和流动的理论（Latour，1997）。

（一）网络治理的定义

治理是与创造秩序化的规则和集体行为的条件相关的（Stoker，1998）。自科斯用交易费用的概念区分了市场和企业两种交易方式后，企业的内部组织和市场交易这两种组织方式间的替代关系及其治理模式是新制度经济学家在相当长一段时间内所关注的内容。而事实上，正如威廉姆森所说，在市场和企业这两个极端的协调方式之间，还存在着大量的中间产品的交易和中间状态的交易组织。而全球产业网络的出现，充实了这一类型组织，使其成为一种新的经济组织形态，与企业和市场在本质上存在差别，在治理上也存在根本的差异。关于治理的研究是名副其实的"成长行业"（Waarden & Kersbergen，2004），而"网络治理"是治理研究这个"成长行业"的发展方向和成果。关于网络治理的概论是由 Jones 等人（1997）首次提出的（Sagers et al.，2004），不同的学者用不同的术语，从不同的角度给出了定义（见表 2-3）。

表 2-3 网络治理的不同术语和定义

术 语	网络治理的定义	参考文献
网络组织（Network Organizations）	由市场机制协调的企业或专业化单位的集群	Miles & Snow，1986，1992
组织的网络形式（Network Forms of Organization）	横向或水平的交易模式，资源的独立流动以及双向交流	Powell，1990
网络（Networks）	个体、群（Group）和组织间的模式化关系	Dubini & Aldrich，1991
联盟资本主义（Alliance Capitalism）	不同广义范畴的市场之间的战略性长期关系	Gerlach & Lincoln，1992

续表

术 语	网络治理的定义	参考文献
网络组织形式(Network Organizational Forms)	由于长期重复性交易而产生的基于责任、期望、声誉和互利等的相互依存关系	Larson, 1992
组织间网络(Inter-organizational Networks)	有边界或无边界的组织集群,由法律上独立的单位组成的非科层群体	Alter & Hage, 1993
网络(Networks)	非正式的组织间协作	Kreiner & Schultz, 1993
企业群(Business Groups)	以正式和/或非正式方式具有中度约束力联结的企业集体	Granovetter, 1994;1995
社会网络(Social Networks)	个体的集合,个体之间的交易基于信任行为的共享规范而产生	Liebeskind et al., 1996
网络治理(Network Governance)	网络治理包括一系列从事产品和服务创造的经选择的、持久的和结构化的自主企业(也包括非利润性机构),产品和服务的创造是基于隐性和没有成员限制的契约(社会约束而非法律约束)以适应环境的偶发事件以及协调和维护交易产生的。	Jones et al., 1997
网络治理(Network Governance)	权威结构与组织间机制的结合	Loïc Sauvée, 2002
网络治理(Network Governance)	正式或非正式的组织和个体通过经济合约的联结与社会关系的嵌入,所构成的以企业间的制度安排为核心的参与者间的关系安排	穆瑞杰、朱春奎,2005;徐涛,2008

资料来源:在 Jones et al.,的基础上整理。

(二)网络治理的条件

Jones 等人(1997)首次规范地将交易成本经济学和社会网络理论相结合,论证了网络治理的理论基础(Sagers et al., 2004)。网络治理的"新兴和繁荣"存在四个必要条件(Jones et al.,1997):

1. 需求的不确定性和供给的稳定性

在需求不确定的条件下,企业会通过外包或次包的形式分散化为自主的单位,这种解体会增加灵活性,提高适应偶发事件的范围,因为交换或租用的资源束比自有的资源更容易便宜而快捷地再分配来满足环境的变化。如意大利帕拉托的纺织业的网络结构能提高纺织企业对时尚变化的快速适应能力。知识或技术的快速变迁使得产品生命周期缩短,信息的快速传播则进一步增加了需求的不确定性。实质上,需求的不确定性及供给(如劳动力)的稳定性使得网络和市场更易适应外部环境,而科层制更不易适应。

2. 人力资本的高专用性

产品和服务的定制化在网络内的企业中是常见的。定制化[①]这种模式包含着人力资本的专用性(如文化、技艺、常规和"干中学"形成的团队),这种专用性是与对方的知识和技术相关的。伴随着高层次人力资本的专用性的定制化交易要求组织增加合作、亲近和重复交易以有效地在网络成员之间转移隐性知识。团队之间的合作是必需的,因为只有一起工作才能获得隐性知识;亲近能通过面对面交流的方式促进隐性知识的转移;重复交易使得隐性知识在长期内得以同化。需求的不确定性迫使企业寻求分散化,而定制化、人力资本专用性加紧了对成员之间协调和整合的需求。网络治理通过促进隐性知识跨越企业边界在网络内的快速扩散而有效平衡了竞争的需求。

3. 任务的复杂性

任务的复杂性导致行为的相互依赖并提高对行为协调的要求,而需求的不确定又增加了任务的紧迫性,使得当事人之间的协调更为必要和重要。网络治理能有效地将多个自主的、多样化的技术部门整合在紧迫的时间压力下生产复杂的产品和服务。对产品和服务的速度要求是网络的至关重要的条件(Powell,1990)。

4. 交易的频繁性

重复交易使得人力资本的专用性在"干中学"中得到发展并通过持续的交流得到深化,也促使了隐性知识在网络成员之间的转移。重复交易在互利的基础上进行,通过嵌入来进行网络成员之间的非正式控制。上述四个条件的结合对网络治理的产生和发展起着重要作用。交易条件的复杂性、重复性的定制化任务产生了结构嵌入。任务的复杂性要求网络成员之间加强合作,定制的过程和知识的转移加强了成员之间的协调和交易的维系,也促进了交流的频度和隐性知识的共享。总之,这些交换的条件导致了结构的嵌入;反过来,又建立了适应、协调和维系复杂的定制化交易的社会机制,形成了关系嵌入。

(三)网络治理的社会机制

结构嵌入是网络治理社会机制的基础,而社会机制是解决网络成员之间问题的有效途径。四种社会机制对交易行为产生了重要影响(表 2-4)。

---

① 定制化的交易导致了当事人之间的依赖,也增加了当事人对协调的需求。由于定制化导致买方和卖方对市场都更加脆弱,因此,也使得当事人更加关注网络内交易的维系。定制化与需求的不确定性相结合从两个方面增加了行为的不确定性:(1)当事人之间难以形成最初的定制交易内容的一致意见;(2)因现在环境已经发生变化,当事人对是否要履行最初达成的职责难以达成一致意见(Jones et al.,1997:919)。

表 2-4 影响网络交易的社会机制

社会机制	对网络交易行为的影响	边界条件
限制性进入	减少协调成本的路径： • 减少成员之间的期望、技能与目标的不一致 • 制订沟通协议并通过持续互动建立常规 维系交易的路径： • 监督更为有效 • 通过承诺和身份确认，增加成员之间的互动	需要一些创新和新知识的边界渗透，否则参与者容易“陷入集体无知”中
共有的网络文化	减少协调成本的路径： • 通过社会交往使成员之间期望收敛 • 建立传达复杂信息的共同语言 • 确定共享的隐性规则	• 建立共同的理解和议程 • 需要第三方建立公司之间的制度 • 评价合作和商业交易的内容
集体惩罚	维系交易的路径： • 增加滥用职权的成本 • 减少监督的成本 • 为排序和监督合作伙伴提供激励	• 难以区分来自机会主义的误解 • 需要从最小的努力辨别最好的
声　誉	通过扩散关于合作伙伴之间的行为的信息维护交易	• 信息可能不正确或者被扭曲

资料来源：Jones et al.，1997：926。

1. 限制性进入

限制性进入是指战略性地限制网络中交易伙伴的数目。地位最大化和关系契约导致了网络中限制性进入的产生。地位最大化使合作方避免与地位较低的合作商交易，其结果是同等身份的个体间的交易。地位是建立在“过去示范的质量”或与具有较高身份的合作伙伴联系基础之上的。而关系契约使得更少的合作者进入网络。限制性进入在不同文化背景下存在着差异。

限制性进入降低了网络内成员之间的协调成本，更少的合作伙伴也增加了交易的频率，使得行为者的动机和协调的能力都得到了扩张。更少的合作伙伴之间更多的互动可以有效减少合作方期望、技能和目标的不一致性，使交易更容易产生，也更有利于合作方进行相互调整。此外，持续的互动可以替代网络内部的社会化过程并形成合作伙伴之间的相互学习机制，制订交流协议并建立团队工作的常规。因此，限制性进入减少了定制化复杂交易的成本，同时增加了网络治理在快速变化的市场环境中完成复杂的定制化任务的可能性，从而降低了交易成本，也使网络更为稳定。

限制性进入也有利于维护网络内的交易。首先，更少的合作伙伴降低了企业监督的总成本，并降低了机会主义行为的风险。此外，更少的合作伙伴之间更多的互动增加了网络成员身份的确认并提供了建立强联系的条件从而导致嵌入，嵌入的产生使得行为者产生共同的利益和兴趣从而导致了关系的改变——从对立面走向联盟——机会主义的激励降低。最后，更少的合作伙伴之间更多的互动产生了迭代的囚徒困境博弈，最终得到一个理性的合作解，从而降低交易中机会主义的潜在性。

2. 共同的网络文化

共同的网络文化是指网络内成员普通共享的信念、价值观，包括特定行业的专业知识，它起着引导和协调成员间行为的作用。这种网络文化源于直接或间接的关系网络，结构嵌入越深，成员分享共同文化的可能性越大。这种文化为网络成员共享，而不仅仅为领导厂商所有。但领导厂商所拥有的特殊资源（包括价值观和技术等）在网络文化中占据重要地位，它可以通过各种路径进行知识的转移和扩散。专业知识和技能在网络内的社会化使得在全球范围内地理上分散的成员产生强有力的共享文化，从而建立了强联系。

共有的网络文化对理解网络治理非常重要，因为复杂的任务需要网络内共享的社会过程和结构来影响独立的成员之间产生有效的交易。它主要通过三种途径来增加自主的网络成员的协调性：(1)通过社会化使成员之间的目标趋于一致，使合作者在共同的目标下工作；(2)用特殊语言来总结和传递复杂的规则和信息，便于网络成员的交流；(2)通过默契来恰当处理偶发事件，减少网络成员之间的摩擦。共有的网络文化降低了网络内的协调成本，促进了成员之间的有效交易，从而提高了交易的频率。

尽管共有的网络文化促进了网络的兴起和繁荣，但这种共同文化的建立并不容易。因为网络包含了众多具有不同文化信仰和价值观的交易成员，需要数十年的时间才能建立起完成复杂任务的默契和常规。这也需要第三方的支持，如行会、职业学校、协会等。总的来说，地域的相近使得成员之间的互动更加容易，因此更有利于促进网络文化的共享，如硅谷的电子产业、好莱坞电影、意大利 Rrato 时装纺织业等有代表性的产业网络。

3. 集体惩罚

集体惩罚用于网络治理，包括网络内成员惩罚其他成员违反网络规范、价值观和目标而做出的惩罚。集体惩罚通过对违反规则和价值观的惩罚的示范定义和加强了可接受行为的参数，从而起到了规范网络成员的行为的作用。同时，集体惩罚增强了社会机制，一旦成员受到惩罚，其名誉和声誉将受到损害，从而影响其在网络中的地位和关系。因此，集体惩罚通过增加机会主义的成本而减少行为的不确定性，减少了网络对其成员的监督成本，并为排序和监督同伴提供激励。

集体惩罚的局限性在于如何准确地判断该手段的运用问题。因为人们通常很难区分故意的机会主义行为和切实的误解，特别是在高不确定性的情况和复杂任务的条件下。随着不确定性的增加,人们越难区分其成员是否违背了网络规范。而且,事实上也存在着误解的可能。此外,人力资本专用性的存在使网络成员所作努力的大小难以区分,也增加了误解的可能性。

4. 声誉

声誉包含了对网络成员的特点、技能、可靠性和其他与交易相关的重要属性的评价。随着环境不确定性的增加,交易者对其自身和对方的声誉也更加关心,声誉在网络治理中的作用也就更突出。对声誉的关注能使网络成员的行为符合共同网络文化的规范,减少机会主义产生的可能性。因此,声誉对交易的维护作用在于阻止欺骗性行为的发生,增进成员之间的合作,从而提高交易的收益。事实上,相互调整的声誉对是否进行重复交易的决定起着关键作用。因此,基于结构嵌入的声誉使专业化的交易在更广泛的治理机制下产生。

同样,声誉的作用也存在局限性。例如,关于声誉的信息可能是不准确的或扭曲的,当其在长链条中进行扩散时,信息可能被扭曲。此外,当行为者过度依赖声誉而受限在小集体范围时,会阻碍创新信息的扩散。

综上所述,限制性进入限制了参与者的数目,共有的网络文化建立了地理分散化的网络成员之间的关系,声誉提供了关于参与者行为的信息,集体惩罚减少了机会主义行为的发生,各种社会机制在网络治理中的交互作用促进了网络成员之间的合作行为,协调和维护着网络内的交易行为。

基于交易成本和社会网络理论分析可以得出,需求的不确定性、任务的复杂性、人力资本的专用性和交易的频率导致了网络治理的产生,而网络治理又通过限制性进入、共同的网络文化、集体惩罚和声誉等社会机制协调和维护着网络的交易,前者导致了结构嵌入,而后者产生了关系嵌入(图 2-6)。

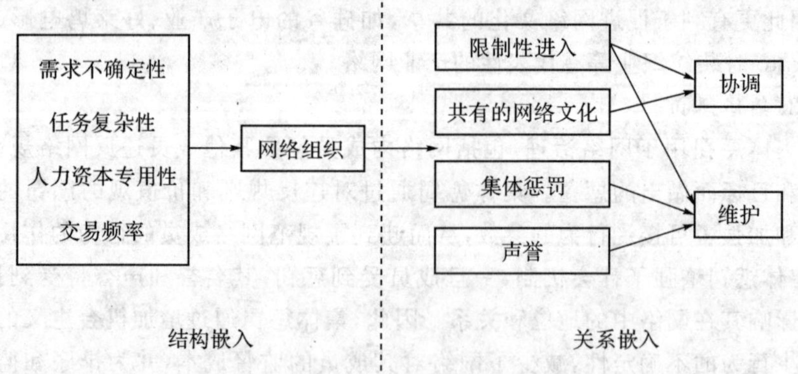

图 2-6 网络治理的形成条件和社会机制

资料来源:在 Jones et al., 1997 的基础上整理。

第三节 全球产业网络的知识转移和扩散机制

组织是一个知识的集合体,是一个创造、组合和应用知识的社会存在。以知识和学习为基础的组织是机能健全的有机系统,它努力形成自己的核心能力,寻求与变化着的环境的动态适应(芮明杰,2001)。在知识经济时代,全球企业拥有的知识优势是其建立产业网络的基础,而其根本目的是为了获得快速利用海外地方供应商的技术和能力的路径以提高其核心竞争力。为保持其核心竞争力,一方面,领导企业需要对地方供应商进行技术和管理知识的转移,以促进供应商技术和管理能力的升级,从而使供应商能满足其技术专门化的要求(Ernst,2003b);另一方面,一旦网络供应商对其能力成功升级,也为领导厂商转移更复杂的知识创造了新的动力。当然,知识转移并不是有效的知识扩散的充分条件,知识扩散只有在转移的知识被本地供应商内化并转换成其能力时才完成,因此知识的扩散也是本地供应商升级的重要途径。

基于对网络本质的分析,网络具有区别于其他组织的三个要素(Powell,1990):(1)诀窍。网络是以横向的或水平的交换为特征的,因此有利于以隐性为特征的诀窍(如技术或基于工艺的技能)在网络内的传播,有利于知识的扩散。(2)速度需求。网络复杂的交流渠道使其具有快速传播和演绎新信息的优势,同时提供了"干中学"的情境,使其具有使想法快速转化为产品的能力,因此网络组织也更易走向繁荣。(3)信任。网络成员的声誉是其可信度的强烈信号,也是相互交流的基础。可信度越高,信息传播的正确性和流畅性越好。姜启军、顾庆良(2008)对中国纺织服装产业的研究表明,企业社会责任与企业的声誉有着正相关关系,能增加组织成员之间的信任。众多个体拥有的专业知识通常存在着互相解释或互相强化的关系,通过组织这种知识一体化的制度,从而能产生递增的经济效益(汪丁丁,1997)。因此,网络这种组织更有利于知识的转移和传播。

一、全球产业网络的知识转移机制

全球领导企业基于其知识优势在全球范围内建立起产业网络,而为了提高其核心竞争力,领导厂商会通过不同的途径进行知识的转移来提高当地供应商的技术水平和管理能力(Ernst & Kim,2002)。知识转移可以市场为媒介,通过正式契约的形式约定知识供应者和购买者之间相应的条款和条件,并以报酬支付的形式来完成,也可以通过非报酬、非正式的方式来完成。领导厂商在知识转移中所起作用也有所不同,可以是积极的,也可以是消极的。根据知识转移的媒介及领导厂商在知识转移中所起的作用的不同,全球产业网络内的知识转移机制可以分为四类[①],如图 2-7 所示。

媒介 \ 知识发送者的作用	积极	消极
市场	积极的正式机制(如直接投资、交钥匙工厂等)	消极的正式机制(如商品贸易、标准机械转移等)
非市场	积极的非正式机制(如技术支持)	消极的非正式机制(如反转工程、观察、流动等)

图 2-7 知识转移机制

资料来源:在 Ernst & Kim,2002:1424 的基础上修改。

(一)积极的正式机制

该种机制主要发生在领导厂商和其非独立的地方供应商(其附属企业或合资企业)之间,领导厂商通过直接投资或技术咨询的方式来进行知识转移。领导厂商一般拥有附属企业的大部分产权,许可和转移完备的生产系统,使其成为“交钥匙工厂”(Turn-key Plants)。

(二)消极的正式机制

该种机制主要发生在领导厂商和其独立的地方供应商之间,领导厂商可以通过商品贸易和机械设备转移等方式来进行知识转移,其主要目的是为了提高本地供应商的生产运作效率。机械设备是过程创新的主要源泉(Abernathy & Townsend,1975),因此,提高一般供应商生产效率的重要途径是机械设备。领导厂商并不一定是设备的供应者,但可以发挥重要的间接作用,迫使地方供应商购买更精密的设备来提高其生产能力。

(三)积极的非正式机制

该种机制主要发生在领导厂商和其独立的地方供应商之间,主要通过

① 全球产业网络中的外包或委托加工关系——“委托企业—加工企业”通常有“领导厂商—高层级供应商”和“高层级供应商—低层级供应商”两种基本形式。在这两种形式中,委托企业分别是指领导厂商或高层级供应商,加工企业分别是指高层级供应商和低层级供应商。在这两种基本的委托加工关系中,虽然知识转移的具体内容和层次可能会有所不同,但转移与扩散的途径和机制基本一致(卜国琴,2007:51)。

OEM来进行知识转移。领导厂商给地方供应商提供(一般是无偿的)设计蓝图、技术规格和支持援助(通常是显性的),以确保后者生产的产品和服务能满足前者的技术要求。

(四)消极的非正式机制

在这种机制下,领导厂商通过非正式的机制在知识转移中起消极的作用。如领导厂商可通过反转工程、观察和人员流动的方式来提高独立地方供应商的升级能力。人员流动不仅包括一流工程师海外培训的遣返,也包括有经验的国外工程师短期的雇用。在这种机制下转移的知识一般是隐性的。

从以上分析可以看出,全球产业网络内不同的知识有不同的转移机制,转移的内容也各有不同。总的来说,知识转移主要在领导厂商和独立的地方供应商之间产生,这对提高地方供应商的能力以适应市场和技术的变化从而提高领导厂商的核心竞争力起着重要的作用。

二、全球产业网络的知识扩散

知识转移并不是知识扩散的充分条件,在全球产业网络背景下,知识的扩散意味着领导厂商转移的知识在地方供应商中的应用和创新,代表着其能力的提升。因此,知识的扩散与地方供应商的学习能力紧密相关,尤其是隐性知识的学习。在特定的网络背景下,知识的扩散包括识别和搜集、组织和学习、应用和创新的过程,每个过程又有不同的要素作为其支撑①,如图2-8所示。

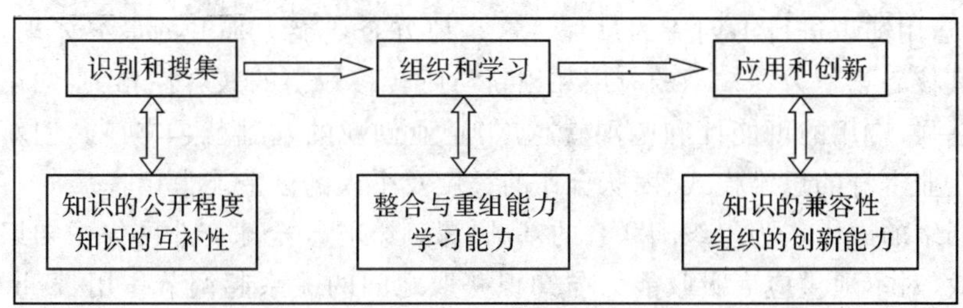

图2-8　知识扩散过程及其要素

(一)识别和搜集

地方供应商对知识的识别和搜集是全球产业网络内知识扩散的基础。知识的识别和搜集的难易程度与知识的类型相关,隐性知识的识别和搜集比显性知识更复杂一些。地方供应商对知识的识别和搜集与转移机制相关,正式的转移机制下的知识识别和搜集比非正式的转移机制更容易一些,领导厂商的作用

① 本模型受谢辉(2006)的组织隐性知识共享机制模型(P44)的启发。

越积极，越有利于地方厂商对知识的搜集和识别。地方供应商识别和搜集的知识的内容与其致力于学习、创造和拓展的需求相关，包括其相应的技术、知识技艺和能力以及价值理念等在内的隐性知识。因此，地方供应商识别和搜集的知识的内容和数量取决于知识的公开程度、转移程度及其互补性。

(二)组织和学习

地方供应商对知识的组织和学习是全球产业网络内知识扩散的关键。组织和学习与地方供应商对知识的整合和重组能力、学习能力紧密相关。领导企业为地方供应商转移的诸如机器、蓝图、生产与质量标准等显性知识是相对零散的，需要地方企业进行消化吸收，并根据本企业特点进行归纳整理为新的显性知识，如新的技术规范、质量控制手册、操作规范等，由本地企业工程师和员工进行学习，理解和吸收领导企业提供的知识，然后在其日常操作和管理中转化为自身的隐性知识。地方企业也可以通过选派工程师和管理人员到领导企业学习，也可请领导企业的一流工程师到企业进行指导，在人员的相互交流中使与技能相关的隐性知识进行扩散。在这个过程中，本地企业员工的观察、模仿和实践等方面的学习能力非常重要(刘雪峰，2007)。

(三)应用和创新

地方供应商对知识的应用和创新是全球产业网络内知识扩散的目标。地方企业通过对领导企业知识的组织和学习转化为自身的知识，运用到组织生产过程的各个环节，使知识转化为现实的生产能力。创新则是在学习和模仿的基础上，运用知识进行再创造的过程。这是地方企业能力提升的最终体现，也提高了其核心竞争力。知识的应用和创新与所转移知识的兼容性相关，知识的兼容性越强，应用的可能性和范围就越广，企业创新的基础就越丰厚。创新还与地方企业本身的思维模式、团队合作的程度及个人的创造能力相联系。

网络的嵌入作为组织间联系的基础，深刻影响着全球产业网络中知识转移的绩效，对本地供应商吸收能力与知识获取之间的关系起调节作用(Echols & Tsai，2005)。吴晓波等(2007)对全球制造网络中本地企业知识获取的实证研究表明，网络嵌入性对获取外部知识的能力与本地企业知识获取的正相关关系具有调节作用；本地企业可以通过专业化代工模式进入多个跨国公司相互作用的产业网络，充分利用跨国公司之间的相互竞争来获取更先进的技术和知识(高春亮等，2008)；张方华(2010)对长三角地区 270 家本土企业的实证研究表明，企业通过对组织网络的关系型嵌入和结构型嵌入能够有效提高外部知识的获取效应，从而对企业的创新绩效存在显著的推动作用。

第四节　本章小结

全球产业网络作为一种新的组织，与企业和市场相比，有着不同的本质特征。网络内的交换是互动的情景下基于关系进行的，组织成员间的关系是靠声誉来维系的，成员之间是合作共赢的关系。基于信任的交换有效地降低交易成本，加快了交易的速度，从而提高了交易的绩效。

全球产业网络的分析框架致力于对融入产品和服务的生产及知识、资本和劳动力再生产的整个社会过程的分析。价值（创造、提升和获取）、势力（企业、机构和集体）和嵌入（地域、网络）是其研究的三个要素。与全球商品链和全球价值链的分析框架相比，全球产业网络的分析框架更注重社会性，网络的治理是其核心。基于交易成本和社会网络理论分析可以得出，需求的不确定性、任务的复杂性、人力资本的专用性和交易的频率导致了网络治理的产生，而网络治理又通过限制性进入、共同的网络文化、集体惩罚和声誉等社会机制协调维护着网络的交易，前者导致了结构嵌入，而后者产生了关系嵌入。

全球产业网络内的领导厂商为了提高其核心竞争力，会通过不同的途径进行知识的转移来提高当地供应商的技术水平和管理能力。一旦网络供应商对其能力成功升级，也为领导厂商转移更复杂的知识创造了新的动力。根据知识转移的媒介及领导厂商在知识转移中所起作用的不同，全球产业网络内的知识转移机制可以分为四类：积极的正式机制、消极的正式机制、积极的非正式机制和消极的非正式机制。

在全球产业网络背景下，知识的扩散意味着领导厂商转移的知识在地方供应商中的应用和创新，代表着其能力的提升，是本地供应商升级的重要途径。知识的扩散与地方供应商的学习能力紧密相关，尤其是隐性知识的学习。

本研究将全球产业网络定义为：全球范围内各类经济体通过特定产品和劳务的生产与交换而形成的网络组织。特定产品和劳务的生产与交换也是价值创造、提升和分配的过程，是全球产业网络的核心内容，反映经济性；基于价值的创造和分配而形成的组织结构决定着产业网络内的权力分配以及成员相互之间的关系，是全球产业网络的基础，反映社会性。

第三章　全球产业网络下的企业社会责任

企业社会责任是当今最流行的概念之一，而它的流行是与经济的全球化发展分不开的。自由化、技术和日益剧烈的竞争导致了重要的组织创新：全球产业网络的形成和发展(Ernst & Kim,2002)。全球产业网络的分析框架更多地注重于生产和雇佣关系的社会与制度嵌入，特别是发展中国家的地方供应商(Herderson et al., 2002)。全球产业网络的社会结构通过各种约束和传递机制来规范地方供应商的企业社会责任行为，与此同时，企业社会责任成为地方供应商嵌入全球产业网络的有利甚至是必要条件之一。

第一节　企业社会责任概念

一、企业社会责任的不同定义

一般认为，企业社会责任最早的学术概念是由 Bowen(1953)给出的，指"商人按照社会的目标和价值，寻求其政策，做出其决策，或采取令人合意的行为底线的义务"(Godfrey & Hatch,2007;Carroll,1999)。Drucker(1954)在《管理实践》一书中为企业社会责任注入了"新思想"(Godfrey & Hatch,2007)，强调组织的首要责任是在为社会创造利润的同时，考虑每个经济活动对社会的影响，管理的最终责任是对自身、对企业、对社会和生活方式负责。在随后的五十多年中，CSR 成了一个"备受煎熬"的概念(Godfrey & Hatch,2007)，不同的学者和组织从不同的角度提出了不同的企业社会概念。尽管众多学者都在致力于给出一个清晰的、不偏不倚的定义，但 CSR 应怎样定义始终存在混淆(Dahlsrud,2008)，众说纷纭，至今未形成一个权威的定义。

Dahlsrud(2008)从环境(Environmental)、社会(Social)、经济(Economic)、

利益相关者（Stakeholder）和自愿（Voluntariness）五个维度[①]对其搜集的1980—2003年间的27个作者提出的37个CSR定义进行了解析，其研究表明，利益相关者、社会、经济和自愿等四个维度在众多概念中提及的比例依次为88%、88%、86%和80%，值得关注的是环境维度显著较低，为59%。然而，所有维度在众多定义中提及的比例都超过了50%，这意味着这些维度并不是随意包含在一个定义中的。

不同组织及学者提出的有代表性的企业社会责任概念如表3-1所示。从中可以看出，不同的定义中包括的维度主要为社会、经济和利益相关者等。

二、企业社会责任观念的演变

企业社会责任概念的演变可以看做是两条平行路径的结果（Vurro，2006）：一是政策制定者和组织为推广企业社会责任思想而推出的概念，如联合国、世界银行、世界可持续发展协会（WBCSD）、国际劳工组织（ILO）、欧盟（EU）等。二是学术界对企业社会责任是企业与社会/环境之间的关系问题的模糊认识到企业社会责任作为管理工具和行为指导原则的明确界定的演进过程。

表3-1 有代表性的企业社会责任概念

定义来源	定义	维度
欧共体，2001	企业社会责任是指公司在自愿的基础上将对社会和环境的关注以及对利益相关者的关系整合到企业的运作中。	自愿；利益相关者；社会；环境；经济
欧共体，2003	企业社会责任是指企业对其所有利益相关者是有责任的。它是一种企业持续的承诺：其行为是公正而负责任的；在致力于经济发展的同时，提高劳动者及其家庭、社区及整个社会的生活质量。	自愿；利益相关者；社会；经济
世界可持续发展协会，2000	企业社会责任是企业持续的承诺：有伦理地行动，致力经济发展与提高劳动者及其家庭、社区以及整个社会的生活质量相结合。	自愿；利益相关者；社会；经济
Khoury et al.，1999	企业社会责任是指企业与其所有利益相关者的整个关系，包括顾客、雇员、社区、所有者/投资者、政府、供应商和竞争者。社会责任的要素包括社会的投资、雇员关系、雇用的产生和维系、环境职责和财务绩效。	利益相关者；社会；环境；经济

① Dahlsrud对各个维度给出了自己的定义：环境维度——自然环境；社会维度——企业和社会的关系；经济维度——社会—经济或财务表现，包括CSR在企业运营中的描述；利益相关者维度——利益相关者或利益相关者集团；自愿维度——行为非法律所规定。

续表

定义来源	定 义	维 度
Hopkins,2003	企业社会责任与有伦理或以责任的方式处理和公司利益相关者相关。"伦理或以责任的方式"意味着以一种为公共社会所接受的方式处理利益相关者。社会包括经济责任。利益相关者存在于公司内部和外部。社会责任的目标越宽广,其所创造的生活标准越高,同时保护了企业及企业内部和外部的人民的利益。	自愿;利益相关者;社会;经济
Marsden,2001	企业社会责任与公司的核心行为及其在运营时对社会承担责任所产生的总体影响相关。企业社会责任既不是随意的增加,也不是慈善的行为。一个负社会责任的公司是一个以有利可图的方式运作,并承担其所有对社会所产生的积极和消极的环境、社会及经济效应。	社会;环境;经济
全球企业社会责任政策项目,2003	全球企业社会责任可被定义为基于伦理价值及劳动者、社区和环境的尊重的经营实践。	社会;利益相关者;环境;经济
Frederick et al.,1992	企业社会责任可被定义为一种原则:企业应对其行为对社区和环境所产生的影响负责任。	经济;社会;环境
Carroll,1991	企业社会责任是某一特定时期社会对组织所寄托的经济、法律、伦理和慈善的期望。	经济;社会;自愿
Kotler & Lee,2005	企业社会责任是通过企业自主决定的经营实践和企业资源的贡献而提高公共福利的义务。	经济;社会;自愿
Sacconi,2006	CSR是基于所有利益关系者的企业治理的延伸模型。	经济;利益相关者
刘俊海,1999	企业社会责任是指企业不能仅仅以最大限度地为股东们营利或赚钱作为自己的唯一存在目的,而应最大限度地增进股东利益之外的其他所有社会利益。	经济;利益相关者;社会
卢代富,2002	企业社会责任是指企业在谋求股东利润最大化之外所负有的维护和增进社会利益的义务。	经济;利益相关者;社会
陈永正,2004	企业社会责任的本质为企业与股东之外的其他社会成员的利益关系对于企业利益的实现机制的重构。	经济;利益相关者;社会

资料来源:作者整理。

不同的学者分析了 CSR 的演变过程。De Bettignies(2002)回顾总结了1955—2002 年间企业社会责任不同的含义,将企业社会责任思想划分为十个阶段:企业慈善(1955)、企业伦理(1960)、企业社会责任(1965)、利益相关者模型(1970)、企业社会响应(1975)、企业社会绩效(1980)、企业社会公正(1985)、可持续发展(1990)、三维基本底线(1995)和企业公民(2002)。Juholin(2004) 根据 Frederick(1994) 和 Vercic(1994)的研究将 CSR 分为五个阶段和类型:CSR0

(Public Responsibility 1900s—1930s)，强调公共利益；CSR1(Corporate Social Responsibility 1930s—1970s)，企业社会责任，关注普通公众；CSR2(Corporate Social Responsiveness 1970s)，企业社会响应，重点在于公司社会关系管理；CSR3(Corporate Social Rectitude 1980s)，企业社会公正，强调双向均衡的公共关系；CSR4(Corporate Social Reason 1990s)，企业社会动机，强调企业的公共关系不仅仅在于有效、正确地管理公司的关系，而且应该完全地参加寻求解决环境问题的路径。沈洪涛、沈艺峰(2007)则将企业社会责任思想的演变划分为五个过程：狭义的企业社会责任(20 世纪 70 年代以前)、公司社会回应(20 世纪 70 年代)、公司社会表现(20 世纪 80 年代)、相关利益者理论(20 世纪 90 年代)、公司公民(21 世纪)。

学者对企业社会责任的认识由最初的“责任”转向“战略”思想。菲利普·科特勒等认为企业社会责任经历了从“职责到战略的转变(A Shift from Obligation to Strategy)”(Kotler & Lee,2005)。企业社会责任项目会给企业带来以下好处：减少风险；减少浪费；改善与管制者的关系；滋生品牌资产；改善人际关系，提高雇员生产力；降低资本成本(Heal,2005)。Burke 和 Logsdon(1996)指出，企业社会责任对企业的回报与对企业的利益相关者和广大社会的回报是相同的，当企业社会责任能切实产生与企业有关的利益时，特别是对企业核心业务的支持，进而促进企业的效益，有助于实现企业使命时，企业社会责任(政策、过程)能上升到战略高度。Perrini 等(2006)认为企业社会责任包括战略和公司政策，与企业管理的所有领域产生交互的因果关系，同时也是竞争优势的源泉。Porter 和 Kramer(2006) 认为企业社会责任不仅仅是成本、限制或慈善行为，更重要的是，通过策略路径，企业社会责任会在解决社会问题的同时产生机会、创新和企业的竞争优势。不同的企业社会责任战略会产生不同的绩效。Zhao 和 Gu(2009a)对中国服装产业的调研表明，实施积极的企业社会责任战略的企业比消极的企业拥有更好的经济绩效和社会绩效。

三、企业社会责任与企业绩效

企业社会责任作为一种投入，对企业来说，与其他要素一样，都关注其是否能为企业带来正的绩效，这也是学术界关注的焦点。企业绩效所涉及的范围非常广泛，如企业对社会的贡献程度、企业的竞争力等。企业绩效是一个包括经济绩效和社会绩效的多元化概念(姜启军、顾庆良，2008)。无论是经济绩效还是社会绩效，研究的一个困难在于评价标准的不断变化。Griffin 和 Mahon(1997)发现在 51 份不同的研究中共用了 80 种经济绩效的指标。社会绩效的评价指标也缺乏统一的标准。

学术界对企业社会责任和企业经济绩效(Corporate Financial Performance,CFP)的实证研究是伴随着对企业社会责任概念认知的演变同时进行的(Tim & Shawn,2000),从狭义的企业社会责任、公司社会回应到公司社会表现等各个阶段都出现了丰富的实证研究(沈洪峰、沈艺峰,2007)。由于 CSR 定义的多样性导致了其实施和计量的混淆,同时一个被广泛接受和认可的定义的缺少也导致了能有力地支持或反对企业社会责任与企业经济绩效关系的经验结论的缺乏,使得 CSR 和 CFP 的研究处于混沌的状态(Godfrey & Hatch,2007)。Griffin 和 Mahon(1997)戏称"自弗里德曼以来,这方面关系的探讨始终就是一场活生生的战斗"。

Griffin 和 Mahon(1997)对从 1972 年到 1994 年间的 51 篇文献进行了回顾,得出 CSR 和 CFP 负相关结论的论文共 20 篇,认为正相关的文献共 33 篇,有 9 篇文章还未得出明确结论。在这 51 篇文献中,部分研究还同时得出正相关和负相关,或正相关和不相关,或负相关和不相关等不一致的结论(表 3-2)。20 世纪 70 年代的 16 份研究中共有 12 份是正相关,4 份无关或无结论,1 份负相关,其中 1 份研究既是正相关又是无关或无结论(Fry & Hock,1976);20 世纪 80 年代的 27 份研究中共有 14 份是正相关,5 份无关或无结论,15 份负相关,其中 6 份研究既是正相关又是负相关,1 份研究既是正相关又是无关或无结论;20 世纪 90 年代的 8 份研究中共有 7 份是正相关,3 份负相关,其中 2 份研究既是正相关又是负相关。

从表 3-2 中可以看出,Moskowitz(1972)和 Vance(1975)两份早期关于企业社会责任与财务业绩关系的实证检验得出了截然相反的结果,同一份研究也分别得出了不同的结论,揭示了这一研究领域充满矛盾的特征。Roman 等(1999)在 Griffin 和 Mahon(1997)的基础上,对同样的 51 份研究外加新的 4 份研究重新进行了分类,得出了不同的结论。将其中被 Griffin 和 Mahon(1997)看作负相关的研究归入正相关一类,因为这 9 份研究发现较差的企业社会责任造成同样较差的财务业绩,这显然是正相关关系,还有 6 份被 Griffin 和 Mahon(1997)看作存在或正或负关系的研究则被列入没有明确结论一类,另外还有 11 份被剔除在外,最后得出,呈现正相关结论的研究有 33 份,没有关系的研究有 14 份,只有 5 份研究认为两者之间存在负相关关系。在采用了更加严格的分类方法之后,发现了更多的 CSR 和 CFP 正相关关系的证据(表 3-3)。Pava 和 Krausz(1996)研究的 21 份文献中企业社会责任与财务绩效呈正相关关系的有 12 份,负相关的只有 1 份,两者之间没有关系的为 8 份。Margolis 和 Walsh(2003)通过对 1972—2002 年间测量 CSR 和 CFP 之间关系的 127 个实证研究发现大约一半的研究表明两者之间存在正相关的关系。

表 3-2 企业社会责任与企业经济绩效关系研究的结论(Griffin & Mahon,1997)

正相关	无关或无结论	负相关
20 世纪 70 年代(16 份研究)		
Moskowitz (1972) Bragdon & Marlin (1972) Parket & Eilbert (1975) Moskowitz (1975) Bowman & Haire (1975) Bellkaoui (1976) Fry & Hock (1976) Heinze (1976) Sturdivant & Ginter (1997) Ingram (1978) Bowman (1978) Spicer (1978) (12 份)	Folger & Nutt (1975) Fry & Hock (1976) Alexander & Buchhol (1978) Abbott & Monsen (1979) (4 份)	Vance (1975) (1 份)
20 世纪 80 年代(27 份研究)		
Anderson & Frankle (1980) Chen & Metcalf (1980) Kedia & Kuntz (1981) Fry et al. (1982) Freedman & Jaggi (1982) Cochran & Wood (1984) Newgren et al. (1985) Marcus & Goodman (1986) Rockness et al. (1986) Comen et al. (1987) Spencer & Taylor (1987) Wokutch & Spender (1987) Lerner & Fryxell (1988) McGuire et al. (1988) (14 份)	Anderson & Frankle (1980) Freedman & Jaggi (1982) Ingram & Frazier (1983) Aupperle et al. (1985) Freedman & Jaggi (1986) (5 份)	Chen & Metcalf (1980) Kedit & Kuntz (1981) Echbo (1983) Strachen et al. (1983) Shane & Spicer (1983) Wier (1983) Cochran & Wood (1984) Jarrell & Peltzman (1985) Marcus & Goodman (1986) Pruitt & Peterson (1986) Davidson et al. (1987) Davidson & Worrell (1988) Hoffer et al (1988) Lerner & Fryxell (1988) McGuire et al. (1988) (15 份)
20 世纪 90 年代(8 份研究)		
Holman et al. (1990) Morris et al. (1990) Coffey & Fryxell (1991) Riahi-Belkaoui (1992) Hart & Ahuja (1994) Johnson & Greening (1994) Waddock & Grave (1994)(7 份)		Hill, Kelley & Agle (1990) Holman et al. (1990) Coffey & Fryxell (1991) (3 份)

资料来源：Griffin & Mahon,1997。

20 世纪 70 年代以来,关于 CSR 和 CFP 关系的 100 多份实证研究,方法不同,内容有别,结论各异,至今未达成共识(沈洪涛、沈艺峰,2007)。Ruf 等人(2001)从理论和方法上总结了五个原因:(1)缺乏理论基础;(2)缺乏一个全面和系统的企业社会责任指标;(3)缺乏严密的方法;(4)样本规模和构成受到限制;(5)社会表现和财务业绩变量不匹配。针对这五个问题提出了相应的解决方法:(1)通过基于相关利益者理论提出可检验的假设;(2)经过一段时间衡量关于多个利益相关者的业绩变量进行独立评判,以获得关于公司社会表现的综合指标;(3)借助控制已知的与企业财务业绩有关的外生变量(如前期的财务业绩、规模、行业等),并采用企业社会责任的变动,而不是绝对值作自变量,以提高

表 3-3　企业社会责任与企业经济绩效关系研究的结论(**Roman et al., 1999**)

正相关	无关或无结论	负相关
20 世纪 70 年代(12 份研究)		
Bragdon & Marlin (1972)　Parket & Eilbert (1975) Bowman & Haire (1975)　Bellkaoui (1976) Fry & Hock (1976)　Heinze (1976) Sturdivant & Ginter (1997)　Bowman (1978) Ingram (1978)　(9 份)	Folger & Nutt (1975) Fry & Hock (1976) Alexander & Buchhol (1978) Abbott & Monsen (1979) (3 份)	
20 世纪 80 年代(28 份研究)		
Anderson & Frankle (1980) Kedia & Kuntz (1981) Strachen et al. (1983) Shane & Spicer (1983) Wier (1983) Cochran & Wood (1984) Pruitt & Peterson (1986) Davidson et al. (1987) Spencer & Taylor (1987) Wokutch & Spender (1987) Davidson & Worrell (1988) McGuire et al. (1988) Hoffer et al. (1988) Lerner & Fryxell (1988) McGuire et al. (1988) (15 份)	Anderson & Frankle (1980) Chen & Metcalf (1980) Ingram & Frazier (1983) Aupperle et al. (1985) Newgren et al. (1985) Marcus & Goodman (1986) Freedman & Jaggi (1986) Newgren et al. (1985) Rockness et al. (1986) Cowen et al. (1987) (10 份)	Kedit & Kuntz (1981) Echbo (1983) Jarrell & Peltzman (1985) Marcus & Goodman (1986) (4 份)
20 世纪 90 年代(10 份研究)		
Morris et al. (1990)　Hart & Ahuja (1994) Johnson & Greening (1994) Waddock & Grave (1994) Frooman (1997)　Gfiffin & Mahon (1997) Preston & O'Bannon (1997) Waddock & Grave (1997)　(8 份)	Hill, Kelley & Agle (1990) (1 份)	Holman et al. (1990) (3 份)

资料来源:Roman et al.,1999。

研究方法的严密性;(4)利用提供企业社会表现指标的数据来扩大样本企业的规模;(5)按照 Johns 和 Wood (1995)的建议,从某类特定的相关利益者角度来定义企业社会责任,同时采用与这类相关利益者有关的财务业绩变量,然后检验两者之间的联系,以避免不匹配问题。而沈洪涛、沈艺峰(2007)则认为从方法论看,导致 CSR 和 CFP 关系研究结论相互冲突的主要技术问题在于两个方面:一是对企业社会责任的衡量,二是对公司财务业绩的衡量。

企业社会责任作为一种战略,会产生不同的绩效。Ullmann(1985)认为企业积极或被动的战略、利益相关者力量的大小会影响经济绩效的好坏,如果利益相关者的力量和企业战略意图已知,结果就能预测。而起初(1 到 3 年)经济绩效、企业对社会责任的战略态度、利益相关者的力量的大小,与企业社会披露的水平是强相关的(Roberts,1992)。王怀明、宋涛(2007)通过对中国上市公司的研究得出上市公司对国家、投资者和公益事业的社会责任贡献与企业绩效正相关,对员工的社会责任贡献与企业绩效是负相关的。姜启军、顾庆良(2008)选取企业竞争力、员工流失率、企业声誉和销售利润率作为企业绩效的四个变量,通过对中国服装业的实证研究表明,不同企业社会责任战略对企业绩效中的企业竞争力、员工流失率、企业声誉有影响且有显著性差异,对销售利润率有差异但没有显著性。

社会责任投资(Socially Responsible Investment,SRI)是近年来该研究领域一个基本概念(Mallin et al.,1995;Williams,1999;Mansley,2000;Cowe,2001;Solomom et al.,2004)。Boatright(1999)用简单的需求和供给经济理论论证了社会责任基金比非社会责任基金获得更多的财务绩效(对企业社会责任公司的需求增加是理性的,必然导致其价格上涨;相应地,对非社会责任公司的股票需求下降,其市场价值也下降。根据自由市场理论,社会责任投资是重要问题,这就意味着如果基金在其行为中不承担社会责任,则不会轻易上涨,"看不见的手"会引导更多的基金从非社会责任企业转向社会责任企业)。Target(2000)的调查研究也表明如果不会伤害其财务利润,77%的英国公众宁愿将其养老金用社会责任的方式投资。Pava 和 Krausz(1996)的实证研究表明,企业履行社会责任至少和其他企业一样好,一些证据证明了企业把社会责任作为更高级的投资。企业社会责任作为一种投资,在长期内会给企业带来更多的价值,从当期来看,企业承担社会责任越多,企业的价值越低,但从长期看,承担企业责任不会影响企业的价值(李正,2006)。Solomon 等(2002)的研究表明,企业社会责任投资作为主流投资策略的一部分,长期会提高企业财务利润。

四、企业社会责任不同理论模型

Garriga 和 Mele(2004) 将企业社会责任的理论总结为四种类型,即工具理论、政治理论、整合理论和伦理理论(表 3-4)。工具理论注重通过社会行为达到经济目标;政治理论注重在政治领域以负责任的方式行使企业势力;整合理论注重社会需求的综合情况;伦理理论注重做正确的事以造福社会。

表 3-4 企业社会责任理论类型(Garriga & Mele,2004)

理论类型	方 式	主要内容	相关文献
工具理论	股东利益最大化	企业长期利益最大化	Friedman (1970);Jensen (2000)
	竞争优势战略	在竞争环境的社会投资	Porter & Kramer (2002)
		以企业自然资源观为基础的战略和企业动态能力	Hart (1995);Lizt (1996)
		经济金字塔底线战略	Prahalad & Hammond (2002);Hart & Christensen (2002);Prahalad (2003)
	善因营销	以被社会认可的利他行为作为营销工具	Varadarajan & Menon (1988);Murray & Montanari (1986)
政治理论	企业立宪	企业社会责任源于他们所拥有的社会权力	Davis (1960, 1967)
	综合社会契约论	在企业和社会之间存在社会契约	Donaldson & Dunfee (1994,1999)
	企业公民	企业被认为是在社区有一定卷入的公民	Wood & Lodgson (2002); Andriof & McIntosh (2001)
整合理论	问题管理	企业对社会和政治问题响应的过程,可能对社会和政治产生重大的影响	Sethi (1975);Ackerman (1973);Jones (1980); Vogel (1986); Wartick & Mahon (1994)
	公共责任	企业以法律和现行的公共政策作为社会表现的参考	Preston & Post (1975, 1981)
	利益相关者管理	平衡企业各利益相关者的利益	Mitchell et al. (1997); Agle & Mitchell (1999);Rowley (1997)
	企业社会绩效	寻求社会合法性,对社会问题给予恰当的响应	Carrol (1979); Wartick & Cochran (1985); Wood (1991);Swanson (1995)
伦理理论	利益相关者规范理论	考虑对企业利益相关者的信托责任	Freeman (1984, 1994); Evan & Freeman (1988); Donaldson & Preston (1995);Freeman & Phillips (2002);Phillips et al. (2003)
	普遍权利	以人权、劳工权利和尊重环境为基础的框架	全球 Sullivan 原则(1999);联合国全球协议(1999)
	可持续发展	在考虑当前和后代的前提下促进人类的发展	World Commission on Environment & Development (Brutland Report) (1987); Gladwin & Kennelly (1995)
	共同利益	以社会共同利益为导向	Alford & Naughton (2002); Mele (2002);Kaku (1997)

资料来源:Garriga & Mele,2004。

Godfrey 和 Hatch (2007)将有关 CSR 的理论和模型列为五类:股东资本主义(Shareholder Capitalism)、善因营销(Cause-related Marketing)、慈善战略(Strategic Philanthrophy)、利益相关者管理(Stakeholder Management)和企业公民(Business Citizenship)。不同的理论有不同的道德假设,并揭示了不同的 CSR-CFP 关系(见表 3-5)。在股东资本主义的理论下,CSR-CFP 存在着负相关的关系;在善因营销和慈善战略的理论模型里,CSR-CFP 存在正相关的关系;而在利益相关者管理和企业公民的理论中,CSR-CFP 之间的关系是不确定的,可能是正相关或负相关。

表 3-5　CSR 理论与模型分类(Godfrey & Hatch,2007)

	股东资本主义	善因营销	慈善战略	利益相关者管理	企业公民
CSR-CFP 关系	负相关	正相关 基于"损益计算书"作用	正相关 基于"资产负债表"作用	正相关或负相关 但非行动依据	正相关或负相关 但非行动依据
道德假设:股东所有权利益	股东提供公司资本,并享有公司剩余收益索取权。没有所有者的同意处置财产是不公正的。	只要股东积极参与到过程中,没有所有者利益会被侵犯	提高公共利益和社会福利会增加股东剩余收益的价值	企业所有者利益作为社会的授予而存在,可以寄于责难和伴随着这些利益的基本责任	股东所有者利益只有在公共机构和基本的人类权益和人类正义框架下才有意义
道德假设:社会福利	企业对社会福利最大的贡献就是经济利益的生产(如产品、服务、工作岗位和税收)	企业贡献能对社会福利和企业损益计算书产生直接的和可测量的影响(如增加的销售,提高短期道德)	企业贡献能对社会福利和战略性的企业资产负债表产生直接的和可测量的影响(如增加信任、忠诚和善意)	由于技术和资源的关系,公司能对社会更好做出持续的贡献。公司的个人义务受专门技术领域的直接影响	作为一个更大共同体的成员,公司有运用各种方法增进社会福利的义务(如政策、战略、技术和慈善)

资料来源:Godfrey & Hatch,2007。

利益相关者理论(Stakeholder Theory)是从 20 世纪 70 年代渐进发展起来的(Solomon et al., 2004),利益相关者概念的出现明显晚于企业社会责任,但在理论发展上,利益相关者理论却要比企业社会责任的思想迅速得多(沈洪涛、沈艺峰,2007)。Freeman(1984)将利益相关者广义地定义为"一个组织里影响到组织目标的实现或受其实现影响的群体或个人",指那些在公司中存有利益或具有索取权的群体。由于广义的利益相关者概念难以精确计量,Clarkson(1991)、Freeman(1994)、Sheikh(1996)等从定量上来界定利益相关者,将利益相关者分为基本利益相关者(Primary Stakeholders)和次级利益相关者(Secondary Stakeholders)。前者通常包括股东、投资者、员工、客户、供应商、政府及社区等,后者包括媒体、NGO、其他在公司具有特殊利益者。Mitchell 等(1997)强调了利益相关者的三个关键特征:权力、合法性和紧迫性,并据此区分了利益相关者的类型。Donaldson 和 Preston(1995) 将利益相关者理论归为三大类:描述主义/经验主义(Descriptive/Empirical)理论、工具主义(Instrumental)理论和规范主义(Normative)理论。

描述主义代表作是 Brenner 和 Cochran(1991)的《企业利益相关者理论:企业、社会理论与研究中的应用》一文,最早运用描述主义方法,指出"企业利益相关者理论断定一个组织之相关利益者的本质、价值及其对于决策和形势的相互影响,提供预测公司行为的所有相关信息"。工具主义的代表作是 Carroll(1979)的《企业绩效的三维概念模型》,率先从利益相关者的角度,通过一般统计方法从经济、法律、伦理和自愿四个维度探讨了企业的社会责任问题。Evan 和 Freeman(1988)的"康德主义式"利益相关者理念、Wicks 等(1994)的女权主义利益相关者思想、Wijnberg(2000)的"亚里士多德式"利益相关者观点均属于规范主义理论。

Graafland 和 Eijffinger(2004)研究了基于利益相关者的企业社会责任表现(表 3-6)。员工作为主要的利益相关者,企业所应承担的责任受到了一些社会组织(特别是国际劳工组织)和社会学家们的关注。国际劳工组织于 1999 年提出了体面劳动(Decent Work)的概念[①]、要素(2004)及其研究框架(2006)。Panapanaan 等(2003) 总结了与员工有关的企业社会责任管理领域的研究结果(表 3-7)。在不同的国家,有关员工企业社会责任的因素与企业社会责任的相关强度是各不相同的,如童工在发达国家是不相关的关系,但在发展中国家存在相关性。这也说明体面劳动在不同的国家有不同的模式。

从以上不同学者对企业社会责任理论的总结来看,目前企业社会责任尚未形成统一的理论框架,利益相关者理论相对较成熟,同时企业社会责任已开始与企业治理相结合,到了企业实践的层次上。

---

① 国际劳工组织(1999)指出体面劳动即男人和女人获得在自由、平等、安全和人类尊严的条件下获得体面而有效率的工作的机会,意味着工作条件的改善、减少脆弱性以及生产效率和质量的提高。体面劳动包括雇用和劳动力问题;标准(宏观层次);社会保护和社会对话。

表 3-6　利益相关者的企业社会责任表现

方　面	内　容
员工	人权、同 NGO 的对话、对妇女的平等机会、对少数民族的平等机会、培训、健康和安全、参与、正确的态度、员工的和谐关系
供应商	产品安全、产品以及生产过程对环境的影响、供应商的工作条件、对供应商的尊敬
顾客	产品的安全与质量、持续的产品可供选择性、尊敬顾客
广大社区	对环境影响、同环境组织的积极的对话、重新安置残疾人、对第三世界消除贫困的贡献、对地方项目的支持
股东	预防股票和利益的内部交易，实现利润最大化
同业竞争者	公平竞争，尊重竞争者的智力资本、预防共谋的措施、预防贿赂的措施
组织伦理	各种手段，包括生产守则、ISO 认证、外部审计、社会报道、社交指南、伦理委员会和伦理培训

资料来源：Graafland & Eijffinger，2004。

表 3-7　和员工有关的企业社会责任管理内容

责　任	相关性	表现方式
劳动力的多样性	弱相关	特殊技能、残疾人、年龄结构、女性占高层管理者的比例
歧视	强相关	遵守国家法律，公平权利、公平就业机会
结社自由	强相关	决策代表、同管理者对话、遵守法律
童工	相关或不相关	供应链中的检查和管理（审计）
强迫劳动	相关或不相关	供应链中的检查和管理（审计）
旷工	弱相关	内部管理激励机制
薪酬福利	强相关	遵守国家标准、同工会组织保持一致、提供物质（如股票）的吸引力、奖金和利润分配体系、教育和培训、医疗保健、闲暇时间和社会活动
健康和安全	强相关	遵守法律法规（如 ISO 系列、SA8000 标准），定期监督、汇报和沟通
安排工作的灵活性	弱相关	企业内部工作安排的信赖和开放性

资料来源：Panapanaan et al.，2003。

第二节　全球产业网络下的企业社会责任约束传递机制

一、企业社会责任的驱动力

不同的学者从不同的角度讨论了企业社会责任的驱动力。Warhurst(1998)将企业社会责任的驱动力归结为全球化、自由化和世界范围内的对外直接投资的增加,社会压力(如非政府组织),管制(为提高土地、水、空气三大环境的质量),财政驱动,供应链驱动,同业竞争者的压力及名誉管理,来自员工和股东的内部压力,自然环境的动态变化如气候变化和海平面的上升等八个方面。

Panapanaan 等(2003)则从全球化、主要利益相关者(管制机构、行业联盟、员工、供应商、非政府组织)、追求可持续发展和其他(不良记录、商业关系、顾客需求、成本等因素)探讨了企业社会责任的驱动力(图 3-1)。姜启军、顾庆良(2008)则进一步讨论了企业履行社会责任的主要压力,包括政府管制、跨国采购商、产品市场的声誉风险、劳动力市场和资本市场的声誉风险等五个方面(图 3-2)。企业社会责任的动机还来源于对长期利益的追求。Juholin(2004)通过对芬兰企业的研究表明,企业社会责任主要的和压倒性的动机在于长期利益,它与公司效率紧密相连。而长期利益的获得基于三个方面:公司领导能力和效率(责任作为雇主将企业社会责任与更有效率的管理和公司的领导能力相联系;顶级的管理具有超前的 CSR 理念和运作,其意图与公司价值观相联系);竞争力(只有在企业证实成为良好企业公民后才能得到——外部压力);对未来预期的能力。财务作为企业转型的动力之一,使得传统的财务组织开始让位并采用社会责任投资的战略参与到"可持续"的金融服务中(Hardjono & Marrewijk,2001)。

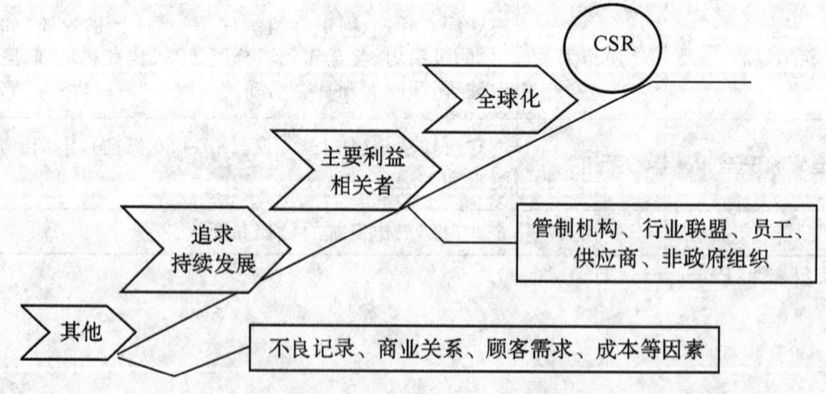

图 3-1　企业履行社会责任的主要动因

资料来源:Panapanaan et al.,2003。

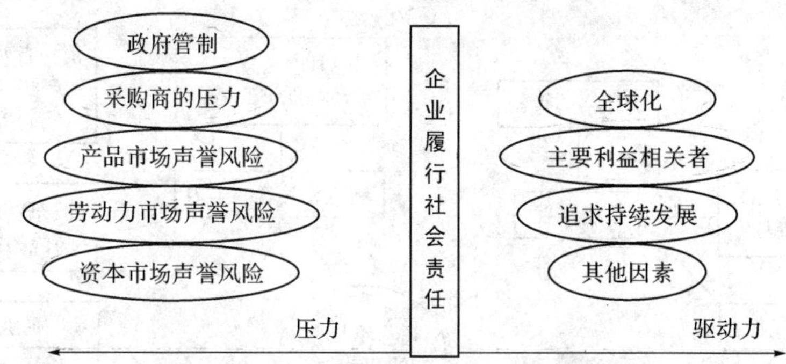

图 3-2　企业履行社会责任的驱动力和压力

资料来源:姜启军、顾庆良(2008),第 170 页。

在不同的发展阶段,企业对社会责任的认识和所采取的战略存在着差异,其履行企业社会责任的压力和驱动力也有所不同。采取不服从型战略的企业,由于企业为了实现利润最大化可不择手段,没有履行企业社会责任的压力和驱动力,企业不会主动履行企业社会责任;采取被动服从型战略的企业,感受到来自外部管制的压力,但缺乏主动履行企业社会责任的驱动力;采取适应型企业社会责任战略的企业,主动适应感受到的来自外部的压力和驱动力。企业履行社会责任的压力来自于利益相关者,如社会公众呼唤企业履行企业社会责任、消费者对符合社会责任产品的需求以及采购商对企业符合社会责任标准的要求;企业履行社会责任满足竞争的需要,满足国际贸易协议或国际自愿标准,并可以发现新的商业机会;企业履行社会责任还要满足社会管制的需要,更严格的法律规范、更严格的管制及不断增强的法律责任;企业履行社会责任还源于自身的成本因素,改善工作环境、增加劳动者的收入可能导致成本的增加,但从长期来看,生产率的提高以及员工流失率的降低等因素会导致成本的下降。Berry 和 Rondinell(1998)从环境管理的角度探讨了主动型企业所感受的主要压力和驱动力(图 3-3)。

二、企业社会责任行为的条件

Campbell(2007)运用了制度经济学的理论分析了企业履行社会责任需要经济和制度两个方面的条件,其中制度是关键因素,经济是通过制度对企业社会责任行为起作用。经济条件包括企业财务绩效和竞争环境两个因素;制度条件包括国家管制、行业自我管制、独立组织监督、制度化规范、企业协会和对话等六个因素。

(一)经济条件

1. 企业财务绩效

已有的关于企业社会责任文献表明,财务绩效较弱的企业与财务绩效较强

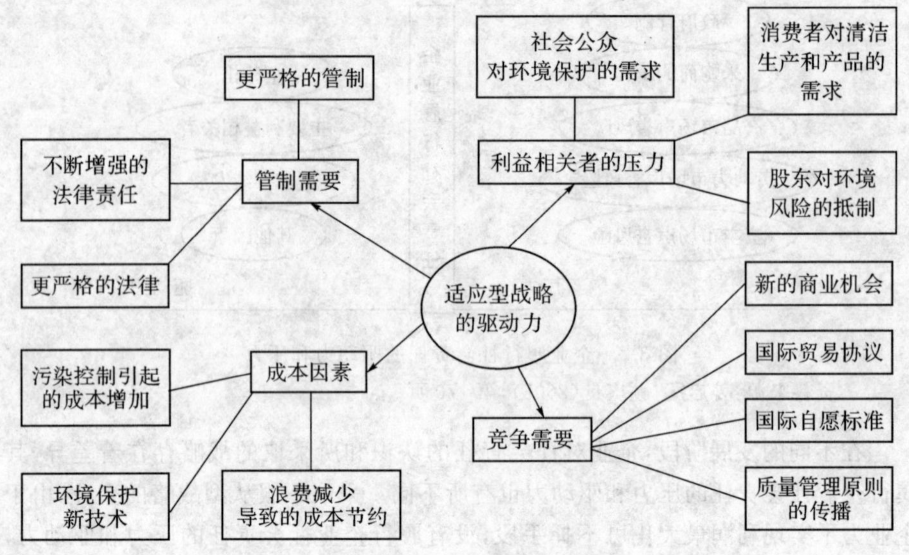

图 3-3 主动型企业环境管理的压力和驱动力

资料来源:Berry & Rondinelli,1998。

的企业相比,企业更不愿意实施社会责任行为(e.g. Margolis & Walsh,2001;Orliteky et al.,2003)。在企业绩效不佳的条件下,企业管理者认为非责任行为能改善企业的财务状况,能够脱离财务困境。因此,管理者会按机会主义行事(如自利和欺诈)。同样地,如果企业面临不正常的经济环境,如通胀、消费低迷等,使得企业在短期内难以获得正常利润,相比正常环境,企业将更不愿意按社会责任的方式行事。Campbell(2007)提出了命题 1:

当企业经历着弱的绩效以及面临着相对不健康的经济环境使其短期利润受限时,企业更不愿意按社会责任方式行事。

2. 竞争环境

企业是否按社会责任方式行事还与其面对的竞争水平相联系。如果竞争环境是残酷的,企业所获得的利润很小使股东价值和企业的生存存在风险,则企业更易于采取非责任的方式以节约资金帮助他们获得利润并生存下来。然而在规范的竞争条件下,企业至少可以确保获得合适的利润,企业也不存在生存危机,则企业更不愿意按非责任方式行事。因为管理者更关心获得更好的名誉以保持企业的可持续发展。否则,如果企业的名誉受损,企业的客户和供应商对其缺乏信任,相互之间的合作变得更困难,从而使其利润受到影响(MacCaulay,1963)。相反,在缺乏竞争的条件下(如垄断),企业很少有兴趣按社会责任方式行事,因为企业声誉或顾客忠诚并不会对其销售、利润或生存产生很大的影响。Campbell(2007)提出了命题2：

在竞争激烈或缺乏竞争的条件下，企业更不愿意按社会责任方式行事，也就是说，竞争和企业社会责任行为之间的关系是曲线的。

(二)制度条件

1. 国家管制

企业按照社会责任方式行事最显而易见的制度条件是国家管制(Campbell,2007)。有效的国家管制的建立和实施部分取决于外部行为者(如环保主义者、工会、消费者和其他利益相关者)参与和监督管制过程的能力(Troast et al.,2002)。Campbell(2007)提出了命题3：

如果国家管制是强有力的、被有效实施的，特别是该实施过程是在企业、政府和其他利益相关者谈判和共识的基础上形成的，则企业更倾向于按社会责任方式行事。

2. 行业自我管制

当然，监管并不仅仅是国家的责任。通常，行业建立自我管制机制以确保公平竞争、可靠的产品、安全的工作环境以及制定成员都应该遵守的标准。事实上，有时候实施企业社会责任最有效的路径是企业同行的压力(Martin,2003)。行业协会的重要工作之一是确保其成员按社会责任的方式行事。当然行业与国家之间的关系是非常重要的。没有国家的足够支持，行业的自我管制经常会失败(Karkkainen et al.,2000)。此外，不同的利益相关者对行业自我规制的监督也有助于行业对企业按社会责任方式行为管制的有效性。Campbell(2007)提出了命题4：

如果存在组织良好并有效的行业自我管制机制，特别地，当管制是基于可感知的来自国家干涉的威胁或更广泛的行业危机；如果国家对行业的这种治理模式提供支持，则企业更倾向于按社会责任方式行事。

3. 独立组织监督

上面提到，国家管制和行业的自我管制都要受到利益相关者监督的影响(Campbell,2007)。事实上，随着经济全球化的发展，特别是随着企业从事跨国经营，不同的新兴非政府组织(NGOs)致力于建立行为守则并监督企业的行为。在必要时，NGOs迫使企业以更社会责任的方式行事(如ILO)。NGOs的战术千变万化，从对企业的直接呼吁、组织示范、向政府施压迫使企业改善及行为，到动员媒体运动以带来公众关注给企业特定的警示(Keck & Sikkink,1998)。其努力成功与否部分取决于所在国家的政治制度。同样，社会运动组织以同样的方式致力于企业社会责任问题(Smith,2005)。企业股东也要求企业按更社会责任的方式运作，机构投资者和金融机构(如养老保险基金、互助基金等)在监督企业行为方面起越来越重要的作用，以社会责任投资运动的方式促使企业按社会责任方式行事(Maignan & Ralston,2002)。特别地，随着经济活动的全球化发展，国家政府的管制变得越来越困难，社会运动、制度投资者以及其他利益相关者在监督企业按社会责任方式行事方面起越来越重要的作用。最后，记者的监督和报道曝光使企业行为在公众视野中，因此媒体在企业治理方面所起的作用也越来越大。Campbell(2007)提出了命题5：

如果个人、独立组织(包括 NGOs、社会运动组织、机构投资者、记者等)监督企业的行为，在必要时，发动运动使其改变，则企业更倾向于按社会责任方式行事。

4. 制度化规范

企业是否按社会责任方式运作除了受国家管制、行业自我约束和独立组织的监督外，还要受到道德规范的影响(Campbell,2007)。企业经营者的思想会受到制度化规范的影响，从而对企业的运作产生影响。因此，规范制度化规范对企业按社会责任方式运作的层次产生影响，而且不同的国家之间存在着显著差异(Dore,1983)。不同的国家有着不同的文化背景和道德规范，对企业的社会责任行为产生不同的影响。Campbell(2007)提出了命题6：

如果企业在良好的制度化规范环境中运行，如重要的商业出版物、学校商业课程及重要的教育活动机构，对其管理实践产生影响，则企业更倾向于按社会责任方式运作。

5. 企业协会

如果企业之间存在协会，则同行之间容易产生相互作用，使企业更倾向于发展相对长期的利润而非短期利润。企业网络便于企业之间的交流和制度化规范的形成，从而使得企业协会内形成规范的气氛，更利于企业按社会责任方式运作。Campbell(2007)提出了命题7：

如果企业隶属于商业协会或雇主协会，且该协会是以促进社会责任行为的方式组织的，则企业更倾向于按社会责任方式运作。

6. 对话

沟通和教育同样对企业行为产生影响。当沟通超越企业本身，包罗劳动者、本地社会的领导者、政府及其他利益相关者，则企业能更好地感知到其他行为者的关注，促使其制定相关的政策关注社会责任，其结果是企业按社会责任的方式运作。法律制度对促进企业和利益相关者之间的对话起着特别重要的作用。Campbell(2007)提出了命题8：

如果企业在与工会、雇员、社区、投资者及其他利益相关者的制度化对话环境中从事经营活动，则企业更倾向于按社会责任方式运作。

三、全球产业网络下企业社会责任传导约束机制

全球产业网络作为经济全球化背景下国际商务组织的主要创新(Ernst and Kim，2002)，在全球范围内将各类经济体通过特定产品和劳务的生产和交换而形成相互作用的关系网络，从经济和社会的各个方面对网络内的各类经济体产生相互影响和制约的作用。全球产业网络的产生和繁荣也使得企业社会责任问题跳出单个企业的管理范畴，成为网络治理的重要内容，在网络的各个成员之间形成有序并有效的传导约束机制。

全球性的企业社会责任运动是与由于经济全球化而引起的劳工问题分不开的。经济全球化的深入发展使得产业资本和商业资本在全球范围内跨地域流动以寻求最大的利益，跨国公司将生产制造环节转移到劳动力成本低廉的发展中国家，使得跨国公司不受当地劳工立法的制约，并减少了对生产工人的直接管理与保障。同时，跨国公司不断地寻求最低成本的制造商，在跨国公司这种“订单转移”的策略下，发展中国家的企业为了争取到订单而不得不陷入一种“向下竞争”(兰荣国，2006)，结果就是劳动密集型产业内劳工状况的全球性恶化(余晓敏，2006)。西方发达国家尤其是美国的消费者、工会、学生组织、跨国NGOs纷纷发起“反血汗工厂”的运动。自20世纪60年代，尤其是90年代以来，全球范围内形成了一场声势浩大的企业社会责任(Corporate Social Responsibility，CSR)运动(张忠，2005)，个体的利益相关者、贸易联合会、非政府组织等对公司按社会责任方式运作的呼声越来越强烈，要求跨国公司承担公司社会责任，要求企业在赚取利润的同时，主动承担对环境、社会和利益相关者的责任(谭深、刘开明，2003)。受全球化和竞争的双重压力，跨国公司通过制定行为守则来规范其国内和国外的经营活动，全球产业网络中的领导者也通过制定相应的规则(如行为守则、SA8000认证)来约束各供应商的行为，形成了全球范围内的企业社会责任传导机制(图3-4)。在企业社会责任全球范围内传导过程中，不同的机构采用不同的机制来倡导和推行企业社会责任的实施。

(一)公众

公众以消费者和投资者两种身份，形成两个与企业利益相关的压力集团，在产品市场和资本市场上与企业博弈。双方博弈的焦点在于劳工利益、消费者利益和环境利益，这三大利益通过社会运动升华为社会的共同价值观，迫使企业按照伦理道德的要求调整经营行为，从社会伦理角度倡导企业履行社会责任(姜启军、顾庆良，2008)。作为消费者，公众以金钱为选票来影响产品市场。若企业的行为损害了公众利益，消费者则会抵制其产品从而影响企业的生存，使得企业因破坏公众利益而损害其自身利益；反之，若企业的行为维护公众利益，

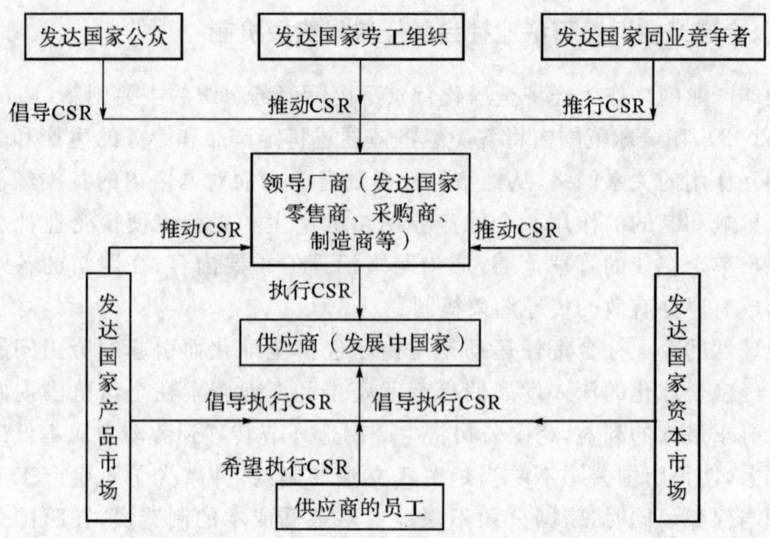

图 3-4 全球产业网络下 CSR 的传导机制

资料来源：在姜启军、顾庆良(2008)，第 20 页的基础上修改。

则公众以青睐其产品的方式使企业在市场竞争中处于有利地位，使得企业因维护了公众利益而得到发展。研究表明，消费者可以通过购买行为直接影响企业财务业绩，因而被认为是企业最重要的利益相关者(Schuler & Cording，2006)，并且消费者对企业是否履行社会责任是关注的(Carrigan & Attalla，2001；Verschoor，2006)。多数消费者认为企业应该承担社会责任(Mohr，Webb & Harris，2001；Mohr & Webb，2005)，而且企业社会责任水平对消费者的购买意向有着显著的影响(Handleman & Amold，1999；Sen & Bhattacharya，2001；Mohr & Webb，2005)，周祖城、张漪杰(2007)对中国消费者的实证研究也证明两者之间存在正向的关系。

同样地，作为投资者，公众也以金钱为选票来影响资本市场。Boatright(1999)运用简单的需求和供给经济理论论证公众投资问题，社会对企业社会责任公司的需求增加是理性的，必然导致其价格上涨；相应地，对非社会责任公司的股票需求下降，其市场价值也下降。根据自由市场理论，社会责任投资是重要问题，这就意味着如果基金在其行为中不承担社会责任，则不会轻易上涨，“看不见的手”会引导更多的基金从非社会责任企业转向社会责任企业，因此社会责任基金比非社会责任基金获得更多的财务绩效。Target(2000)的调查研究也表明如果不会伤害其财务利润，77%的英国公众宁愿将其养老金用社会责任的方式投资。有研究表明，企业社会责任投资作为主流投资策略的一部分，长期会提高企业财务利润(Solomon et al.，2002)。

(二)国际组织

在1991年1月召开的达沃斯世界经济论坛年会上,联合国秘书长科菲·安南提出“全球契约”计划,呼吁工商界以自主的行为,遵守商业道德、尊重人权、劳工标准和环境方面的国际公认的原则,通过负责的、富有创造性的企业表率,建立一个推动经济可持续发展和社会效益共同提高的全球机制,从而给世界市场以人道的面貌。全球契约的原则来源于《世界人权宣言》、《国际劳工组织关于工作中的基本原则和权利宣言》、《关于环境与发展的里约宣言》、《联合国反腐败公约》等国际公约,体现在人权、劳工标准、环境及反腐败等四个方面(表3-8)。全球契约试图通过集体行动的力量,倡导全球企业界领袖推行负责任的企业公民意识,以应对经济全球化而产生的社会问题。

世界贸易组织、国际劳工组织等则重点关注劳工问题,而劳工问题是企业社会责任运动的焦点。世界贸易组织在1995年召开的社会发展问题世界首脑会议提出了核心劳工标准,将劳工问题和国际贸易相联系,成了国际贸易中的社会条款。国际劳工组织在1998年国际劳工大会上将核心劳工标准称为“工人的基本权利”,并将其规定为四个方面的内容:禁止强迫劳动和童工;结社自由;自由组织工会和进行集体谈判;同工同酬以及消除就业歧视。国际劳工组织进一步在1999年提出了“体面劳动”的概念,倡导劳动者有体面有尊严地工作。为应对全球金融危机,国际劳工组织又于2009年制定了“全球就业协议”,将就业和社会保护放在复苏政策的核心位置。

表3-8　全球契约的十项原则

范　畴	原　则
人权	原则1:企业界应支持并尊重国际公认的人权;
	原则2:保证不与践踏人权者同流合污。
劳工标准	原则3:企业界应支持结社自由及切实承认集体谈判权;
	原则4:消除一切形式的强迫和强制劳动;
	原则5:切实废除童工;
	原则6:消除就业和职业方面的歧视。
环境	原则7:企业界应支持采用预防性方法应付环境挑战;
	原则8:采取主动行动促进在环境方面更负责任的做法;
	原则9:鼓励开发和推广环境友好型技术。
反腐败	原则10:企业界应努力反对一切形式的腐败,包括敲诈和贿赂。

(三)行业协会

行业协会在推进其成员的企业社会责任建设方面起着重要的作用。如SA8000(Social Accountability 8000)作为全球首个道德规范的国际标准,就是由欧美等发达国家的商业组织发起制定的,其宗旨是确保供应商所供应的产品符合社会责任标准的要求,其推行的主要领域包括零售业、跨国制造业的采购商和劳动密集型产业的国际供应商。SA8000标准为切实解决企业社会责任问题提供了一个更具普遍性的工具,为企业实施社会责任管理提供了可操作的规范和管理体系。全球产业网络中的采购商会对发展中国家的供应商提出SA8000认证的要求,以使其所提供的产品符合道德标准,这也切实促进了企业社会责任在全球范围内的传播和实施。

此外,发展中国家的行业协会在推行适合其国情的企业社会责任的建设方面也起着重要的推动作用。以中国纺织工业协会为例,为解决全球纺织服装供应链关系中社会公正缺位及责任失衡的难题,于2005年制定了面向全国纺织企业推广的中国纺织企业社会责任管理体系CSC9000T,并于2006年开始启动"10+100+1000"项目[①],首批确定10家试点企业[②],按照"初始评估、培训、复评"三个阶段进行项目的试点工作。根据2007年7月的试点项目复评结果表明,CSC9000T管理体系在试点企业的实施取得了良好的社会绩效和经济绩效,在全球供应链上为企业带来了巨大的实际商业利益,与国际采购商建立了更为稳固的合作关系。

(四)全球领导企业

在社会公众、国际组织、行业协会等的压力或推动下,全球领导企业主动地或被动地承担企业社会责任,并在全球范围内实施企业社会责任战略,并通过网络治理的社会机制来约束其子公司、附属公司及各级供应商的行为。全球领导企业在通过制定行为守则来规范包括其海外子公司在内的行为的同时,采用一定的机制来约束发展中国家供应商的行为,对承担了企业社会责任的供应商

---

① 中国纺织企业社会责任管理体系CSC9000T"10+100+1000"项目的目标是在10个左右纺织服装产业集群内选择百家骨干企业逐步建立CSC9000T中国纺织企业社会责任管理体系,对大约1000家中小纺织服装企业进行社会责任基础培训及能力建设培训。"10+100+1000"项目旨在通过项目实施以点带面发挥辐射效应,在全国范围内营造行业社会责任建设的氛围,同时在各产业集群地骨干企业中建立CSC9000T管理体系的标杆,为各地企业树立本地化的企业社会责任管理榜样,促进集群地企业在用工作为、管理制度建设以及企业自律机制方面的正向竞争。2007中国纺织服装行业社会责任年度报告,第45页。

② 首批10家试点企业为:北京爱慕内衣有限公司、北京铜牛股份有限公司、福建盖奇(中国)织染服饰有限公司、广东大进制衣厂(惠州)有限公司、广东溢达纺织有限公司、江苏红豆集团有限公司、山东济宁如意科技集团、浙江报喜鸟集团有限公司、浙江汉帛(中国)有限公司、浙江乔顿服饰企业有限公司。

给予不同方面的支持和"奖励"。课题组 2008 年对宁波纺织服装企业的调研数据表明，84％的企业认为对于有 COC、SA8000 等要求的国际采购商，相对其他客户而言，合作关系更易保持，且采购商对供应商的生产过程更为关注；56％的企业认为该类采购商在订单中给予交货期宽限；40％的企业认为其订货价格优于其他客户；52％的企业认为采购商会对企业进行 CSR 认证给予咨询支持，近 20％的企业认为采购商对公司执行 CSR 给予补贴。全球领导企业在全球范围内推行企业社会责任的同时，也使得其网络成员之间的关系更加紧密，从而促进了全球产业网络的稳定和发展。

（五）政府

政府主要通过立法和政策管制等手段来约束企业的行为，规定其应承担的社会责任。不同国家具有不同的经济制度及社会文化价值观，对企业社会责任规制的广度和深度都存在着差异[①]。一般来说，一个经济体发展水平越高，社会文明的程度越高，则该政府对企业规制就更加严格和细致。这些规制包括与最终产品的技术要求相关的，如美国制定的与纺织品相关的《易燃织物法》、《纺织纤维规格及标签法》、《成衣洗涤标签法》、《羊毛产品标签法》、《毛皮产品标签法》等；也有与产品以外的环境和消费者相关的，如北欧的白天鹅标志、欧洲的生态纺织品认证及生态标签等；也有与生产者相关的劳动保障法规和制度等，如 2008 年 1 月 1 日起实施的新《中华人民共和国劳动法》进一步完善了劳动合同制度，规定劳动合同应包括劳动时间、劳动报酬、社会保险以及劳动保护等条款，更加明确和具体地体现了国家法律对劳动者的保护、对企业应承担的社会责任的规范。

（六）员工

员工作为企业内部最为重要的利益相关者，对企业的生存和发展起着非常重要的作用。尤其对发展中国家的劳动密集型产业而言，低廉的劳动力成本是最大的比较优势之一。同时，作为产业网络的一个节点，对整个网络的稳定和发展起着越来越重要的作用。随着改革开放和经济的快速发展，企业对劳动力的需求越来越大，但廉价劳动力不再是"无限供给"了。2004 年 7 月 15 日《南方周末》一篇题为《中国遭遇 20 年来首次"民工荒"》的报道、2004 年 9 月 14 日《人

---

① Ghai(2002,2006)关于体面劳动的研究为这一论点提供了支持。Ghai 认为经济结构的许多层面会对达到体面劳动的目标产生深刻的影响，其中最重要的包括：人均收入、产业分布、劳动力的就业水平、政府的收入和支出占 GDP 的比例以及公共部门占生产性资产和总产出的比例等。这些结构上的差异导致了劳动制度的差异，从而形成了不而模式的体面劳动特征。Ghai 将体面劳动模式归纳为经典模式、转型模式和发展模式等三种模式。经典模式由工业化国家组成；转型模式由中央计划经济向市场经济转型的国家组成；发展模式包括发展中国家。参见 Ghai(2002,2006)。

力资源报》刊登张宏的《诸多因素引发民工荒》文章等反映了珠江三角洲、长江三角洲等地区出现的劳动力短缺、企业招不到人的所谓"民工荒"现象。2004年劳动和社会保障课题组关于民工短缺的调研结果显示,工资待遇低、工作环境差、劳动强度大的企业缺工问题尤为严重。作为个体而言,在强大的组织面前,员工是弱势群体,没有多大的发言权,但他们"以脚投票"的方式阐述对企业改善工作环境、提高工资待遇等方面的要求,2010年世界知名企业富士康的员工"多连跳"事件更是"以脚投票"的极端和悲惨表达。Marsden(1996)指出,具有社会责任的企业更能招募到保持对企业忠诚的新员工。姜启军、顾庆良(2008)对于中国纺织服装业的实证研究也表明,积极实施企业社会责任的企业,员工流动率更低,"招工难"的现象也更少发生。

以成本控制而著称于企业界的本田,2010年5月遭遇了来自中国工人的"挑战"。佛山本田汽车零部件制造有限公司(简称CHAM)因工人停工而"瘫痪",导致本田在中国的四间整车厂全面停产。停工的导火索,缘于佛山市调整最低工资标准,从原来的770元/月提高到了920元/月。CHAM为达到政策要求,从原来工人的补贴中抽取一部分加到了基本工资上,工人的实际收入并没有任何增加。工人们本来就对收入不满意,工厂的这种做法无疑是火上浇油,最终引发了停工。① 由于本田采取零库存生产策略,其上游零部件与整车制造之间几乎是同步衔接,供应链的断裂,导致下游整车厂几乎在没有任何"抵抗"的情况下陷入瘫痪之中,并将影响其欧洲市场。②

企业社会责任通过上述各种机制最终传递到发展中国家各类生产商和供应商,处于各种压力下的供应商,对企业社会责任的认识有一个被动接受到主动实施的过程。在CSR约束传递机制下的企业,不管是被动还是主动地采取企业社会责任战略,必将加强企业管理的社会维度,从人力资本的投资、技术的创新、产品附加值的提高等方面来促进产业的升级。在短期来说,承担更多的企业社会责任,意味着其生产经营成本的增加(如劳动力成本的上升),有可能会因为其成本的上升使其失去价格竞争优势从而失去部分低端订单;但从长期来说,有可能会导致成本的下降(如劳动条件的改善使得员工流动率下降,技术改进使得生产效率提高)。此外,企业承担更多的社会责任可能促进其供应网络的稳定,从而也会给其带来更多的收益。Ahmed和Peerlings(2009)对孟加拉国的纺织服装业的研究表明,企业对劳动者生产条件和服务的改善,可以导致劳动生产率的提高。这不仅增加了劳动者的收入和福利,也给企业带来了更高的收入,使其更多地投入到改善劳动环境中。

---

① 宁平,停工导火索何在,中国经营报,2010-05-31。

② 汪海波,本田停工成本劫,中国经营报,2010-05-31。

第三节　本章小结

企业社会责任是一个“备受煎熬”的概念，尽管众多的努力都在致力于给出一个清晰的、不偏不倚的定义，但 CSR 应怎样定义始终存在混淆，至今未形成一个权威的定义，企业社会责任观念也一直处于演变之中。学者对企业社会责任的认识经历了从“职责到战略的转变”。企业社会责任作为一种投入，对企业来说，与其他要素一样，都关注其是否能为企业带来正的绩效。学术界对企业社会责任和企业财务绩效的实证研究是伴随着对企业社会责任概念认知的演变同时进行的，尽管 CSR 和 CFP 的研究同样处于混沌的状态，但总体上来说，更多的研究支持了两者之间的正向关系。

关于企业社会责任理论模型的研究同样处于混沌的状态，从工具理论、政治理论，到整合理论，再到伦理理论，从股东资本主义、善因营销、慈善战略，到利益相关者管理，再到企业公民理论，不一而足，至今尚未形成统一的理论框架。其中利益相关者理论相对较成熟，员工作为主要的利益相关者，企业所应承担的责任受到了一些社会组织（特别是国际劳工组织）和社会学家的重点关注，提出了体面劳动的概念和研究框架。

在全球产业网络的情景下，企业社会责任通过各种不同的机制传递到发展中国家各类生产商和供应商。在 CSR 约束传递机制下的企业，不管是被动还是主动地采取企业社会责任战略，必将加强企业管理的社会维度，从人力资本的投资、技术的创新、产品附加值的提高等方面促进产业的升级。此外，企业承担更多的社会责任可能促进其供应网络的稳定和员工流动率的下降，从而也会给其带来更多的收益。

第四章　全球产业网络下的产业升级

随着经济全球化的不断深入，国际分工格局开始加快，由产业间分工向产业内分工和产品内分工转化，以纵向分离和协调为重要特征的全球产业网络逐渐形成。全球产业网络的形成使产品的价值创造环节分散于不同国家和地区，这无疑为发展中国家嵌入价值创造环节、提高生产和创新能力、实现产业结构的调整与升级带来了机遇。这一经济现象引起了广大国内外学者的关注，发展中国家基于全球产业网络的升级问题成了研究的热点。对发展中国家产业升级研究的视角随着全球经济结构的演变而不断地演进，从全球商品链到全球价值链再到全球产业网络，产业升级的内涵也在不断地丰富和发展中。

第一节　全球商品链视角下的产业升级

全球商品链的分析框架是建立在商品链理论的基础之上的。商品链指关于一个产品从设计、生产到营销的整个活动范围，“全球”意味着商品链的不同活动环节在世界范围内的地理分布(Gereffi,1999)。领导厂商在全球产业中起着主导作用，利用各种进入壁垒产生不同类型的“租”。这些资产可以是有形的(如机械设备)、无形的(如品牌)或中间形态的(如营销技术)。不同驱动机制下商品链中的领导厂商所掌握的租金也有所差异。制造商驱动的商品链中的租金主要为技术租(源自于获得关键产品和工艺技术的不对称性)和组织租(指内部组织过程的专有技术，如即时生产、全质量管理模块化生产等)；而采购商驱动的商品链中的租金主要为关系租[①](指公司之间的关系，包括大小企业之间供应链管理的技术、战略联盟的构建以及地方小企业集群等)、政策租(如由服装配额的贸易保护性政策产生的稀缺价值)和品牌名租(指由于品牌独特性产生

① 组织租和关系租是紧密相关的，都是基于组织的隐性、累积和系统性等属性而产生的。两者的差异在于前者是组织内的，而后者是不同企业或机构之间的(Kaplinsky, 1998)。

的利润)[①]。

在全球商品链的视角下,产业升级意味着企业或国家通过组织学习以提高其在国际贸易网络中的地位(Gereffi & Tam,1998;Gereffi,1999)。参与全球商品链是产业升级的一个必要的步骤,因为全球商品链给予了企业或经济体潜在的动态学习曲线,推动企业从劳动密集型的活动,如出口导向的组装(OEA),向更复杂的制造(如 OEM 或 OBM),乃至向最有利可图的或技术密集型的经济活动(如产品创新、设计、营销等)升级。Gereffi(1999)认为,产业升级是一个企业或经济体向更高利润的、拥有更复杂技术的资本和技术密集型经济利基(Economic Niches)发展的过程。产业升级可以在不同水平的四个层次上展开:(1)企业内,升级包括产品从便宜的系列转向贵重的系列,从简单的到复杂的产品,从小订单到大订单;(2)网络组织的企业之间,升级意味着从大批量的标准化产品的生产到差异化产品的灵活生产;(3)地方或国家经济内,升级意味着从简单的进口品组装(OEA)转向更复杂的 OEM 和 OBM 生产,也包含在地方或区域内更广泛的前向和后向的联系;(4)在区域间,升级意味着从双边的、不对称的、区域间贸易流转向包括原材料供应到生产、分配和消费所有商品链阶段的合作。

Gereffi 等对采购商驱动的商品链尤为关注,以服装产业为例做了大量研究(Gereffi, 1994;1999;Grunsven & Smakman,2002;Bair & Gereffi,2003;Gibbon,2003;Hassler,2003;Knutsen,2004;Jonathan,2006),来自于国外购买者技术产品的转移和质量控制的专门诀窍使得发展中国家的制造商处在一个动态的学习曲线中,从而购买者驱动的商品链为发展中国家的相关产业提供了升级机会(Jonathan,2006)。20 世纪五六十年代日本经济的发展、七八十年代东亚四小龙的崛起以及 90 年代中国外向型经济的发展都是由于其掌握了采购商驱动的商品链(以劳动密集型为特征的一些消费品,如服装、鞋、玩具和体育用品等)的动态变化。东亚经济的转型很大程度上源自于其与全球商品链中各种各样的领导厂商的紧密联系,来自于国外购买者的技术产品的转移和质量控制的专门诀窍使得发展中国家的制造商处在一个动态的学习曲线中,从而获得了产业升级的机会,并成功掌握了一条组装(Assembly)—OEM—ODM—OBM 的升级路径(Gereff,1999;Bair & Gereffi,2003;Humphrey,2004)(表 4-1)。

---

① 在第二章中已有讨论。

表 4-1　购买者驱动全球商品链的升级路径

升级路径	特　征
组装(Assembly)	仅仅是加工生产,一般由购买者提供产品规格和原材料。
OEM(Original Equipment Manufacture)	供应商承担了更多的制造功能,可能包含原材料的输入和物流功能。采购商负责设计与营销。
ODM(Original Design Manufacture)	除了制造外,供应商承担了部分设计功能,可能与采购商进行合作设计。在大多数先进的案例中,采购商仅仅拥有品牌,而设计与制作全由供应商完成。
OBM(Original Brand Manufacture)	供应商自己设计、生产和营销自己的品牌,不再依赖采购商。

资料来源:Humphrey,2004。

在升级的不同阶段,要求企业具有不同的技能和先进技术。以服装产业为例,企业在升级的不同阶段应具备的技能和技术如表 4-2 所示。在初级阶段,由采购商提供包括裁剪衣片、纽扣、拉链及饰品在内的所有材料,由供应商根据采购商的要求加工成服装;在 OEM 阶段,供应商承担了生产过程中更多的工作,如根据采购商提供的样板剪裁准备等,甚至包括购买 OEM 生产所需的原材料;在 OBM(国内)阶段,供应商开始自创品牌,具有基本的设计技能,并开展了营销渠道,减少中间商,直接从国外采购商获得订单,直接出口。作为一个品牌制造商,企业需要提高其设计技能,对其生产线、营销和渠道系统进行优化重组。企业组织能力的改善,如敏捷的快速反应系统,新的激励方法(包括对员工的),与合作伙伴保持良好关系;在 ODM 阶段,企业需要有自己的原创设计,进行产品和工艺研发,并建立国际营销和渠道,使自有品牌进入国际市场,成为国际的 OBM,在全球服装产业链中具有领导地位。

表 4-2　服装产业升级不同阶段及其创新行为

升级过程	特征	必备技能*	先进技术
组装(Assembly)	裁剪面料的简单加工	缝纫	前期专用设备,如扣眼机、衣领和口袋缝纫设备
OEM	CM(Cut and Make),CMT(Cut-make-and-trim)	裁剪、加工前准备及加工后整理技能	自动裁剪机 CAD
OBM(国内)	在国内市场创立自有品牌;为制造进行设计;减少中间商;直接出口	基本设计技能;营销和渠道	CAD
ODM	新的原创设计	原创技能	CAD/CAM
OBM(国外)	自有品牌进入国际市场	产品和工艺研发;国际营销和渠道	CAD/CAM

* 技能是累加的,最后三项与功能升级相关。

资料来源:根据 Yoruk,2001:7 整理。

第二节　全球价值链视野下的产业升级

与全球商品链分析框架相比,全球价值链视野拓宽了对全球经济一体化现象的分析,将研究重心从制造转移至商品和劳务供应链中的其他环节,包括分配和营销。全球价值链的分析框架使产业升级的研究重心转移至价值链不同环节价值的创造、分化及其俘获上,价值链的全球化使得设计、生产和营销等不同的环节更加协同,这对发展中国家产业升级的路径有着重要的意义(Barrientos et al., 2008)。在全球价值链的架构下,不同的价值链环节有着不同的产品附加值。全球价值链的价值分配理论分析了价值链各环节中价值的产生过程及其分配。Kaplinsky 和 Morris(2003)认为这些收益从本质上讲产生于那些能保护自己远离直接市场竞争的价值链参与者,并且这种规避直接竞争活动的能力可用租的概念来理解(表 4-3)。存在于全球价值链上企业内部的租金包括技术租、人力资源租、组织租和营销租等,企业之间的关系租,存在于全球价值链之外的租金包括自然资源租、政策租、基础设施租和金融租等。同时,全球价值链上各种租是动态可变的,因为租会随竞争性加强、进入障碍降低而减小,最终以低价或高质形式转化为消费者剩余(汪斌、侯茂章,2007)。

表 4-3　全球价值链上租的主要表现形式

<table>
<tr><th colspan="2">租所在位置</th><th>稀缺性要素
或进入障碍</th><th>含义</th></tr>
<tr><td rowspan="5">存在于 GVC 之内</td><td rowspan="4">企业内</td><td>技术租</td><td>拥有稀有技术</td></tr>
<tr><td>人力资源租</td><td>比竞争者拥有更好技能的人力资源</td></tr>
<tr><td>组织租</td><td>拥有较高级的内部组织形式</td></tr>
<tr><td>营销租</td><td>拥有更好的营销能力,和/或有价值的商标品牌</td></tr>
<tr><td>企业间</td><td>关系租</td><td>同供应者和顾客(买主)之间拥有较高质量的关系</td></tr>
<tr><td colspan="2" rowspan="4">存在于 GVC 之外</td><td>自然资源租</td><td>获得稀有自然资源</td></tr>
<tr><td>政策租</td><td>高效率的政府环境;创设障碍阻止竞争者进入</td></tr>
<tr><td>基础设施租</td><td>获得高质量的基础设施性投入</td></tr>
<tr><td>金融租</td><td>比竞争者获得更优越的金融支持</td></tr>
</table>

资料来源:Kaplinsky & Morris,2003,汪斌、侯茂章(2007)。

在全球价值链的架构下,不同的价值链环节有着不同的产品附加值。1992 年台湾宏基公司总裁施正荣先生根据他多年从事 IT 产业的经验,首先提出了

"微笑曲线"(Smiling Curve)的概念。一条开口向上的抛物线用来描述个人电脑制造流程中各个环节的附加值,由于曲线类似微笑的嘴型,所以被形象地称为"微笑曲线"(图 4-1)。"微笑曲线"左边(价值链上游)是研发,随着新技术研发的投入,产品附加值逐渐上升;右边(价值链下游)是销售,随着品牌运作、销售渠道的建立,产品附加值逐渐上升;作为劳动密集型的中间制造、装配环节不但技术含量低、利润空间小,而且市场竞争激烈,因而成为整个价值链中最不赚钱的部分。"微笑曲线"现象在各种行业中普遍存在。同时,产业结构中的"微笑曲线"随着时间的变化而变化:一是"微笑曲线"的下凹深度逐渐增加;二是高技术产业链两端的技术含量更高,附加值比以前更高(余建形,2005)。

全球价值链条上的价值分布理论为企业乃至产业的升级指明了方向。产业升级可以包括价值环节内在属性和外在组合等两个方面的变动,这两方面都连接在同一链条中或不同链条之间的相互关联中(张辉等,2007)。

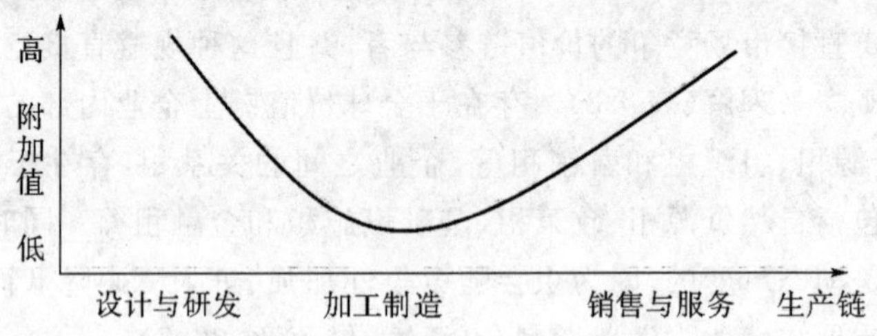

图 4-1 价值链的"微笑曲线"

资料来源:王缉慈等(2003)。

Humphrey 和 Schmitz(2002)将全球价值链视野下的产业升级分为四个方面:流程升级,通过重组生产系统或是引入高级技术将投入转化为产出;产品升级,根据单位增加值转向更高端生产线;功能升级,即获得链上新的、更好的功能,如设计和营销,或放弃现有的低附加值功能而集中致力于附加值更高的环节;部门间升级(或链条升级),把从一个特定环节中获得的能力应用于新的领域或转向一个新的全球价值链。不同的升级方式下企业有不同的创新行为,如在流程升级阶段,企业加强研究与开发,在企业内部改善物流和质量控制系统,引进新的系统设备等,在企业之间加强供应链的管理和供应链学习等。在产品升级阶段,在企业内部加强设计与市场部门的扩张,注重新产品开发,在企业之间加强与供应商或客户的合作,共同开发新产品。在功能升级阶段,在企业内尽可能获取价值链中高的附加值环节,并将低附加值部分外包;在企业之间,撤出原有联节点,进入产业链中新的联节点,承担产业链中关键功能,如由生产环节转向营销环节。在链升级阶段,企业退出原有产业链,进入附加值更高的产业链,以获取更多的利润。不同产业升级方式下,不同的创新行为导致不同的绩效,更高的产业升级方式意味着更好的绩效表现(表4-4)。

表4-4　不同升级方式的创新行为和绩效

升级方式		行　为	绩　效
流程升级	环节内	研究与开发;物流和质量控制系统的改变;引进新的机器设备等	降低成本;提高质量和周转效率;缩短入市周期;提高利润;提升专利开发能力
	环节之间	研究与开发;供应链管理;电子商务能力;促进供应链学习等	降低最终产品成本;提升成品质量和缩短入市周期;通过价值链改善利润水平;提升专利开发能力
产品升级	环节内	设计和市场部门的扩张;通过功能团队开发新产品	新产品销售率的提升;自有品牌产品销售率的改善
	环节之间	与供应商或客户在新产品开发方面的合作——合作管理	对品牌版权的数量;不以牺牲市场份额为代价的产品价格的提升
功能升级	环节内	获取产业链中更高附加值环节;将低附加值部分外包	产业链中的劳动分工;承担产业链中关键功能
	环节之间	进入产业链中新的联节点;撤出已有联节点	更高的利润率;技能和薪酬水平的提升
链条升级		撤离原有的生产经营活动进入一个新的产业链条;不断增加新的价值链条中的市场份额	更高的利润率;新产品和不同产品领域的市场销售比率的上升

资料来源:Kaplinsky & Morris,2002:77。

在全球价值链视野下,技术是产业升级的关键要素,可分为硬技术和软技术(Boney,2006)。硬技术指以自动化的设备为基础工具改善产品生产流程并提高其速度;软技术指获取人类知识的能力,包括管理和协同技能,使劳动者能解决实际问题(Thompson,2003)。机械设备是流程创新的主要源泉(Abernathy & Townsend,1975),因此硬技术主要在流程升级阶段发挥作用,而在产业升级的其他阶段,则是软技术起着关键作用。如在产品升级阶段,创新的重点在于新产品开发、与客户的合作以及品牌管理;而在功能升级阶段,企业由加工生产环节进入服务和营销环节,需要供应链协同管理和市场营销技巧;链条升级阶段,企业脱离原有的产业链进入新的产业链,更需要企业具有开拓创新的理念和能力。全球价值链中的领导厂商正是由于掌握了软技术从而使其供应链管理方面具有竞争优势,并在改造产品、更新观念和转变形象等方面具有持续的增长力。硬技术的获得相对比较容易,可以通过市场协调的正式机制,如进口技术、干中学、掌握"诀窍",通过提高全要素生产率快速获得收益。而先进诀窍的获得是进口技术的高效率同化、高质量控制、改进厂房设计和生产实践、设备改进以及差异化原材料的使用等因素的组合。软技术的获得较为困难，不仅需要诀窍，还需要“知因”（Know-why）。“知因”意味着对新设计产生的工艺的本质及产品技术的理解，需要通过非正式的机制才能获得（Ernst & Kim，2002；Guha & Ray，2004；Palit，2006）。非正式机制下知识的转移主要是基于人际网络，通过个体间非正式的联结学习而传播，没有制度约束，容易受情景因素（如个体关系、组织结构、组织特征和组织文化等）的影响（周和荣等，2008），难以转移，因而软技术的获得更为困难。因此，硬技术是产业升级中的低级要素，而软技术是产业升级的高级要素。软技术增长意味着硬技术的增长，但运用更多的硬技术并不意味着软技术的改善或提高（Boney，2006）。Palit（2006），Morrison 等（2006）则进一步地将技术能力①（Technological Capability，TC）引入到全球价值链的分析框架中，探讨全球价值链中知识的产生和扩散过程及其作用机制，以寻求发展中国家产业发展和创新的一条更加全面和综合的路径。

张辉等（2007）在国外学者研究的基础上，将全球价值链的驱动机制分为三种类型：采购商驱动、制造商驱动②和混合型驱动，并分析了不同全球价值链动力机制下的地方产业集群升级的轨迹（图 4-2—图 4-4）。图中 O 点表示全球价值链起始点或最低端位置，H 点为末端点或最高端点，OH 即为一条全球价值链；O、ML、M、MH、H 点是按附加值由低到高在空间上相互分离的各个价值环节。各价值环节所在点向外扩散开来的一个圆面表示由该环节所衍生出来的地方产业集群。从 O 点到 H 点可以清晰地看出不同价值环节所在地方产业集群按照附加值高低所形成的空间等级体系。采购商驱动型全球价值链下，地方产业集群的升级轨迹或升级方式演化一般会依据流程—产品—功能—链条转换，且升级难度越来越大。而制造商驱动型全球价值链下，地方产业集群的升级轨迹一般是功能—产品—流程—链条转换，在其上升序列中，升级难度也不断上升。一般来说，功能升级过程会相对顺利，耗费的时间也不会太长，升级进程呈现出不断加速的发展特征。在混合型价值链中，价值链上价值份额在生产领域和流通领域都有偏重，在生产环节到流通环节的价值形成过程中边际价值增殖率先递减后递增。因此，要区分出地方产业集群所在链条动力是制造商还

① Morrison et al.（2006）认为技术能力的概念是对发展中国家企业层次的技术变革和创新的概括，并根据技术能力作用的功能及复杂性程度的不同，将其分为投资能力、生产能力和连锁（linkage）能力。Guha 和 Ray（2004）将构建技术能力（或称学习）分为六个不同的阶段：干中学（Learning by doing）；适应中学（Learning by adapting）；设计中学（Learning by design）；完善设计中学（Learning by improved design）；建立完整的生产系统中学（Learning by setting up complete production systems）；设计新工艺中学（Learning by designing new processes）。

② 作者将其表述为：购买者驱动和生产者驱动。参见张辉等（2007），第 61 页。笔者认为采用“采购商驱动”和“制造商驱动”的表述更为准确。

是采购商，然后根据其所属的具体驱动模式来确定升级轨迹并根据具体情况作修正。

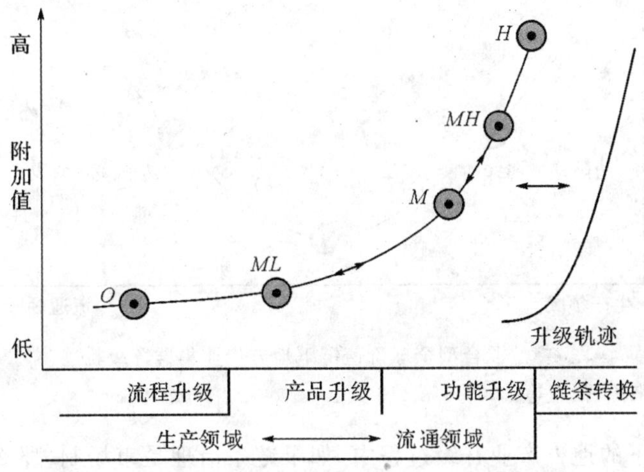

图 4-2 采购商驱动型全球价值链下地方产业集群升级轨迹

资料来源：张辉等(2007)，第 113 页。

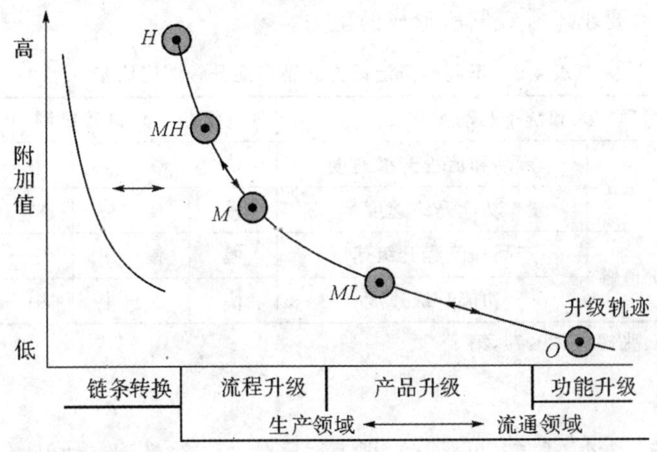

图 4-3 制造商驱动型全球价值链下地方产业集群升级轨迹

资料来源：张辉等(2007)，第 114 页。

不同动力机制下全球价值链有着不同的治理模式，不同治理方式对产业升级有着不同影响。张辉等(2007)比较了不同价值链治理方式下产业升级的速度(表 4-5)。从中可以看出，在市场制、等级制和准等级制三种治理模式下，地方产业的不同升级方式间的升级难易程度和速度存在着较大差异。在采购商

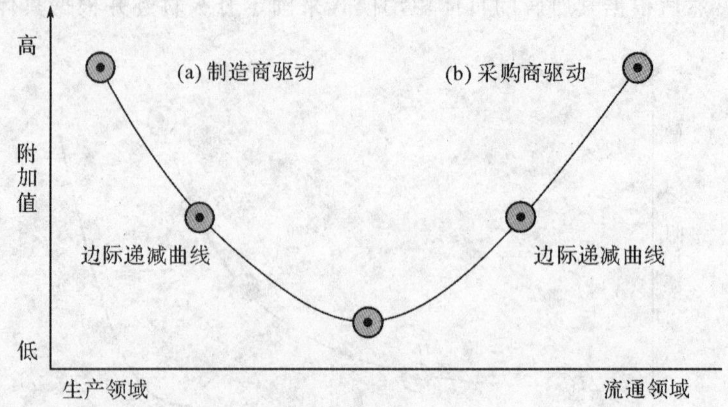

图 4-4　混合型全球价值链下地方产业集群升级轨迹

资料来源：张辉等(2007)，第 116 页。

驱动价值链下的地方产业升级过程中，如果链条治理是市场制，那么流程、产品和功能三种升级方式都会相对顺当地交替进行，尤其在功能升级方面会呈现出加速趋势；等级制则会特别有利于地方产业的流程和产品升级，不过会对功能升级形成相当大的阻力；准等级制则会比较有利于流程和产品升级，对功能升级形成的阻力要小于等级制所形成的阻力。

表 4-5　不同链条治理方式下产业升级速度比较

治理方式和链条驱动类型		等级制	准等级制	市场制	
采购商驱动价值链	产品和流程升级速度	快	快—中	中—快	中
	功能升级速度	慢	慢—中	中—快	快
制造商驱动价值链	产品和流程升级速度	慢	慢—中	中—快	中
	功能升级速度	快	快—中	中—快	中

资料来源：张辉等(2007)，第 88 页。

第三节　全球产业网络视野下的经济升级和社会升级

全球产业网络的分析框架与前两者相比，除了从商业视角关注发展中国家参与全球活动外，更从社会视角关注其对人们生活的影响(Barrientos et al., 2008)，更多关注生产和雇佣关系的社会和制度嵌入，特别是发展中国家的当地供应商(Herderson et al., 2002)。在早期的全球价值链分析框架中，劳动基本上视为一个内生变量，解释为生产的一种要素。在此情景下，全球价值链视野下对劳动的分析仅限于其总量以及就业的工作类别、技能或性别。而在全球产业网络分析框架下,劳动不仅仅作为一种生产要素存在于网络,劳动者更被视为生产的代理机构作为中间层次作用于整个网络。因此在全球产业网络的视野下,劳动具有两重性:劳动者不仅仅作为一个组织成员参与网络的生产性活动,影响整个网络的经济运行;而且作为一个社会机构,寻求自身的经济利益和权益,以改善其生活条件,改变社会的状态。

一、全球产业网络下劳动的两重性

(一)劳动(Labour)作为生产要素

对于劳动是生产要素的观点有不同的解释。传统的经济理论基于企业需要最低的边际成本以维持竞争力的重要假说,在个体企业或劳动市场中劳动的边际生产率和劳动成本分析的基础上,将劳动视为一种生产要素。而在全球产业网络的框架下,劳动者作为生产代理商的功能在全球产业网络的中间层次发挥作用。本地供应商对劳动力的需求需要同时满足劳动成本的压力和生产质量标准的要求(Barrientos & Kritzinger, 2004)。这一双重标准对全球产业网络内不同节点之间的劳动者的劳动强度和技术水平产生影响,同时也要受当地劳动市场条件(如不同工作类别的劳动者的可获得性)的制约(Barrientos et al., 2008)。

(二)劳动者(Worker)作为社会机构

将劳动者视为社会机构突出了与其能力与权益相关的社会福利。劳动者作为社会机构参与全球产业网络组织,其赖以生产或谋生的手段具有一定的独立性,但这些受雇劳工的工资在很大程度上取决于其行使提高其福祉的权利。这些权利包括国际核心劳工公约规定的结社自由、集体谈判权、没有歧视、没有童工或强迫劳动权等。劳动力市场作为制度性和社会性的嵌入机构,对劳动者权利的获得产生制约,不同国家之间也存在差异。工作场所之外的劳动者及其家属的社会福祉也受到政府及社区等的正式和非正式的制度与战略的影响(Barrientos et al., 2008)。

劳动作为生产要素与全球产业网络内所雇用的劳动者数量相关,而劳动者作为社会机构涉及雇用的质量与作为人的权利(Barrientos et al.,2008)。后者正是全球产业网络分析框架所关注的重点,国际劳工组织所倡导的体面劳动正是对劳动质量和劳动者权益的全面概括。

二、体面劳动的概念及其模式

(一)体面劳动的概念及其要素

国际劳工组织(ILO,1999)指出体面劳动即男人和女人在自由、平等、安全和人类尊严的条件下获得体面而有效率的工作的机会,意味着工作条件的改善、减少脆弱性以及生产效率和质量的提高。体面劳动的概念包括四个要素:就业、社会保障、劳动者权利和社会对话(Ghai,2002)。就业指各种类型的工作(不仅仅指正规经济的劳动者,也包括非正式经济的劳动者),包括定性和定量两个层面。就业同时包含充分的工作机会和薪酬。体面劳动也意味着安全的工作和健康的工作条件。"任何人,不管他生活在哪里,都需要与其社会的能力和发展的水平相适应的最低的社会保障和收入保障"(ILO,1999)。劳动者的基本权利涉及结社自由、无歧视的工作、无恶劣条件下的强迫劳动和童工。社会对话指劳动者就工作事项与雇用者和当局会谈的权利。体面劳动概念的四要素中前两者指就业机会、薪酬、保障和工作条件,后两者重点强调劳动者的社会关系。Paredes 等(2007)用不同的变量对四个要素进行了描述(表 4-6)。

表 4-6 体面劳动的要素及变量

要 素	变 量
雇用	失业率;工资率;工作时间
社会安全	公共社会保障的覆盖面;养老保险
劳动者权益	性别工资差异率;童工
社会对话	工会密度

资料来源:Paredes et al., 2007.

体面劳动四要素的优先次序问题是一个困难而复杂的问题。因为体面劳动不仅与一个国家的社会制度及发展水平紧密相关,还与其主流的社会文化相关(Ghai,2002)。经济结构的许多层面会对达到体面劳动的目标产生深刻的影响,其中最重要的包括:人均收入、产业分布、劳动力的就业水平、政府的收入和支出占 GDP 的比例以及公共部门占生产性资产和总产出的比例等。这些结构上的差异导致了劳动制度的差异从而形成了不同模式的体面劳动特征。这些不同的结构和制度的特征总体上来说是相互影响的但也存在许多例外。比如,人均收入对体面劳动作用是通过对薪酬和政府增加收入以满足社会保障的需要的能力而产生影响的。高的人均收入有利于高薪酬的就业机会,提供社会保障以满足紧急情况;而低收入总是与高发病率的绝对贫困相联系。不同的产业结构影响劳动力在不同产业中的分布,从而影响体面劳动的就业条件和工资水平。而劳动力状态(员工、个体户或家庭成员)的分布对劳动者在就业、社会保障、劳动的对话权等问题的性质起着主要的决定作用。同时,公共税收及支出占总产出的比重对社会保障、减少贫穷和整体就业等政府政策的范围及作用产生重要的影响。

(二)体面劳动的模式

由于不同经济结构对体面劳动产生不同的影响,使体面劳动存在普遍性和多样性。根据不同经济结构特征可将体面劳动分为三类模式:经典模式、转型模式和发展模式(Ghai,2002;2006)。经典模式由工业化国家组成;转型模式由中央计划经济向市场经济转型的国家组成;发展模式包括发展中国家。不同的体面劳动模式特征与工作状态、劳动力或劳动人口在不同产业的分布、劳动者加入工会的组织方式、公共支出及社会保障支出占 GDP 的比重等相联系(Ghai,2006)。

1. 经典模式

经典模式的国家以高人均收入、高比例的劳动力工资就业以及高比例 GDP 分配的政府和社会保障支出为特征。以美国、挪威、日本、丹麦、法国、澳大利亚、英国等发达国家为代表,在上世纪 90 年代中期,这些国家的人均收入在 12000～30000 美元之间,工资员工比例(与个体户、家庭成员相对)在 70%～90%之间,大多数的劳动力在服务业(一般在 60%～80%之间)和工业(10%～20%之间)就业;相对较高比例的劳动者加入了工会(通常在 25%～50%之间),近二三十年来,由于劳动力在不同产业之间的变迁、技术进步和全球化的加强,劳动者加入工会的比例在大大下降;企业、产业和国家等不同层次的集体谈判是决定薪酬和另外就业问题的重要途径,在这些国家中,集体谈判率占工资员工的 25%～90%不等;政府支出占 GDP 的比重为 25%～50%之间,公共社会保障支出在 15%～33%之间。近年来,和工会密度一样,随着社会保障的压力向私有化转移及经济的全球化整合,政府和社会公共支出占 GDP 的比重也在下降。

2. 转型模式

这类国家是由中央计划经济转向市场经济的国家,其原有的标记依然存在。中央计划经济的主要特征是绝大部分资产和财产为国家所有,所有劳动人口为政府所雇用,国家为所有公民提供全部社会保障。所有劳动者为工会成员,而工会为国家和共产党所控制。大多数转型国家为中等收入国家,以波兰、捷克、罗马尼亚和俄罗斯等国为代表,人均收入在 4000～8000 美元之间,相对其人均收入而言,工资就业率特别高,超过了 80%。非正式经济的比重也在大大增加。大多数劳动力在工业和服务业就业(60%～80%之间);同样地,相对较高比例的劳动者是工会成员(通常在 30%～50%之间),工会会员有所下降但工会已经开始独立于国家和政党。政府支出和税收也占 GDP 相对较高的比重，在 25%～50%之间。社会保障体系也在作着重要的改革，不再是全民，更加私有化。此外，公共社会保障支出在 GDP 中占有较大比重，在 10%～25%之间。这些特征与转型国家的前身密不可分，随着市场化改革的深入，体面劳动的特征更接近市场的工业国家而不是中等收入的发展中国家。

3.发展模式

发展中国家的经济结构与前两类相比更具多样性。根据公认的国际组织分类法，发展中国家可分为中等收入国家、低收入国家和最不发达国家。尽管存在上述差异，发展中国家存在一些共同的特征：普遍的绝对贫困、广泛的就业不足或失业、受限的工业化和二元经济结构。

在发展中国家中，人均收入存在着较大的差别。在诸如埃塞俄比亚、肯尼亚等低收入国家中，人均收入为 1500 美元左右，而在诸如马来西亚、智利、韩国等中等收入国家中的人均收入为 10000 美元左右，超过大多数转型国家。在低收入国家中，60%～80%的劳动力就业于农业。甚至在大多数中等收入国家中，农业就业人口在 20%～40%之间，大大高于大多数转型国家。

发展中国家中劳动力就业处于"非典型"的状态：相对比较高比例的个体户和家庭成员，或者是在非正式经济中就业，通常半工业化国家非正式就业的比例为 30%～50%，而最不发达国家的非正式就业的比例高达 70%～90%。农业部门就业人口的比重也相对较高，两类国家中的比例分别为 20%～40%和 40%～70%之间。工资就业占劳动力的比例同样存在着差异性，从低收入国家的低于 15%到中等收入国家的 60%～70%不等。中等收入国家中的工资就业率要明显低于市场工业化国家和转型国家，而且其在非正式经济中的就业要比另两类国家重要得多。比如，在加纳和马来，在乡镇非正式经济中就业的比例要超过 70%。

发展中国家中的政府支出占 GDP 的比重也存在着多样性，但与人均 GDP 没有多大关联。比如在埃及和巴西等国家，政府支出占 GDP 的比重特别高，占 GDP 的 40%；而在一些低收入国家如肯尼亚和斯里兰卡，其政府支出比重也相对较高，其支出比重要高于一些富裕国家如智利、马来西亚等。

发展中国家政府和社会保障支出占 GDP 的比重一般较低，半工业化国家分别为 20%～30%之间和 5%～10%之间，而最不发达国家为 10%～25%和 2%～5%之间。

大多数发展中国家的工会密度——劳动人口加入工会的比例——都相对比较低，很少超过 10%～15%。只有少数国家，比如阿根廷、哥斯达黎加、南非等国的工会密度达到 40%～50%，达到工业国家和转型国家的平均水平。

三、全球产业网络下的经济升级和社会升级

在全球产业网络的框架下，发展中国家的升级问题从两个方面进行研究：经济升级（Economic Upgrading）和社会升级（Social Upgrading）（Lobrin-Satumba 2007）。与原来的“产业升级”概念相比，“经济升级”是一个更加宽泛、更具有包容性的概念。初始的全球价值链文献主要关注劳动密集型的产业，如服装、鞋和玩具等产业，以低工资国家的劳动密集型产业为例进行升级研究，运用了“产业升级(Industrial Upgrading)”的概念。而随着研究的深入，升级的研究对象超越了制造业的范围向农产品、服务业（如旅游、商务外包等）延伸，原有的“产业升级”的概念已不再合适了，因此用更宽泛、更具包容性的概念“经济升级”来代替(Barrientos et al.,2008)。它不仅意味着企业或服务提供者经济能力的整体提升，还指与生产的工艺（或产品本身）相联系的活动的改进以及公司所处置的活动组合的演变(Remesh,2007)。社会升级意味着劳动者作为社会行为者的能力和权益的提升及其雇佣质量的提升(Barrientos et al.,2008)。

（一）经济升级和社会升级

全球产业网络路径将发展中国家的经济升级置于社会情景中进行分析，产业升级的四个层次对技术进步和体面劳动有着不同的含义。工艺升级意味着资本对劳动的替代（如通过自动化提高生产率）和劳动条件的改善；产品升级通常需要更具技巧的劳动以提高产品的性能以及软技术（如研发和设计）；功能升级是指在特定价值链中从一个节点向另一节点的转移（如服装企业由生产制作转向品牌营销和设计），意味着在全球产业网络中势力的提升；链升级意味着向新产业或产品市场的转移，通常需要建立不同的营销渠道、运用不同的制造技术和劳动者技能(Barrientos et al.,2008;Zhao & Gu,2009c)。

价值的创造是全球产业网络分析框架的核心，与价值创造相关的重要问题包括劳动力在什么条件下通过怎样的劳动过程转换成实际劳动（社会性）；产生不同形式租金的可能性（经济性）。前者关系到社会升级问题，而后者与经济升级相关联，表现在企业不同类型的经济租，如技术租、组织租、关系租、品牌租和额外租（贸易保护政策所带来的租金等）等租金的创造和获取上。

社会升级意味着劳动者作为社会行为者的能力及权力的提升以及雇佣质量的提高。劳动者获得更好的工作也有可能是由于经济升级导致的（如劳动者在原有节点中工作能力的提升使得其进入到网络的其他环节中）。社会升级也包含劳动者的社会保障及其权利的提高(Barrientos et al.,2008)。全球产业网络下的劳动具有两重性，社会升级的维度包括数量和质量两个方面：数量包括就业水平、工资、社会保障以及工作时间等；质量包括谈判的权利、无歧视等。

社会升级的维度可以用体面劳动的四个要素及其变量进行衡量，体面劳动的前两个要素反映了社会升级的数量方面，而体面劳动的后两个要素反映了社会升级的质量方面。

(二)经济升级与社会升级的相互影响

全球产业网络下的经济升级和社会升级是相互作用相互影响的，经济升级促进社会升级，而社会升级对经济升级有反作用。经济升级对社会升级的影响是显而易见的，经济的发展可以促进劳动力就业的增加；技术水平的提升、产品的改进、功能的升级可以促进劳动质量的提高。Bair 和 Gereffi(2001)对墨西哥特龙(Torreon)服装业的实证研究表明该地区服装产业的升级对劳动五个方面产生影响：就业增长率、当地劳动力技能、劳动条件、工会化和工资。

1994 年北美自由贸易区的成立给墨西哥特龙服装产业集群的发展带来质的飞跃，使得当地的供应商由原先简单的加工出口向全包网络升级。这一升级过程与来自于美国的采购商在全球范围内生产网络的重新布局是分不开的。一方面，1994 年墨西哥比索的剧烈贬值(由 3.4 比索对 1 美元贬值为 6.8 比索对 1 美元)使得墨西哥的劳动力成本显著下降；另一方面，北美自由贸易区的成立也使得美国的采购商在墨西哥进口可以免去关税。因此，美国采购商的生产网络从东南亚的中国香港、中国台湾及韩国等地向墨西哥转移，特龙服装出口的主要客户由 1993 年的 4 家上升至 2000 年的 24 家(表 4-7)。

特龙服装产业集群在美国——特龙服装产业网络中地位逐步升级，从表 4-8可以看出，1993 年，特龙服装产业集群仅仅占据着加工这一环节；而在 1996 年，其生产活动从加工环节延伸到了纺织、修剪和标牌以及后期整理等活动；在 2000 年，特龙服装产业集群涵盖了服装生产的所有活动，但是服装产业链中关键的三个环节——设计开发、营销和零售还是控制在美国的采购商手中。

特龙服装产业的升级对当地劳动就业的五个方面产生影响：就业增长率、当地劳动力技能、劳动条件、工会化和工资。服装产业就业的急剧增长是特龙服装出口的繁荣对当地劳动市场最显著的影响，1993—1998 年间，服装劳动力增长了 300%，而同期商业和服务业就业仅增长 3%，建筑业增长 80%，汽车业增长 100%。1993 年，当地纺织服装产业的就业人数为 12000 人，而到了 2000 年，就业人数增至 75000 人。就业人数的增加与服装产业供应链的深化——如纺织生产、洗涤、裁剪等——所带来的新型劳动的增长是分不开的；与此同时，全包网络的发展也导致了集群内劳动技能的升级；品牌采购商进入地方集群也促进了地方劳动条件的改善。大型零售商或营销商不希望其品牌与不安全的劳动条件相联系，因此会对地方供应商的劳动条件提出要求，使其符合其行为守则的要求，这些要求不仅仅涉及最终产品，还与生产过程相联系。一旦供应商

表 4-7　墨西哥特龙服装产业集群的主要采购商

采购商类型	1993 年	2000 年
制造商	Farah(M) Sun Apparel(M)	Sun Apparel-Jones of NY(M) Aalfs(M) Kentucky Apparel(M) Grupo Libra(M) Siete Leguas(M) Red Kap(M)
品牌营销商	Levi's(BM, M) Wrangler(BM, M)	Levi's(BM, M) Wrangler(BM, M) Action West(BM, M) Polo (BM) Calvin Klein(BM) Liz Claiborne (BM) Old Navy (BM) Tommy Hilfiger (BM) Donna Karan (BM) Guess (BM) Chaps(BM)
零售商		Gap (BM, R) The Limited (BM,R) K-Mart(R) Wal-Mart(R) JC Penney(R) Sears(R) Target(R)

资料来源：Bair & Gereffi，2001：1892。

备注：表中 M：Mannufactures；BM：Brand Markets；R：Retailers。

达不到这些要求，违背了当地的劳动法、安全守则，甚至是洗澡的条件，就会存在失去合约的危险。品牌商对当地供应商的要求也源自于外界的压力(压力主要来自于消费者组织、学生组织和工会等)，要求品牌领导商承担提高为其生产产品的劳动者劳动条件的社会责任，所提供的产品在“无汗”的环境下生产，不管其是在本国，还是在发展中国家的次级供应商。新采购商的到来增加了特龙的就业，改善了劳动条件，也对工会和劳动工资产生影响。伴随着经济自由化程度的加深以及外国企业对劳动灵活性的追求，墨西哥政府将工会的权力降低到最低的程度。在特龙地区服装产业中工会的作用受到很大的限制，在很多状况下工会帮助企业及其管理者“对付”员工。因此，在有效率的代表和集体谈判缺失的情况下，劳动者会通过频繁的流动作为谈判的途径以得到自己工资少量的增加以及非现金福利，如交通、免费的午餐以及奖励等。在持续的高劳动力需求的条件下,高的劳动力流动率会提高熟练工人的工资①(Bair & Gereffi, 2001)。

表 4-8　特龙服装产业在服装产业链中的活动和地位

年份	纺织	修剪和标牌	设计和生产开发	裁剪	加工	后期整理	物流	营销	零售
1993					√				
1996	√	√			√	√			
2000	√	√		√	√	√	√		

资料来源:根据 Bair & Gereffi, 2001:1892 整理。

Remesh(2007)对印度 IT 产业的研究也表明,IT 产业的升级产生一定的劳动力市场收益,如雇用的增加、劳动工作质量及劳动安全的提高、培训和技能的提升以及对劳工标准更多的关注等。Ahmed 和 Peerlings (2009) 对孟加拉国的纺织服装业的研究表明,企业对劳动者生产条件和服务的改善,可以导致劳动生产率的提高。这不仅增加了劳动者的收入和福利,也给企业带来了更高的收入,使其更多地投入到改善劳动环境中。Zhao 等(2009)、Zhao 和 Gu(2009c)的研究表明,中国纺织服装产业在不同的升级方式下,有着不同的行为和策略,产生不同的经济绩效和社会绩效(表 4-9)。

表 4-9　中国服装产业的升级轨迹和绩效

升级方式	行为和策略	绩效	
		经济绩效	社会绩效
初始阶段(20 世纪 80—90 年代)	低端产品; 控制成本策略; 低价格	低利润; 低收益; 低附加值; 低质量	低工资; 长工作时间; 恶劣工作条件; 环境影响; 恶性竞争
工艺升级	新设备; 高科技和新工艺; 资金和规模扩大; 产能扩大; 物流管理; SCM	节约成本和降低价格; 效率和生产率的提高; 规模经济; 产品模仿; 生产时间的缩短	工作量低; 工作条件改善; 劳动量减少; 挤出效应; 对手竞争

① 员工流动率与工资之间可能存在着相互影响。在持续的劳动力需求和劳动力供给不足的条件下,高的流动率会提高技术工人的工资;而高工资会减少员工的流动率(姜启军、顾庆良,2008)。但对于非技术工人而言,在劳动力供给充足的条件下,高的流动率可能并不能提高员工的工资,2010 富士康员工的"多连跳"事件可能就是一个典型的案例。两者之间的关系需要更深入的研究进行验证。

续表

升级方式	行为和策略	绩　效	
		经济绩效	社会绩效
产品升级	新产品研发； 原始设计； 产品差异化； 多种产品线； CDA/CAM/UPS	销售增长； 单位价值提高； 非价格竞争； 服务； 品牌声誉； 可供选择的产品； 知识产权	差别竞争； 产品专业化； 知识集聚； 熟练劳动力； 合作； 劳动成本增加
功能升级	交易和一揽子服务； 从设计到商店全包服务(design to store)； 品牌化； 零售管理	效率和盈利能力； 高利润和高附加值； 营销网络； 顾客忠诚； 市场份额	知识型员工和智力资本； 高标准的环境保护； 体面劳动信誉； 双赢博弈； 公平竞争
链条升级	链条内和链条外的整合； 向链内高附加值层次转移； 价值链治理； 进入新产业链	拓展新领域； 外部经济规模； 新利润来源； 新贸易； 潜在的美好愿景和顾客忠诚； 控制力	高标准薪水； 体面劳动； 合作与协同； 和谐； 公平竞争和交易

资料来源：Zhao & Gu，2009b。

另一方面，社会升级对经济升级也会产生反作用。社会升级表现为劳动力工资水平的提高、社会保障及其权利的提高。工资水平与产业升级之间的协调关系可以从亚洲四小龙的工业化进程得到佐证，东亚工业化发展模式经历了劳动密集型制造业由进口替代向出口扩张的转变和制造业由劳动密集型向技术密集型的转变过程。在其工业化进程中，产业结构的升级与工资水平的上升是相互对应的，以韩国为例，1965—1979年，GNP年平均经济增长率超过8%；人均GNP由105美元增至1647美元；出口额由5480万美元增至150.6亿美元；产业结构也因此产生了较大变化，制造业所占国内生产总值的比重从1965年的18%提高到了29%，包括农业和矿业在内的第一产业所占比重从40%下降到20%。这一时期，工人工资收入有了较大幅度的提高，年平均增长率达到24%(胡放之、张艳，2004)。随着人均收入的大幅度提高，使得居民的消费能力也有了大幅度的提升，对商品的需求也更挑剔，从而对产品的质量、设计都有了更高的要求，促进企业不断地改进生产工艺、提高产品的附加值，从需求方面促进了产业的升级(赵林飞、顾庆良，2010)。

第四节 本章小结

对发展中国家产业升级研究的视角随着全球经济结构的演变而不断地演进，从全球商品链到全球价值链再到全球产业网络，产业升级的内涵也在不断地丰富和发展中。

在全球商品链的视角下，产业升级意味着企业或国家通过组织学习以提高其在国际贸易网络中的地位。全球商品链中各种各样领导厂商的紧密联系、来自于国外购买者的技术产品的转移和质量控制的专门诀窍使得发展中国家的制造商处在一个动态的学习曲线中，从而获得了产业升级的机会，并成功掌握了一条从 OEA—OEM—ODM—OBM 的升级路径。

全球价值链的分析框架使产业升级的研究重心转移至价值链不同环节价值的创造、分化及其俘获上，价值链的全球化使得设计、生产和营销等不同的环节更加协同，这对发展中国家产业升级的路径有着重要的意义。在全球价值链的架构下，不同的价值链环节有着不同的产品附加值。全球价值链的价值分配理论分析了价值链各环节中价值的产生过程及其分配。全球价值链条上的价值分布理论为企业乃至产业的升级指明了方向。全球价值链视野下的产业升级分为四个方面：工艺流程升级、产品升级、功能升级、部门间升级（或链条升级）。不同的升级方式下企业有不同的创新行为，不同的创新行为导致不同的绩效，更高的产业升级方式意味着更好的绩效表现。

全球产业网络的分析框架与前两者相比，在全球产业网络的框架下，发展中国家的升级问题从两个方面进行研究：经济升级和社会升级。全球产业网络路径将发展中国家的经济升级置于社会情景中进行分析，产业升级的四个层次对技术进步和体面劳动有着不同的含义。价值的创造是全球产业网络分析框架的核心，与价值创造相关的重要问题包括劳动力在什么条件下通过怎样的劳动过程转换成实际劳动（社会性）；产生不同形式租金的可能性（经济性）。前者关系到社会升级问题，而后者与经济升级相关联，表现在企业不同类型的经济租，如技术租、组织租、关系租、品牌租和额外租（贸易保护政策所带来的租金等）等租金的创造和获取上。社会升级意味着劳动者作为社会行为者的能力及权力的提升以及雇用质量的提高。全球产业网络下的经济升级和社会升级是相互作用相互影响的，经济升级促进社会升级，而社会升级对经济升级有反作用。

第五章　全球产业网络中的中国纺织服装产业

自20世纪初以来，全球纺织服装业发生了几次重大的产业转移，特别是70年代以来，随着经济全球化进程的不断深入，全球纺织经济贸易格局发生了翻天覆地的变化，纺织产业链的价值创造和分工体系出现了前所未有的垂直分离和重构，以跨国公司为主导的经济组织根据不同的要素禀赋在全球配置生产资源，形成以全球价值链为基础的全球产业网络。改革开放后的中国利用劳动密集的低成本优势，承接了大量生产制造环节，成为世界纺织服装的制造基地，极大地促进了中国纺织业的发展，推动了我国产业技术水平提高和产业结构的升级。进入21世纪后，伴随着中国的入世和全球范围内纺织贸易配额的取消，中国纺织业面临的全球纺织服装市场和竞争环境都发生了重大变化，给中国纺织业带来了发展机遇的同时也伴随着更大的风险和挑战。特别是近年来，人民币升值、劳动力成本不断上升等使得生产成本不断提高，2008年全球金融危机更使西方发达国家服装消费市场低迷，订单萎缩，企业利润空间不断下降，使得中国纺织服装企业面临着极大的生存危机。

第一节　动态的全球纺织服装产业网络

现代纺织业于18世纪诞生于英国，英国也成了19世纪世界纺织工业的中心。到目前为止，世界纺织服装产业发生了四次大的产业转移：第一次产业转移，19世纪末—20世纪初从英国转移到美国；第二次产业转移，20世纪50—60年代从美国转移到日本；第三次产业转移，20世纪70—80年代从日本向亚洲“四小龙”（韩国、新加坡、中国香港、中国台湾）转移；第四次产业转移，20世纪90年代从“四小龙”向中国大陆、马来西亚、泰国、菲律宾、印度尼西亚转移，90年代后期部分纺织服装产业向巴基斯坦、越南转移。世界纺织制造中心也随着产业的转移而转移，先后发生从英国—美国，美国—日本，日本—亚洲“四小龙"、德国和意大利，亚洲"四小龙"—中国的变化，不同的世界纺织制造中心有其不同的特点(表 5-1)。通过这四次世界纺织服装的转移，各国的纺织服装企业根据自身的优势和特点而嵌入全球纺织服装价值链的一个或几个环节，形成了以发达国家为主导的全球纺织服装产业网络(图 5-1)。

对服装商品链内部发生的生产及相关的贸易转移的最基本解释是领导厂商力图将服装商品链中劳动密集程度最高的环节即加工环节配置在劳动力工资水平最低的国家或地区来完成。不断变化的劳动力工资水平是促使服装商品链不断调整的重要原因(Gereffi,1999;刘德学等,2006)。世界各国不同时期的工资水平[①]如表 5-2、表 5-3 所示。

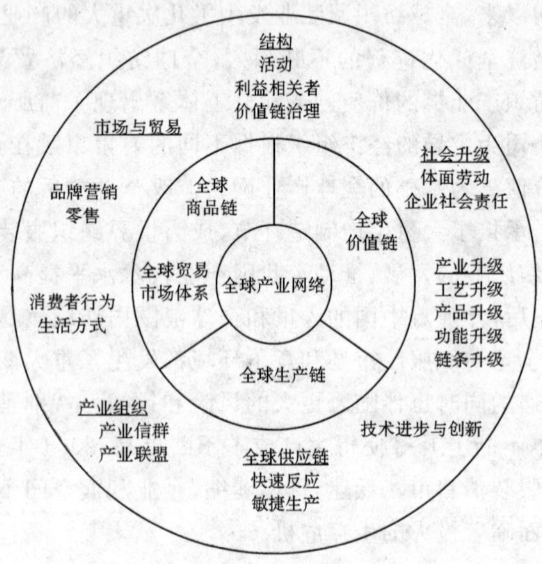

图 5-1 动态的纺织服装全球产业网络

① 从表 5-2 可以看出，韩国的工资增长率最大，这也在很大程度上促进了产业的升级。工资水平与产业升级之间的协调关系可以从亚洲四小龙的工业化进程得到佐证，东亚工业化发展模式经历了劳动密集型制造业由进口替代向出口扩张的转变和制造业由劳动密集型向技术密集型的转变过程。在其工业化进程中，产业结构的升级与工资水平的上升是相互对应的，以韩国为例，1965—1979 年，GNP 年平均经济增长率超过 8%；人均 GNP 由 105 美元增至 1647 美元；出口额由 5480 万美元增至 150.6 亿美元；产业结构也因此产生了较大变化，制造业所占国内生产总值的比重从 1965 年的 18%提高到了 29%，包括农业和矿业在内的第一产业所占比重从 40%下降到 20%。这一时期，工人工资收入有了较大幅度的提高，年平均增长率达到 24%。二战后亚洲四小龙等地的服装产业升级与居民对服装的需求迅速升级是密切相关的。随着人均收入的大幅度提高，这些国家和地区的消费者对服装的需求更加挑剔，越来越注重品牌、设计及舒适性，大大地促使服装企业不断改进技术与生产工艺，提高产品的附加值，从而提高在全球生产网络的地位，占据纺织服装价值链中附加值更高的环节。就目前国内来看，由于大量普通产业工人长期处于低收入水平，加上收入分配不均等程度的加深，使得中低档服装仍占据着主要的市场份额，这在短期内都不利于本土服装企业的升级(赵林飞、顾庆良,2010)。

表 5-1　全球纺织产业转移与世界纺织制造中心

时间	转移	世界纺织制造中心的特点	主要产区
19 世纪中期	英国	1830 年发生技术革命即产业革命，以蒸汽机的发明和广泛应用为标志，带来了纺织、机械制造的发展。19 世纪中期，英国棉纺织品的出口值占其总出口值的比重不断上升，1844—1846 年达到 71.4%	西约克夏郡、苏格兰
19 世纪末—20 世纪初	英国—美国	1900 年美国棉花消费量和生丝消费量均超过英国，1913 年在世界棉纺织总产量中，美国占了 27.5%，英国只占 18.5%。以棉织物与化纤织物为主	阿拉巴马州、南北卡罗来那州和弗吉尼亚
二战后—20 世纪 50、60 年代	美国—日本	20 年代初，纺织制造业产值占到工业总产值的一半，纺织品出口额 1925 年占总出口额的 63.7%，掌握大量的先进生产技术，产业创新能力增强	富川、石川、福井县，其中福井县素有“纤维王国”之称
1960—1970 和 1980	日本—亚洲“四小龙”	韩国和中国台湾均以化学纤维织物为主，中国香港服务型加工贸易发展迅速	韩国大邱、庆北；中国台湾高雄、台南、台北
同上（其他纺织制造中心）	德国	依托机械加工业和化学工业，纺织机械和染料工业具有较明显的优势，高档化纤产品为主，化学纤维织物占全部织物的 60%	巴登符腾堡州、巴伐利亚州和北莱茵—威斯特法伦州地区
同上（其他纺织制造中心）	意大利	凭着该国在欧洲地区劳动力低廉的优势以及先进的纺织品设计能力，以高附加值天然纤维制成品为主	伦巴第区、托斯卡纳区、威尼托区、皮埃蒙特区等占全国总数的 80%
1990—	中国	凭借廉价的劳动力和优势丰富的天然纤维原料及产业配套能力	浙江、江苏、上海、广东、福建、山东

资料来源：赵君丽(2009)。

表 5-2　1998—2000 年世界纺织工人工资比较(美元/时)

国家	中国	日本	美国	韩国	土耳其	印度	巴基斯坦	泰国
1998 年	0.62	20.70	12.97	3.63	2.48	0.60	0.40	1.09
2000 年	0.69	26.14	14.24	5.32	2.69	0.58	0.37	1.18
增长率%	11.29	26.28	8.92	46.56	8.47	−3.33	−7.5	8.26

资料来源：根据 Anson(2003)整理。

表 5-3 2002—2008 年世界纺织工人工资比较 (单元:美元/时)

序号	国家	2002 年工资(美元/时)	2007 年工资(美元/时)	2007 年与 2002 年比增长(%)	2008 年工资	2008 年与 2007 年比增长(%)
1	瑞士	24.18	33.67	39.2	40.75	21.0
2	比利时	23.83	31.65	32.8	36.39	15.0
3	日本	22.76	22.69	−0.3	30.81	35.8
4	德国	21.18	28.17	33.0	31.13	10.5
5	法国	15.93	21.61	35.7	30.39	40.6
6	意大利	15.60	20.05	28.5	22.31	11.3
7	美国	15.13	16.92	11.8	17.41	2.9
8	英国	13.93	23.42	68.1	17.70	−24.4
9	爱尔兰	12.59	18.01	43.1	23.85	32.4
10	西班牙	10.67	15.81	48.2	18.39	16.3
11	希腊	8.47	13.9	64.1	20.15	45.0
12	葡萄牙	5.36	7.15	33.4	9.45	32.2
13	波兰	2.90	4.62	59.3	4.81	4.1
14	捷克	2.36	4.90	107.6	7.65	56.0
15	土耳其	2.13	2.96	39.0	4.27	44.3
16	斯洛伐克	1.90	3.53	85.8	4.58	29.7
17	摩洛哥	1.89	2.62	38.6	2.89	10.3
18	突尼斯	1.77	2.01	13.6	2.13	6.0
19	保加利亚	1.01	1.55	53.5	1.85	19.4
20	中国沿海地区	0.69	0.85	23.2	1.88	121.2
21	印度	0.57	0.69	21.1	0.85	23.2
22	印度尼西亚	0.50	0.65	30.0	0.83	27.7
23	中国内陆地区	0.41	0.55	34.1	1.44	162.8
24	越南	0.28	0.46	64.3	0.57	23.9
25	巴基斯坦	0.34	0.42	23.5	0.56	33.3
26	孟加拉国	0.25	0.28	12	0.31	10.7

数据来源:Werner 国际咨询研究所。各国顺序按照 2002 年工资由高到低排列。

自20世纪90年代末以来，全球纺织产业网络发生重大变化，贸易格局也发生了重大的演变，新的出口国替代了传统的出口国，中国制造中心已经形成。美国、欧盟、日本是世界主要的服装进口国家和地区，也是我国纺织服装出口的三大主要市场，从它们进口贸易的区域结构变化情况可以分析全球纺织服装产业网络重构状况（图5-2—图5-4）。

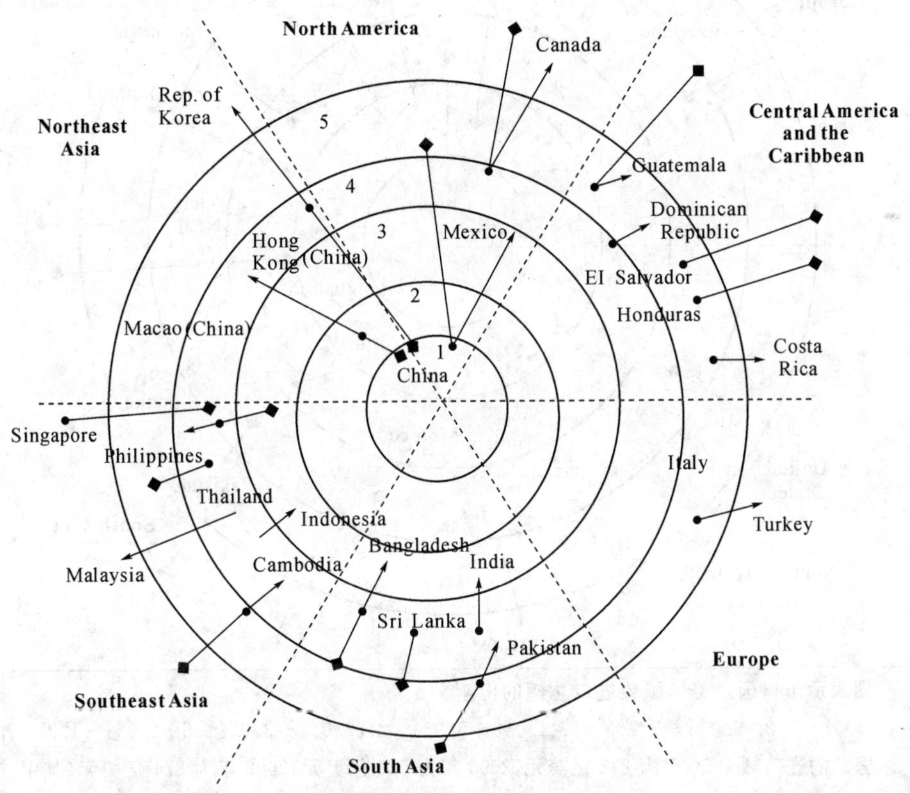

圆圈表示出口国占美国服装进口总额的份额
1. 10%＋　2. 6.0%～9.9%　3. 4.0%～5.9%　4. 2.0%～3.9%　5. 1.0%～1.9%
美国服装总的进口额1990年为250亿美元，2000年为644亿美元，2008年为763亿美元
图中1990—2000年变化趋势资料来源：Gereffi and Memodovic(2003).（图5-3—图5-4同）

◆表示1990年国家所处的位置　●表示2000年国家所处的位置
国家名字所处位置为2008年该国所处位置

图5-2　美国服装进口区域结构变化

资料来源：东华大学纺织服装经济管理研究中心《中国纺织产业转移与产业升级研究》，2010年4月，图5-3—图5-1同。

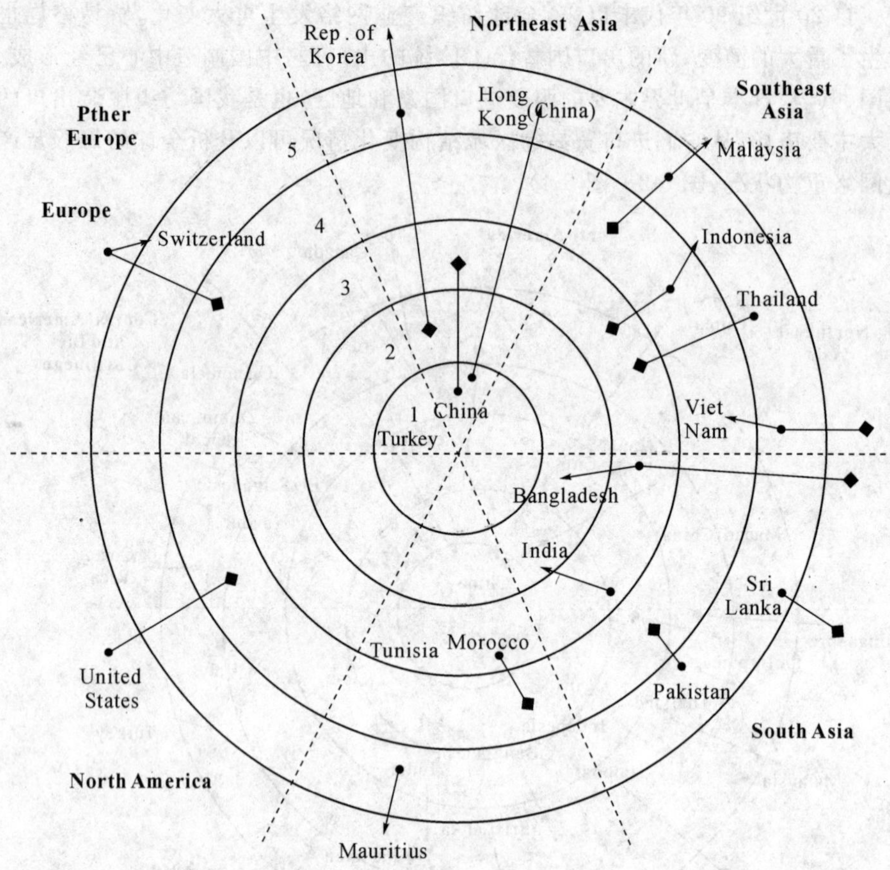

圆圈表示出口国占美国服装进口总额的份额

1. 10％＋　2. 6.0％～9.9％　3. 4.0％～5.9％　4. 2.0％～3.9％　5. 1.0％～1.9％

欧盟总的进口额 1990 年为 246 亿美元，2000 年为 536 亿美元，2008 年为 874 亿美元（其中 2008 年欧盟为 27 个国家）

◆表示 1990 年国家所处的位置　●表示 2000 年国家所处的位置

国家名字所处位置为 2008 年该国所处位置

图 5-3　欧盟服装进口区域结构变化

1990 年到 2008 年美国的服装进口量不断上升，从 250 亿美元(1990)到 644 亿美元(2000)到 763 亿美元(2008)，图 5-2 揭示了美国服装进口区域结构的变化。最里圈的国家是 2008 年对美国的出口量占美国进口总量的 10％以上的国家，最外圈的国家仅占 1.0％～1.9％，服装出口商对美国的相对重要性从里圈到外圈逐渐降低。从中可以看出，美国服装进口区域发生了以下几方面的变化：(1)东北亚新兴的工业国家或地区地位逐渐下降，韩国从最内圈(1990 年占美国进口总量的

10%以上)移动到最外圈(2008 年占美国进口总量的 0.7%),香港也从最内圈(1990 年占美国进口总量的 10%以上)移动到第 4 圈(2008 年占美国进口总量的 2.1%)。东南亚和南亚地区的国家(1990—2008)大多都向内环方向缓慢移动,尽管幅度不大,但综合变化使美国的服装进口量增长;(2)北美、中美、拉美以及欧洲地区的国家地位基本保持不变或下降;(3)2008 年处于内两环的仅中国一个国家,而中国香港和墨西哥(2000 年和中国同处于最内两圈)都减少了对美国的出口,外移两个圈,中国成为美国最大最重要的服装出口国。

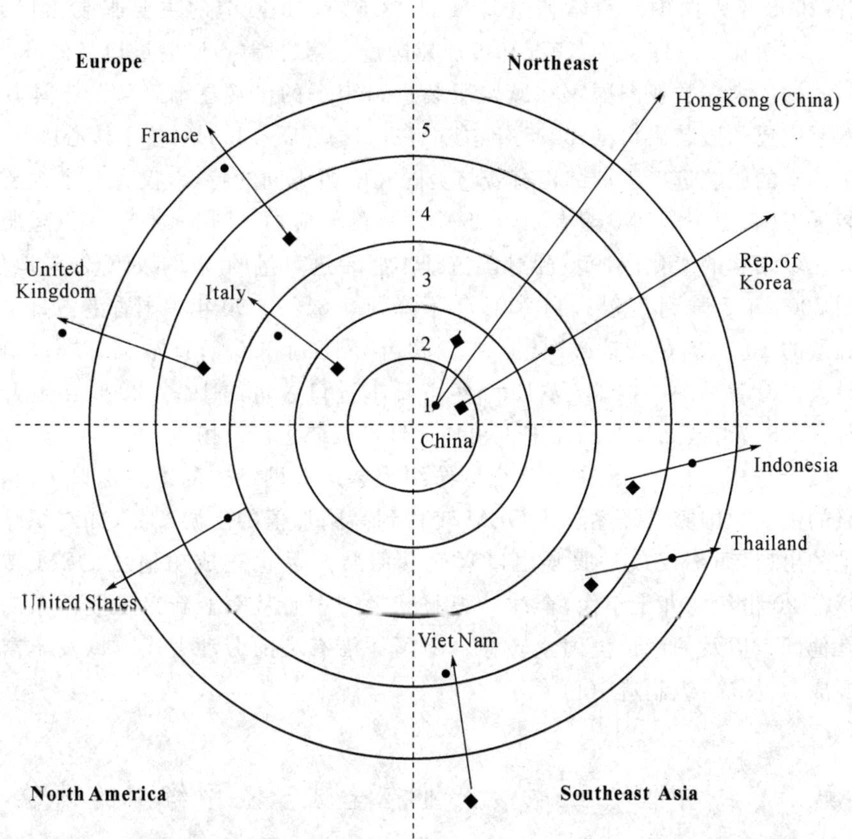

圆圈表示出口国占日本服装进口总额的份额
1. 25%＋　2. 10.0%～24.9%　3. 4.0%～9.9%　4. 2.0%～3.9%　5. 1.0%～1.9%
日本服装总的进口额 1990 年为 86 亿美元,2000 年为 196 亿美元,2008 年为 242 亿美元

◆表示 1990 年国家所处的位置　●表示 2000 年国家所处的位置
国家名字所处位置为 2008 年该国所处位置

图 5-4　日本服装进口区域结构变化

欧盟国家普遍采用外包加工贸易的做法，出口面料到第三国家做进一步加工处理，然后重新进口，在本国完成最终的服装生产。在20世纪90年代，欧盟的服装进口区域模式与美国十分相似，亚洲地区处于核心地位。欧盟1990年总的进口量是246亿美元，2000年的进口量为536亿美元，2008年的进口量为874亿美元（2008年欧盟包括27个国家）。图5-3揭示了欧盟服装进口区域结构的变化。2000年在亚洲供应商中，中国内地和香港占中心地位，处于最内圈，到2008年香港占欧盟服装进口市场的份额下降到1.4%，中国内地仍处于核心位置（2008年中国内地占欧盟进口量的42.5%），是欧盟的主要服装出口国。东南亚和南亚2008年仅有印度和孟加拉国进入第二圈（占欧盟进口量的6.0%～9.9%）。大多数亚洲国家在欧盟服装进口市场的份额逐渐降低。土耳其也是欧盟主要的服装出口国，2008年占欧盟进口总量的13.3%，位于核心圈。

日本的服装进口区域结构有着与美国和欧盟不同的特点，仅有9个主要的服装进口国，而美国和欧盟有20～25个主要的供应国。图5-4揭示了欧盟服装进口区域结构的变化。1990年韩国占日本服装进口量的29%，处于领先地位，但到2000年下降到5.7%，到2008年下降到0.8%；2000年中国香港占日本进口总量的10.4%，位于核心圈，但到2008年下降到0.1%；日本服装进口市场的最大占有者是中国内地，从1990年占日本进口总量的19%，2000年上升到64%，2008年增至84.2%，几乎占领整个日本服装进口市场①。

以上分析可以看出，东亚是全球纺织服装产业网络中的主要出口区，东亚新兴的工业化国家已经逐渐从OEM转移到高附加值的上游产品（如纺织品和纤维的出口，而不仅仅是服装出口），而其服装产品也正成功地从OEM转向OBM。20世纪八九十年代，全球纺织服装生产中心从东亚新兴工业国家向亚洲其他国家以及一些拉美国家转移。中国凭借有利的劳动力成本以及丰富的资源成为世界纺织制造中心。

第二节　中国纺织服装产业在全球产业网络中的地位

一、中国纺织服装产业的竞争力

美国国际贸易委员会（US International Trade Commission，ITC）3671号公告关于“美国纺织品服装市场主要供应方竞争力的评估”中，认为中国可能成

① 然而日本的高端纤维和高档面料主要出口到中国（Mera，2007）。

为大多数进口商的“首选供应商”，因为其“生产能力强，价格有竞争优势，能生产任何品质、任何类型的纺织和服装产品”。该组织的报告显示中国纺织服装业的竞争优势表现为：低成本，较好的品质，技术工人的可获得性；丰富的产品选择，完整的产业部类；较短的交货期；稳定的经济与政治局势等（USITC，2004）。

图 5-5 为 1999—2007 年中国纺织服装出口贸易模式的变化，反映了中国纺织服装产业层级水平的变化。从中可以看出，从 1999 年到 2007 年一般贸易所占比重逐年增加，进料加工和来料加工所占比例逐年减少，到 2007 年一般贸易已经占贸易总量的 72.53%，反映了我国纺织服装出口贸易增长方式的转变，也反映了我国纺织服装行业出口产品结构的优化和附加值的提升。一般来说，一般贸易对中国纺织服装业发展的贡献要大于加工贸易的贡献，因为一般贸易能够带来更多的企业利润，并且从长远来看能够更好地带动纺织服装产业的发展，更高级的一般贸易还包括原创设计的产品甚至相关服务；而加工贸易所使用的中间品中有相当的部分尤其是核心部分是依靠进口提供的，仅仅是一个代工的过程，因此在带动中国纺织服装产业发展的功能上非常有限。加工贸易只能解决当前严重的就业压力，带给中国少量的加工费和组装费等，使中国纺织服装企业获得少量利润。从全球价值链角度看，中国纺织服装业从改革开放初以 OEA 方式参与全球加工贸易到现在的 OEM 出口，在全球价值链的地位几乎没有什么实质性的改变。

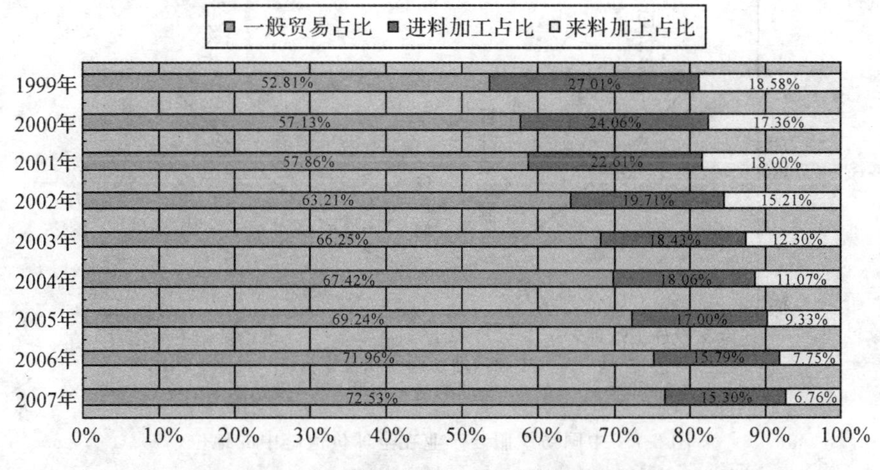

图 5-5　中国纺织服装出口贸易模式的变化

资料来源：根据中国纺织工业年报数据编制。

中国拥有目前世界上最完整的纺织服装产业链，从纤维生产、纺纱、织造、染整到服装缝制，包括纺机及服装辅料配件的生产，但弱于设计研发、服务贸易、品牌营销和零售（图 5-6—图 5-7）。在全球商品链中，中国强于生产却弱于流通，强于产品弱于品牌，强于单品加工弱于系列设计和商品策划，缺乏主导权和价格权。在全球价值链中，中国只获得很小部分加工附加值，而服装及终端产品十分之九的附加值被设计师品牌、零售商和服装品牌拥有者占有。在全球生产网络中，中国是最大的原料、设备和中间产品的进口国，如棉花、羊毛、纺机、染化料，中国还是潜在的终端产品的大市场。中国的服装消费需求，不仅拉动了中国纺织产业链，还是世界纺织经济的发动机。

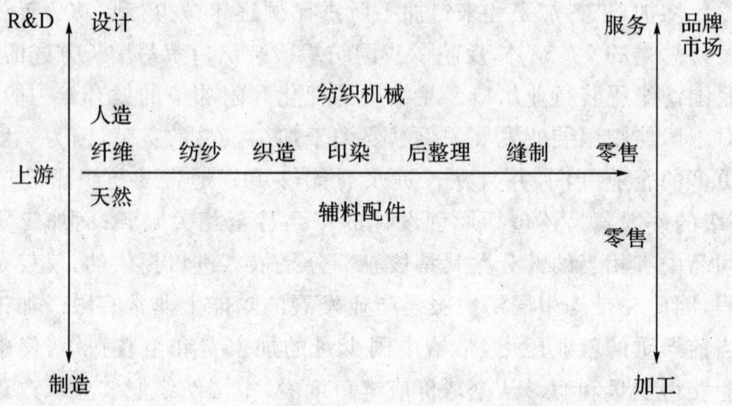

图 5-6　中国纺织服装产业链

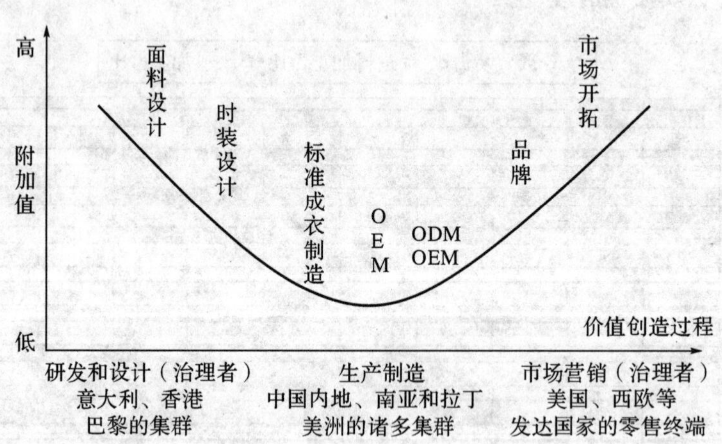

图 5-7　中国纺织服装产业在全球价值链中的地位

资料来源：刘芹，陈继祥(2006)。

二、中国是 GPN 中最大的生产国

中国的纺织服装业是一个门类齐全的工业部门，包括化纤业等原料型产业，棉纺织、毛纺织、丝织、麻纺织、印染等半成品产业，针织、产业用纺织品、家

用纺织品、服装等成品产业，纺织机械制造业等十一个产业，并且已经形成了从棉花、羊毛、蚕茧、麻类、化纤等原料开始，经纺纱、织布、印染，直至工业用纺织品、家用纺织品和服装产品的一个完整的产品加工链。纺织服装业加工链中的主要产品（如化纤、棉纱、棉布、丝绸、呢绒等）的产量均居世界首位。服装产品生产配套的各种原辅料和服装生产设备在国内均有生产。当前我国纺织服装业已建成了世界上产业链最完整、产品种类齐全、生产能力最大的生产体系。

表 5-4 显示了中国纺织服装 1978—2007 年改革开放 30 年来化学纤维、棉纺锭、纱、布以及服装等五个产业的生产能力变化。化学纤维产量从 1978 年的 38 万吨增长到 2007 年的 3042 万吨，增长了约 80 倍，尤其是 2000—2007，七年间化纤能力增长了近 60 倍；服装产量从 1978 年的 10 亿件增长到 2007 年的 512 亿件，增加了 51 倍；棉纺锭、纱、布的产量都有不同比例的增加，分别为相对于 1978 年产量的 6.48 倍、8.69 倍、6.14 倍。总的来说，1978—2007 年中国纺织服装产量保持稳定的增长状态，特别是入世之后，产量增加更加迅猛。在全球纺织服装产业网络中，中国的产量日趋上升，生产能力逐渐增强，稳定了其在全球产业网络中生产大国的地位。

表 5-4　中国纺织服装产量(1978—2007)

年　份	1978	1980	1985	1990	1995	2000	2005	2007
化学纤维生产能力（万吨）	38	52	104	202	409	773	2138	3042
相当于 1978 年倍数	1	1.37	2.74	5.32	10.76	20.29	56.26	80.05
棉纺锭（万锭）	1562	1780	2324	3882	4191	3443	7747	10119
相当于 1978 年倍数	1	1.14	1.49	2.49	2.68	2.2	4.96	6.48
纱（万吨）	238	293	353	463	542	660	1451	2068
相当于 1978 年倍数	1	1.23	1.48	1.95	2.28	2.77	6.1	8.69
布（亿米）	110	135	147	189	260	277	484	675
相当于 1978 年倍数	1	1.23	1.34	1.72	2.36	2.52	4.4	6.14
服装（亿件）	10	12	16	32	127	209	465	512
相当于 1978 年倍数	1	1.2	1.6	3.2	12.7	20.9	46.5	51.2

数据来源：根据中国纺织工业协会统计数据整理。

三、中国是 GPN 中最大的出口国

随着中国改革开放、加入 WTO、纺织品贸易配额的取消，中国纺织服装逐步融入国际贸易体系，出口规模、增长速度和国际市场份额逐步提升，尤其是 2001 年中国加入世界贸易组织和 2005 年多纤维协定（MFA）的取消，中国开始享受贸易自由化利益，受压制的纺织服装产能一度大幅释放，出口出现“井喷”。1991 年我国纺织服装的总出口量仅为 201.5 亿美元，2005 年增长到 1175.4 亿

美元,2008 年进一步增长,出口额达到 1852.2 亿美元,相当于 1991 年出口额的 9 倍,稳居世界第一(图 5-8)。

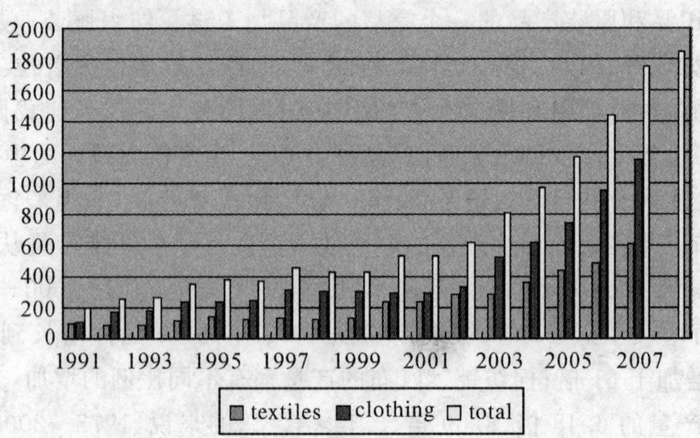

图 5-8 1991—2008 年中国纺织服装出口(出口额:亿美元)

资料来源:根据中国纺织工业发展报告数据编制。

自 2001 年中国加入 WTO 后,中国纺织服装的出口量呈现持续增长趋势,并且连续六年增幅都达到 20%。然而受原材料价格波动、人民币升值、贸易摩擦不断、出口退税率下调等因素的影响,近两年中国纺织服装出口的增速下降。2008 年,由美国次贷危机引发的全球金融危机,使中国纺织服装业遭受沉重的打击,主要进口国需求下降,同时由于外汇风险的加剧,使中国的纺织服装加工企业订单量锐减。由历年出口情况统计可以看出,2008 年中国纺织服装出口额(1852.2 亿美元)相对于 2007 年出口额(1756.2 亿美元),增幅仅为 5.5%,远低于往年约 20%的增幅。

世界主要纺织品(SITC 65)和服装(SITC 84)主要出口国出口规模的变化如图 5-9、图 5-10 所示。从图中可以看出,中国的服装和纺织品出口量分别自 20 世纪 90 年代初期和末期开始,从主要出口国出口额行列中脱颖而出,并与这些国家的差距逐渐拉大。世界主要的纺织品出口国占全球的 52%。印度、意大利、美国、德国、韩国出口规模在 1990—2008 年间仅有小幅度的变动,中国的出口额在 2001 年之前基本和其他主要出口国持平,在 2001 年之后每年大幅度不断增加。同样,世界主要服装出口国意大利、德国、土耳其、印度、法国从 1980—2008 年出口额保持缓慢的小幅度增长,中国服装出口额从 1991 年开始高于其他主要出口国,并且增速迅猛。

作为世界上最大纺织服装出口国,中国纺织服装的生产能力毋庸置疑,然而中国大多数纺织服装企业都是加工企业,没有自主品牌,产品附加值低,利润空间小。

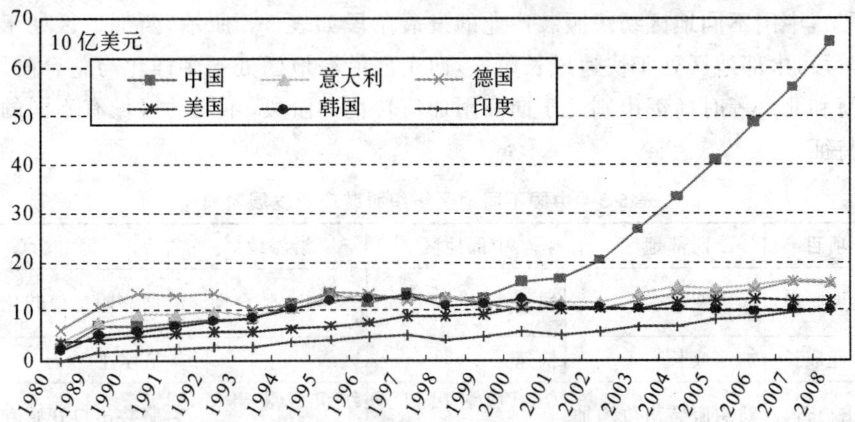

图 5-9　世界主要纺织品(SITC 65)出口国出口规模的变化(1980—2008)

资料来源:根据联合国 Comtrade 数据库整理。

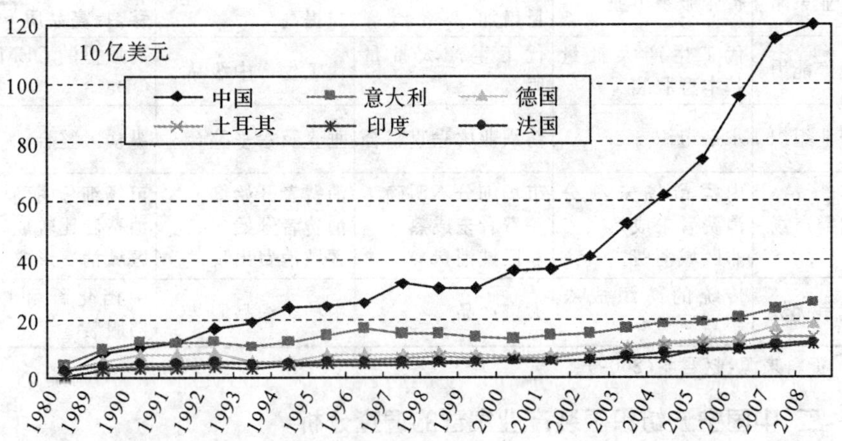

图 5-10　世界主要服装(SITC 84)出口国出口规模的变化(1980—2008)

资料来源:根据联合国 Comtrade 数据库整理。

第三节　中国纺织服装业发展现状

一、中国纺织服装业的发展阶段

根据 Kilduff(2005)提出的世界纺织服装业发展的五阶段(维生阶段、起飞与快速增长阶段、多样化与整合阶段、向高附加值转化阶段和创意与虚拟整合阶段)，中国不同地区纺织服装产业的发展阶段如表5-5所示，西部地区处于起飞阶段，中部地区处于快速成长阶段，而东部沿海地区处于多样化与整合阶段，上海和北京等时尚都市则处于向高附加值转化的阶段，不同的区域有不同的发展特征。

表5-5 中国不同地区纺织服装产业发展阶段

项目	西部地区	中部地区	沿海地区	上海、北京
发展阶段	起飞期	快速成长期	多样化/整合期	向高附加值转化期
产业成长	加速成长	快速	减缓	低水平
出口量	纺织服装出口增加	纺织服装出口开始成长	纺织服装出口达到最高峰	服装出口开始衰退
进口量	(成品布)进口增加	化纤进口快速增加	高档面料进口增加	服装进口增加
产业策略	扩张服装工业	向后合并产品项目增加	向后整合产品品质提高	低端环节向外转移，提高品质
生产能力	代工生产大批量基本型服装	代工生产大批量服装	代工生产中级品	高质量的 OEM ODM
产业组织	水平组织	纺织业中垂直整合	垂直及水平整合	纵横大整合
内需市场	内需市场未细分 消费者未成熟 非区域消费	市场细分不明确 消费者未成熟 非区域消费	消费者开始细分 消费者开始成熟 区域消费出现	市场细分明确 消费者比较成熟 区域消费形成
竞争优势	传统的纺织成衣产品	大宗产品	中档纺织品服装	中档化纤和中高档服装

资料来源：赵君丽(2009)。

二、中国宁波纺织服装产业集群的调查分析

宁波纺织服装产业集群作为中国最大的纺织服装产业集群之一，在中国纺织服装业占据着重要的地位，对该地区纺织服装企业的调查能集中反映中国纺织服装业发展的现状。为了实现对纺织服装业的跟踪调查，课题组分别于2005年11～12月和2008年3～4月进行了两次问卷调查(调查问卷见附录Ⅰ和Ⅱ)。第一次调查共发放了150份问卷，回收了有效问卷130份；第二次调查共发放了100份问卷，回收了有效问卷93份。本小节结合调研数据，运用CSCP(Context-Structure-Conduct-Performance)的框架进行分析，探讨全球产业网络情景下的中国纺织服装产业的结构、行为以及绩效。

(一)全球产业网络情景

1. 企业经营模式

表 5-6　被调查企业经营模式

企业经营模式	2005 年		2008 年	
	N	%	N	%
加　工	93	71.5	79	84.9
自有品牌(有制造能力)	30	23.1	36	38.7
自有品牌(虚拟品牌)	5	3.8	4	4.3
品牌特许经营	2	1.5	12	12.9

注:2005 年为单选题,2008 年为多选题。

从表 5-6 可以看出,2005 年,被调查企业中从事加工的企业有 93 家,占总被调查企业的 71.5%,加工是被调查企业主要的经营模式,其次是自有品牌并且拥有制造能力的企业有 30 家,占 23.1%,只有 3.8%和 1.5%的企业拥有自主品牌(虚拟品牌但无制造能力)和从事特许经营。2008 年,加工类的企业比例更高,为 84.9%,其次是自有品牌并且拥有制造能力的企业占 38.7%,两次调查对比可以看到,有更多的企业已投入到了品牌经营,向价值链高端发展。但不可否认的是,大多数企业以加工为主,在全球产业网络中处于较低的地位。

2. 企业产品出口比重和出口地区

表 5-7　被调查企业产品出口比重

产品出口比重	2005 年		2008 年	
	N	%	N	%
小于 25%	17	15.5	4	4.3
26%～50%	13	11.8	9	9.8
51%～75%	10	9.1	6	6.5
76%～89%	8	7.3	11	12.0
90%以上	62	56.4	62	67.4
合　计	110	100.0	92	100.0

从表 5-7 可以看出,2005 年,56.4%的被调查企业产品出口比重达到 90%以上(其中 41 家企业产品全部出口),15.5%的企业出口比重低于 25%,只有 8 家企业没有出口产品。2008 年,67.4%的被调查企业产品出口比重达到 90%以上(其中 50 家企业产品全部出口)。2008 年的被调查企业产品比 2005 年产品出口的比例更高。

表 5-8 被调查企业主要出口国/地区

出口国/地区	2005 年		2008 年	
	N	%*	N	%*
美　国	70	53.8	60	66.7
日　本	70	53.8	44	48.9
欧　盟	76	58.5	78	86.7
南　美	17	13.1	15	16.7
东南亚	24	18.5	17	18.9
中　东	26	20	17	18.9
其　他**	16	12.3	8	8.9

注：* 为多选题；** 主要为新西兰、澳大利亚、南非、韩国、中国香港。

从表 5-8 可以看出，2005 年，排名前三名的出口国家/地区分别为：欧盟(58.5%)、美国(53.8%)、日本(53.8%)。2008 年，排名前三名的出口国家/地区分别为：欧盟(86.7%)、美国(66.7%)、日本(48.9%)，其中 2008 年欧盟和美国的出口比重比 2005 年有较大增长。发达国家的采购商处于全球产业网络的领导地位。

3. 采购商的侃价能力

表 5-9 采购商的侃价能力

采购商的侃价能力	2005 年		2008 年	
	N	%	N	%
很　强	46	36.2	31	33.3
较　强	60	47.2	38	40.9
一　般	20	15.8	24	25.8
较　弱	1	0.8	0	0.0
很　弱	0	0.0	0	0.0
合　计	127	100.0	93	100.0

从表 5-9 可以看出，2005 年，83.4%的被调查企业表示采购商的议价能力很强或较强，15.8%的企业表示采购商的议价能力一般，仅有 1 家企业(0.8%)认为采购商议价能力较弱。2008 年，74.2%的被调查企业表示采购商的议价能力很强或较强，25.8%的企业表示采购商的议价能力一般，没有企业认为采购商议价能力较弱。从总体上看，客户的侃价能力在转弱，说明本地供应商的话语权在提升。

4. 交货期限

表 5-10　交货的时间要求

订单中要求的时间期限	2005 年		2008 年	
	N	%	N	%
很　紧	36	28.1	21	22.6
较　紧	74	57.8	46	49.5
一　般	18	14.1	22	23.7
较宽松	0	0.0	4	4.3
宽　松	0	0.0	0	0.0
合　计	128	100.0	93	100.0

从表 5-10 可以看出，2005 年，85.9%的被调查企业表示订单中要求的时间期限很紧或者较紧，14.1%的企业表示一般，没有企业认为时间要求较宽松或者宽松，说明大部分采购商订单要求的时间期限是比较紧的。2008 年，72.1%的被调查企业表示订单中要求的时间期限很紧或者较紧，23.7%的企业表示一般，有 4 家企业认为时间要求较宽松。两次调查结果都表现出大部分企业订单中要求的时间期限比较紧。但总体上来说，订单要求的时间期限出现了宽松的趋势，说明中国服装企业在产业网络中的地位有了提升。

5. 客户关系稳定性

表 5-11　与采购商合作关系的稳定性

合作关系的稳定性	2005 年		2008 年	
	N	%	N	%
很稳定	23	17.8	8	8.7
比较稳定	84	65.1	61	66.2
一　般	20	15.5	19	20.7
不稳定	2	1.6	2	2.2
很不稳定	0	0.0	2	2.2
合　计	129	100.0	92	100.0

从表 5-11 可以看出，2005 年，82.9%的被调查企业表示与采购商的合作关系很稳定或比较稳定，15.5%的企业表示合作关系一般，只有 1.6%的企业表示其合作关系不稳定。2008 年，74.9%的被调查企业表示与采购商的合作关系很稳定或比较稳定，20.7%的企业表示合作关系一般，有 4.4%的企业表示其合作关系不稳定。从总体上看，供应商与采购商之间的合作关系较为稳定，但似乎客户关系的稳定性在下降。

6.采购商的压力

表 5-12　采购商要求产品符合社会责任标准的订单比例

订单比例	2005 年		2008 年	
	N	%	N	%
0	38	34.5	20	22.0
约 25%	37	33.6	48	52.7
约 50%	19	17.3	9	9.9
约 75%	8	7.3	12	13.2
100%	8	7.3	2	2.2
合　计	110	100.0	91	100.0

从表 5-12 可以看出，与 2005 年相比，采购商要求产品符合社会责任标准的订单比例在上升，说明本地供应商承受的来自采购商的企业社会责任压力越来越大。

7.采购商的支持

表 5-13　采购商的支持(2008 年)*

采购商在涉及 CSR 认证时的行为	肯定的样本数	%
采购商对公司执行 CSR 给予补贴	17	18.3
采购商对 CSR 认证给予咨询支持	48	51.6
采购商在订单过程中是否给予交货期宽限	52	55.9
该采购商的订货价格是否优于其他客户	37	40.2
采购商对贵公司的生产过程是否关注	77	83.7
相对其他客户，该采购商是否保持较长期的合作关系	77	83.7

注：2005 年调查未涉及该项数据。

从表 5-13 可以看出，18.3%的企业认为采购商对公司执行 CSR 给予补贴，51.6%的企业认为采购商对 CSR 认证给予咨询支持，55.9%的企业认为采购商在订单过程中给予交货期宽限，40.2%的企业认为采购商的订货价格优于其他客户，83.7%的企业认为采购商对公司的生产过程予以关注，83.7%的企业认为该采购商与公司保持较长期合作关系。大部分有社会责任要求的采购商关注生产商的生产过程，能保持较长期的合作关系，并且给予咨询支持和交货期宽限，并给予一定的价格优惠和补贴。

从以上分析可以看出，中国纺织服装企业在全球产业网络处于较低的地位，主要占据着生产和加工环节，与客户的侃价能力较弱，话语权较低。从总体上来看，中国纺织服装企业在全球产业网络中的地位有所提升，客户关系相对较为稳定。本地供应商承担着来自发达国家的采购商的企业社会责任压力，同时能得到部分的支持。

(二)结构

1. 企业经营产品

表 5-14　被调查企业主要产品

企业主要产品	2005年*		2008年*	
	N	%	N	%
针织服装	87	66.9	57	61.3
梭织服装			51	54.8
饰配件	0	0	4	4.3
面辅料	24	18.5	2	2.2
化　纤	3	2.3	2	2.2
纺　纱	12	9.2	3	3.2
染　整	14	10.8	4	4.3
其　他	18	13.8	3	3.2

注:* 为多选题。

从表 5-14 可以看出,2005 年,在被调查企业中,主要产品为服装的企业 87 家,占被调查企业总数的 66.9%。以化纤为主 3 家,占被调查企业总数的 2.3%。纺纱企业 12 家,占被调查企业总数的 9.2%。面辅料企业 24 家,占被调查企业总数的 18.5%。染整企业 14 家,占被调查企业总数的 10.8%。其他类型的企业有 18 家,占被调查企业总数的 13.8%,如家纺、床上用品、制线、装饰布、皮衣等行业。2008 年,被调查企业的主要产品以针织和梭织服装为主,分别占到了 61.3%和 54.8%。两次被调查企业均以服装企业为主。

2. 企业成立时间

表 5-15　被调查企业成立时间

企业成立时间	2005年		2008年	
	N	%	N	%
2004 年以后	3	2.3	17	18.3
2002～2004	31	24.2	19	20.4
1980～2001	88	68.8	55	59.1
1980 年以前	6	4.7	2	2.2
合　计	128	100.0	93	100.0

从表 5-15 可以看出,绝大多数被调查企业在中国改革开放后成立,中国的入世(2001)和 MFA 的取消极大地促进了中国纺织服装业的发展。根据 2008 年调查显示,近 40%的被调查企业在 2002 年后成立。

3. 企业注册资本

表 5-16 被调查企业注册资本

注册资本(万元)	2005 年		2008 年	
	N	%	N	%
1～499	68	53.9	57	61.3
500～999	10	7.9	18	19.4
1000～9999	43	34.1	18	19.4
10000 以上	5	4.0	0	0.0
合　计	126	100.0	93	100.0

从表 5-16 可以看出,宁波纺织服装企业的注册资本在 500 万元以下占了一半以上,说明被调查样本以中小企业为主,也反映了中国纺织服装企业的实际情况。

4. 企业职工数

表 5-17 被调查企业职工数

职工数(人)	2005 年		2008 年	
	N	%	N	%
1～499	78	65.0	73	78.5
500～999	19	16.0	6	6.5
1000～1999	9	7.5	8	8.7
2000 以上	13	10.9	6	6.5
合　计	119	100.0	93	100.0

从表 5-17 可以看出,大多数被调查企业职工数在 500 人以下,与企业注册资金的规模相符。2008 年被调查企业近 80% 的企业职工数在 500 人以下,2000 人以上的企业不足 10%。

5. 企业性质

表 5-18 被调查企业的性质

企业性质	2005 年		2008 年	
	N	%	N	%
民　营	76	58.5	67	72.0
三　资	33	25.4	13	14.0
国　有	0	0	0	0.0
上市公司	6	4.6	0	0.0
其他	15	11.5	13	14.0
合　计	128	100.0	93	100.0

从表5-18可以看出，2005年，被调查企业主要为民营和三资企业，占总被调查企业的83.9%，其中，三资企业占25.4%，民营企业占58.5%，选择“其他”类型的企业包括股份制、有限责任公司、上市公司下属企业等。2008年，被调查企业主要是民营企业，占了72.0%，三资企业占14.0%，样本中没有国有和上市公司。两次被调查企业的主体均为民营企业。

6. 更新设备时间与进口设备比例

表5-19　最近一次更新设备的时间(2008年)*

最近一次更新设备的时间	N	%
10年之前	2	2.2
5年之前	5	5.5
3年之前	11	12.1
近1～2年	58	63.7
近期准备更新	15	16.5
合　计	91	100.0

注：2005年调查未涉及该项数据，下表同。

从表5-19可以看出，被调查企业最近一次更新设备在近1～2年的占了63.7%，近期准备更新的占了16.5%，3年之前的占了12.1%。总体来说，被调查企业近期内都有设备更新。服装企业对先进技术和装备方面普遍重视，且对企业提高产能效率与品质作用明显，反映流程升级的特征，说明大多数企业还处于产业升级的低级阶段。

表5-20　生产设备中进口设备的比例(2008年)

进口设备比例	N	%
小于25%	41	46.6
26%～50%	22	25.0
51%～75%	8	9.1
76%～89%	8	9.1
90%以上	9	10.2
合计	88	100.0

从表5-20可以看出，被调查企业中进口设备比例小于25%的占46.6%，26%～50%的占25.0%，51%～75%和76%～89%的均占9.1%，90%以上的占10.2%。大部分企业已引进了先进的进口设备。国产先进缝制设备得到普遍应用。

7. 管理体系认证

表 5-21 公司通过的管理体系的认证(2008 年)

认证体系名称	N	%
ISO9000	53	58.2
ISO14000	23	25.3
OHSAS18000	2	2.2
SA8000	1	1.1
CSC9000T	3	3.3
COC	24	26.4
其　他	5	5.5
无	30	33.0

从表 5-21 可以看出，58.2%的被调查企业通过 ISO9000 认证，26.4%的被调查企业通过 COC 认证，25.3%的企业通过 ISO14000 认证，2.2%的被调查企业通过 OHSAS18000 认证，1.1%的被调查企业通过 SA8000 认证，3.3%的被调查企业通过 CSC9000T 认证，33.0%的被调查企业没有通过任何体系认证。

从以上分析可以看出，中国纺织服装企业以中小民营企业为主，绝大多数在改革开放后成立，中国的入世(2001)和 MFA 的取消极大地促进了中国纺织服装业的发展。企业比较注重技术设备的更新和质量管理以及社会标准的认证。

(三)行为

1. 研发方式与经营战略

表 5-22 研发方式(2008 年)

研发方式	N	%*
自主开发	42	42.0
与大专院校及研究机构合作	12	13.6
与客户或供应商合作	66	71.6
专业研发公司/机构	7	6.8

注：* 为多选题，下同。

从表 5-22 可以看出，被调查企业的研发方式中，自主开发的占了 42.0%，与大专院校及研究机构合作的占了 13.6%，与客户或供应商合作的占了 71.6%，专业研发公司/机构的占了 6.8%。与客户或供应商合作研发为主要的研发方式，这也与被调查企业以加工为主的经营模式相一致。

表 5-23　研发目标(2008 年)

研发目标	N	%
产品差别化	32	34.4
降低成本	56	60.2
扩大产能规模	36	38.7
改善工作条件/劳动生产率	42	45.2
提高质量/档次	65	69.9
环保与清洁生产	27	29.0

从表 5-23 可以看出，被调查企业的研发目标中，提高质量档次的占了 69.9%，降低成本的占了 60.2%，改善工作条件的占了 45.2%，扩大产能规模的占了 38.7%，产品差别化的占了 34.4%，环保与清洁生产的占了 29.0%。研发目标主要集中于降低成本和提高质量/档次；也有相当多的企业致力于差异化、环保等方面的创新。

表 5-24　未来的经营战略(2008 年)

未来的经营战略	N	%
专精于某一产品/服务	28	30.1
扩大生产规模，获得规模效益	48	51.6
纵向一体化(从原材料生产到成品生产)	8	8.6
多元化经营	29	31.2
寻找或开拓新的领域	41	44.1

从表 5-24 可以看出，被调查企业未来的经营战略中，扩大生产规模获得规模效益的占了 51.6%，寻找或开拓新的领域占了 44.1%，多元化经营的占了 31.2%，专精于某一产品/服务的占了 30.1%，纵向一体化的占了 8.6%。

2. 企业战略的重要性与实施效果

图 5-11—图 5-12 分别表示了 2005 年和 2008 年被调查企业对企业战略重要性的认识及其执行效果。从战略的重要性看，2005 年的统计结果表明，企业认为全面质量管理、成本领先和企业制度/机制改革的战略最为重要，企业社会责任战略、品牌建设、环境保护/清洁生产是最不重要的。2008 年的统计结果表明，企业认为质量管理和客户关系管理的战略重要性最高，企业文化、环境保护和清洁生产是最不重要的。

从战略执行效果看，2005 年执行效果最好的是“全面质量管理”和“成本领先”战略，“品牌建设”战略和“社会责任”的执行效果最差。而 2008 年执行效果最好的是质量管理和先进技术设备战略，企业文化和研发创新的执行效果最

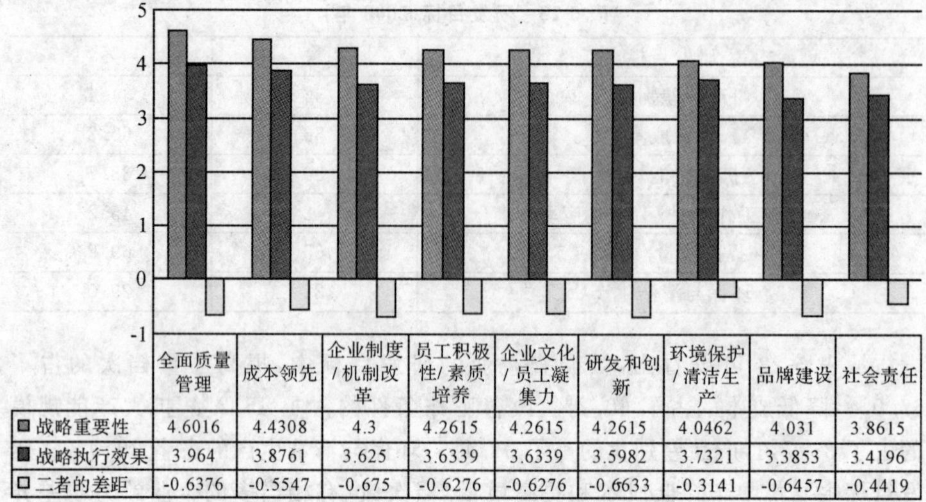

	全面质量管理	成本领先	企业制度/机制改革	员工积极性/素质培养	企业文化/员工凝集力	研发和创新	环境保护/清洁生产	品牌建设	社会责任
战略重要性	4.6016	4.4308	4.3	4.2615	4.2615	4.2615	4.0462	4.031	3.8615
战略执行效果	3.964	3.8761	3.625	3.6339	3.6339	3.5982	3.7321	3.3853	3.4196
二者的差距	-0.6376	-0.5547	-0.675	-0.6276	-0.6276	-0.6633	-0.3141	-0.6457	-0.4419

图 5-11　企业战略的重要性和执行效果对比(2005 年)

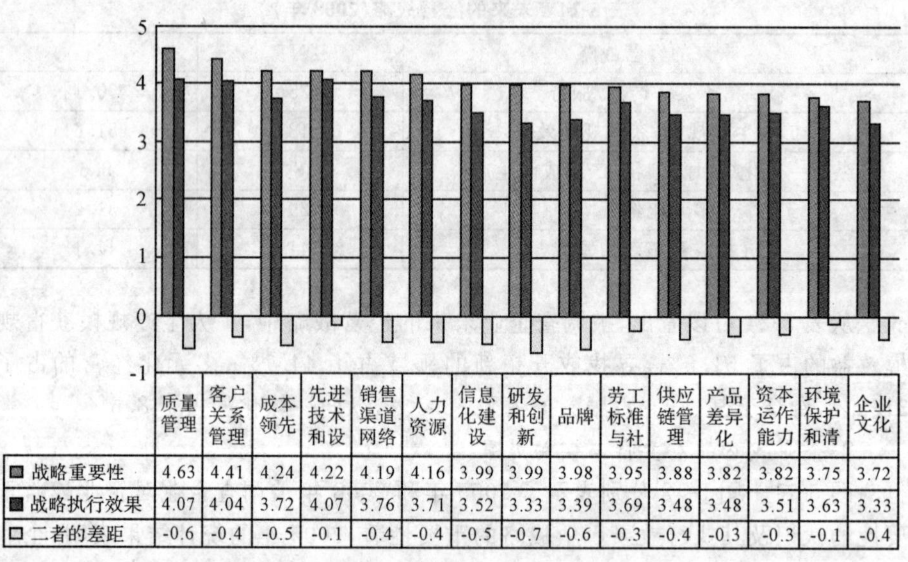

	质量管理	客户关系管理	成本领先	先进技术和设	销售渠道网络	人力资源	信息化建设	研发和创新	品牌	劳工标准与社	供应链管理	产品差异化	资本运作能力	环境保护和清	企业文化
战略重要性	4.63	4.41	4.24	4.22	4.19	4.16	3.99	3.99	3.98	3.95	3.88	3.82	3.82	3.75	3.72
战略执行效果	4.07	4.04	3.72	4.07	3.76	3.71	3.52	3.33	3.39	3.69	3.48	3.48	3.51	3.63	3.33
二者的差距	-0.6	-0.4	-0.5	-0.1	-0.4	-0.4	-0.5	-0.7	-0.6	-0.3	-0.4	-0.3	-0.3	-0.1	-0.4

图 5-12　企业战略的重要性和执行效果对比(2008 年)

差。两次调查结果同样表明,大部分企业质量管理的实施效果最好,反映了中国服装纺织企业的制造能力。

从战略重要性与战略执行效果的差距上看,2005 年"企业制度/机制改革"、"研发和创新"的战略重要性和战略执行效果之间的差距最大,"环境保护/清洁生产"、"社会责任"、"成本领先"的战略重要性和战略执行效果之间的差距最小;2008年,"研发和创新"的战略重要性和战略执行效果之间的差距最大,"环境保护/清洁生产"的战略重要性和战略执行效果之间的差距最小。两次调查结果基本上一致。

从以上分析可以看出,大多数的企业研发模式以与客户合作为主,企业战略也更注重质量管理和客户关系管理,这与中国纺织服装企业在全球产业网络中的地位是相对应的。品牌战略和企业社会责任战略的重要性有所提升,也说明了企业的发展和社会责任意识的增强。

(四)绩效

企业绩效从经济绩效和社会绩效两个方面来分析,经济绩效主要从企业利润角度考察,社会绩效主要从员工体面劳动角度考察。

1. 企业利润增长情况和销售利润率

表 5-25　被调查企业利润增长情况

近三年公司利润	2005年		2008年	
	N	%	N	%
较快增长	26	19.7	25	26.9
较慢增长	79	60.6	38	40.9
保持不变	11	8.7	10	10.8
缓慢下降	12	9.4	17	18.3
急速下降	2	1.6	3	3.2

从表5-25可以看出,2005年,19.7%的被调查企业利润呈较快增长,60.6%的企业利润呈较慢增长,8.7%的企业利润保持不变,呈下降趋势的企业占11.0%。2008年,26.9%的被调查企业利润呈较快增长,40.9%的企业利润呈较慢增长,10.8%的企业利润保持不变,呈下降趋势的企业占21.5%。可以看出,2008年被调查企业利润下降的比例要大于2005年。这可能是全球金融危机的潜在影响。

表 5-26　被调查企业的销售利润率

近三年平均销售利润率	2005年		2008年	
	N	%	N	%
5%以下	69	53.9	38	41.75
5%～10%	36	28.1	23	25.27
10%～20%	18	14.1	15	16.48
20%以上	5	3.9	15	16.48
合　计	128	100.0	91	100.0

从表 5-26 可以看出，2005 年近半数的企业利润率较低，在 5% 以下，2008 年被调查企业的利润率要高于 2005 年被调查企业的利润率，可以表明中国纺织服装企业经济绩效的增长。

2. 员工福利

表 5-27　被调查企业提供的员工福利

年份	福利种类	养老保险	医疗保险	失业保险	住宿	伙食补贴	班车或交通补贴	住房公积金	休假或旅游	其他
2005	N	115	89	72	65	62	31	30	21	6
	%	88.5	68.5	55.4	50.0	47.7	23.8	23.1	16.2	4.6
2008	N	85	63	57	56	65	27	13	20	6
	%	91.4	67.7	61.3	60.2	69.9	29.0	14.0	21.5	6.5

从表 5-27 可以看出，绝大多数企业为员工缴纳了养老保险，2/3 企业缴纳医疗保险，超过一半的企业缴纳了失业保险并提供住宿。从总体上看，员工的各类福利有改善的迹象。与 2005 年相比，2008 年除了医疗保险和住房公积金比重有所下降以外，其余各项福利的比重均有提高。

3. 工资水平和增长幅度

表 5-28　被调查企业员工平均工资

员工月平均工资	2005 年		2008 年	
	N	%	N	%
700～1199 元	57	43.8	4	4.4
1200～1699 元	60	46.2	64	70.3
1700～1999 元	11	8.5	12	13.2
2000 元以上	2	1.5	11	12.1
合　计	130	100.0	91	100.0

从表 5-28 可以看出，2005 年被调查企业员工工资水平的分布主要集中在 700～1199 元（占 43.8%）和 1200～1699 元（占 46.2%）之间。薪资水平超过 1700 元/月的企业占 10.0%。2008 年，被调查企业员工工资水平的分布主要集中在 1200～1699 元（占 70.3%），薪资水平超过 1700 元/月的企业占 25.3%，比 2005 年有提高。

表 5-29 被调查企业员工工资的变化

工资变化情况	2005 年		2008 年	
	N	%	N	%
减少了	1	0.8	3	3.3
不 变	34	26.8	13	14.1
增加 5%以下(含 5%)	57	44.9	31	33.7
增加 5%～10%(含 10%)	32	25.2	34	37.0
增加 10%以上	3	2.4	11	12.0
合 计	127	100.0	92	100.0

从表 5-29 可以看出,2005 年,工资减少的企业只占 0.8%,工资不变的企业占 26.8%,增加了 5%以下的企业占 44.9%,增加了 5%～10%的企业占 25.2%。可以看出,72.4%的企业员工工资都有一定程度的增长。2008 年,工资减少的企业占 3.3%,工资不变的企业占 14.1%,工资增加了 5%以下的企业占 33.7%,增加 5%～10%的企业占 37%,增加 10%以上的企业占 12.0%。相比而言,2008 年的工资增长幅度较大。

表 5-30 被调查企业最低工资标准实施的难易程度

最低工资标准	2005 年		2008 年	
	N	%	N	%
很难做到	1	0.8	0	0
较难做到	0	0	4	4.3
有点困难	9	7.0	11	11.8
比较容易	47	36.4	45	48.4
很容易	72	55.8	33	35.5
合 计	129	100.0	93	100.0

从表 5-30 可以看出,2005 年,92.2%的被调查企业表示实施最低工资标准比较容易或很容易,有 7.8%的被调查企业认为实施该标准有困难,其中有 9 家企业表示有点困难,只有 1 家企业表示很难做到,说明大多数企业还是能较好地实施最低工资标准。2008 年,83.9%的被调查企业表示实施最低工资标准比较容易或很容易,有 16.1%的被调查企业认为实施该标准有困难。相比而言,2008 年,最低工资标准的实施情况略有下降。

4. 工作环境

表 5-31　被调查企业工作岗位的安全与健康

企业是否把安全健康与工作岗位描述相联系	2005 年		2008 年	
	N	%	N	%
是	123	95.3	82	88.2
否	6	4.7	11	11.8
合　计	129	100.0	93	100.0

从表 5-31 可以看出，2005 年，绝大多数被调查企业都表示能把安全健康与工作岗位描述相联系，只有 6 家企业(4.7%)表示无法做到。2008 年，能把安全健康与工作岗位描述相联系的企业占了 88.2%，比 2005 年略有降低。

5. 童工

表 5-32　被调查企业使用童工情况

不使用童工	2005 年		2008 年	
	N	%	N	%
很难做到	0	0	1	1.1
较难做到	0	0	0	0
有点困难	1	0.8	0	0
比较容易	23	17.7	14	15.1
很容易	106	81.5	78	83.9
合　计	130	100.0	93	100.0

从表 5-32 可以看出，2005 年，99.2%的被调查企业认为对于不使用童工比较容易和很容易，只有 1 家企业表示不使用童工有点困难，说明在不使用童工上被调查企业都有明确一致的态度。2008 年 99.0%的企业认为比较容易和很容易，同样也只有一家企业表示很难做到。总体来说，不使用童工都比较容易。

6. 劳动时间

表 5-33　被调查企业执行《劳动法》规定的工作时间的难易

执行《劳动法》规定的工作时间	2005 年		2008 年	
	N	%	N	%
很难做到	12	9.2	24	25.8
较难做到	11	8.5	16	17.2
有点困难	59	45.4	32	34.4
比较容易	30	23.1	13	14.0
很容易	18	13.8	8	8.6
合　计	130	100.0	93	100.0

从表 5-33 可以看出，2005 年在执行《劳动法》规定的工作时间方面，有 82 家企业表示有困难，占总被调查企业的 63.1%，其中分别有 11 和 12 家企业表示较难做到和很难做到，有 30 家企业认为比较容易执行，另有 18 家企业表示很容易实施，各企业在工作时间标准的执行上差距较大。2008 年，在执行《劳动法》规定的工作时间方面，有 77.4%的企业表示有困难，有 22.6%的企业表示很容易和比较容易。总体来说，2008 年在执行《劳动法》规定的工作时间上有所下降。

7. 员工培训和发展

表 5-34　被调查企业员工的发展和培训计划

是否有车间或流水线员工的发展和培训计划	2005 年		2008 年	
	N	%	N	%
是	102	79.1	65	69.9
否	27	20.9	28	30.1
合　计	129	100.0	93	100.0

从表 5-34 可以看出，2005 年，被调查企业中 102 家企业(79.1%)有车间或流水线员工的发展和培训计划，27 家企业(20.9%)没有相关发展或培训计划，说明大部分企业比较重视员工发展。2008 年，被调查企业中有车间或流水线员工的发展和培训计划的占了 69.9%，和 2005 年相比有所下降。

8. 员工维权

表 5-35　被调查企业员工的匿名投诉权

员工是否能匿名投诉	2005 年		2008 年	
	N	%	N	%
是	108	83.7	72	78.3
否	21	16.3	20	21.7
合　计	129	100.0	92	100.0

从表 5-35 可以看出，2005 年，83.7%的被调查企业表示员工能够匿名投诉。2008 年，78.3%的被调查企业表示员工能够匿名投诉，比 2005 年的比例有所降低。

从表 5-36 可以看出，2005 年，67.7%的被调查企业认为比较容易或者很容易实施员工集体谈判权利，但也有 32.3%的企业表示有困难，其中 31 家企业表示有点困难，说明企业在员工集体谈判权利实施上存在较大差异。2008 年，

72.1%的被调查企业认为比较容易或者很容易实施员工集体谈判权利，有27.9%的企业表示有困难。相比而言，2008年员工集体谈判权利的实施情况有所改善。

表 5-36 被调查企业员工的集体谈判权

员工集体谈判权利	2005年		2008年	
	N	%	N	%
很难做到	4	3.1	2	2.1
较难做到	7	5.4	2	2.1
有点困难	31	23.8	22	23.7
比较容易	63	48.5	45	48.4
很容易	25	19.2	22	23.7
合　计	130	100.0	93	100.0

9.性别歧视

表 5-37 被调查企业性别歧视情况

无性别歧视	2005年		2008年	
	N	%	N	%
很难做到	1	0.8	0	0
较难做到	0	0.0	0	0
有点困难	5	3.8	3	3.2
比较容易	31	23.8	20	21.5
很容易	93	71.6	70	75.3
合　计	130	100.0	93	100.0

从表5-37可以看出，2005年，95.4%的被调查企业表示比较容易或者很容易做到无性别歧视，4.6%的企业表示有困难，只有1家企业表示很难做到，说明被调查企业基本能做到公平地对待每一个员工。2008年，96.8%的被调查企业表示比较容易或者很容易做到无性别歧视，3.2%的企业表示有困难，比2005年的情况稍好。

从以上的分析可以看出，尽管企业的利润增长率有所下降，但企业的利润率在提升，说明企业取得了较好的经济绩效。但从社会绩效方面看，员工的体面劳动并没有得到明显的提升，甚至很多方面出现了下降的趋势，说明中国纺织服装业“悲惨化”增长的现象没有得到有效抑制。

第四节　本章小结

自20世纪90年代末以来，全球纺织服装产业网络发生重大变化，贸易格局也发生了重大演变，中国制造中心已经形成。中国拥有目前世界上最完整的纺织服装产业链，在全球商品链中强于生产却弱于流通，强于产品弱于品牌，缺乏主导权和价格权。在全球价值链中，只获得很小部分加工附加值，而服装及终端产品90%的附加值被领导企业所占有。在全球产业网络中，中国是最大的生产国和出口国，占据着非常重要的地位，但总体来说，缺少话语权，其竞争优势主要体现在成本、价格、质量和快速反应上。

运用CSCP框架的分析表明，中国纺织服装企业在全球产业网络中处于比较低的地位，占据着生产和加工环节，侃价能力较弱，承受着较大的外部压力，但与客户之间的关系较为稳定。企业战略注重质量管理和客户关系管理，而对品牌战略关注较弱。企业经济绩效有所增长，但员工体面劳动没有得到有效提升，“悲惨化”增长的现象没有明显改观。

第六章 全球产业网络下的企业社会责任与产业升级的实证分析

在前文全球产业网络分析框架以及对全球产业网络下的企业社会责任和产业升级理论分析的基础上，本章将在全球产业网络框架下对企业社会责任和产业升级之间的关系进行实证研究。本研究选择企业社会责任、企业价值和企业势力（反映经济升级的两个变量）、体面劳动（反映社会升级的变量）四个变量，构建了全球产业网络情景下的企业社会责任与经济升级和社会升级之间的理论模型，提出了企业社会责任与企业价值、企业社会责任与企业势力、企业社会责任与体面劳动之间的正相关假设，选择了 18 个测量指标构建了结构方程模型，通过对中国纺织服装企业的问卷调查搜集相关数据，运用了 Amos 软件进行实证检验，利用 MI 修正模型，研究证明三个假设全部成立，聚类分析对企业社会责任与经济升级和社会升级存在着正相关关系的观点提供了进一步支持。

第一节 理论模型与研究假设

一、理论模型

在 Herderson 等人研究的基础上，本研究将全球产业网络定义为全球范围内各类经济体通过特定产品和劳务的生产与交换而形成的网络组织。该定义包含三个要素：(1)价值，特定产品和劳务的生产和交换也是价值的创造、提升和分配的过程，是全球产业网络的核心内容，反映其经济性；(2)结构，基于价值的创造和分配而形成的组织结构决定着产业网络内的权力分配以及成员相互之间的关系，反映其社会性；(3)地域，产业网络根据资源和要素的差异在全球范围内的布局，反映网络的地理分布以及地方经济体的嵌入，是全球产业网络形成的基础。

在全球产业网络的情景下，企业社会责任会通过各种不同的约束传递机制形成对本地供应商的外部压力，而企业社会责任作为一种战略，会影响企业的经济绩效（Kotler & Lee，2005）。企业社会责任对企业的回报与对企业的利益相关者和广大社会的回报是相同的，当企业社会责任能切实产生与企业有关的利益时，特别是对企业核心业务的支持、进而促进企业的效益、有助于实现企业使命时，企业社会责任（政策、过程）能上升到战略高度（Burke & Logsdon，1996）。CSR包括战略和公司政策，与企业管理的所有领域产生交互的因果关系，同时也是竞争优势的源泉（Perrini et al.，2006）。企业社会责任不仅仅是成本、限制或慈善行为，通过策略路径，企业社会责任会在解决社会问题的同时产生机会、创新和企业的竞争优势（Porter & Kramer，2006）。

企业社会责任战略对企业声誉有影响（姜启军、顾庆良，2008），在全球产业网络的情景下，企业之间的关系是靠声誉来维系的（Powell，1990），会增加成员之间的信任。同时，企业社会责任对员工流失率存在显著影响（姜启军、顾庆良，2008），使得员工更加稳定。因此，企业社会责任对全球产业网络的社会结构产生影响。

根据以上的分析，在全球产业网络的情景下，企业社会责任影响企业的经济绩效和社会绩效。经济绩效可以用企业价值来体现，而社会绩效反映在网络成员之间的权力分配结构上。综合已有的理论研究，构建全球产业网络情景下企业社会责任与经济升级和社会升级之间的理论模型（图 6-1），经济升级用企业价值和企业势力[①]两个变量来衡量，社会升级[②]用体面劳动来衡量，反映劳动者的权利。

二、研究假设

在全球产业网络的情景下，企业社会责任通过各种传递机制约束着企业的行为。而经济升级和社会升级是全球产业网络框架研究的两条主线，企业社会责任能否促进经济升级和社会升级，从而保证整个产业网络的稳定和可持续发展是学术界和企业界关注的焦点。

（一）企业社会责任与经济升级

众多实证研究表明，企业社会责任与经济绩效之间存在着正相关。在全球产业网络的分析框架下，企业价值和企业势力作为关键要素，是企业绩效的反

---

① 全球产业网络中势力包括企业势力、机构势力和集体势力三个方面（见本书第二章），但在本研究中，仅讨论企业势力，机构势力和集体势力不在本书的研究范围内。

② 从广义来说，社会升级包括众多利益相关者，如社会、环境和公众等，在本研究中，主要从员工这个角度来讨论。

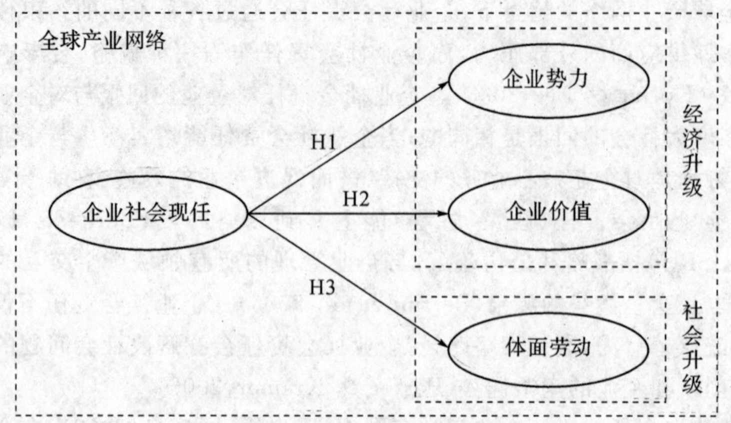

图 6-1 本研究的理论模型

映，又是企业经济升级所要求的内容。企业价值表现为不同类型的经济租，如技术租——掌握关键产品和流程的技术；组织租——特殊的组织和管理技能，如 JIT 生产技术和全质量管理等；关系租——变化的企业之间关系；品牌租——在主要市场树立知名品牌等（Herderson et al.,2002）。在全球产业网络的情景下，企业社会责任与企业声誉存在着正相关关系（姜启军、顾庆良，2008），而声誉是网络组织成员之间信任的基础，能增加成员之间的合作（Jones et al.,1997），同时企业社会责任又能降低员工流动率（姜启军、顾庆良，2008），使得人力资本具有高专用性，长期的合作和面对面的交流能促进隐性知识的转移，而重复交易使得隐性知识在长期内得以同化（Jones et al.,1997）。这不仅有利于全球产业网络内知识的转移和扩散，从而使企业获得更高的技术能力，获得更多的经济租，而且能改变全球产业网络内企业势力的分布。次级企业有时（也基于协同的原因）会有充分的自主权去发展和实践自己的升级战略，或者可能联合其他的次级企业以提高该集体在 GPN 中的地位（Herderson et al.,2002）。因此，在全球产业网络的情景下，企业社会责任能提高企业势力，促进企业价值的提升，从而促进经济升级。

根据以上分析，本研究提出以下假设：

H1：企业社会责任对企业势力有显著的正向影响。

H2：企业社会责任对企业价值有显著的正向影响。

(二)企业社会责任与社会升级

在全球产业网络分析框架下，劳动不仅仅作为一种生产要素存在于生产网络，劳动者更被视为生产的代理机构，作为中间层次作用于整个网络。国际劳工组织（ILO,1999）指出体面劳动即男人和女人在自由、平等、安全和人类尊严的条件下获得体面而有效率的工作的机会，意味着工作条件的改善、减少脆弱性以及生产效率和质量的提高。社会升级意味着劳动者作为社会行为者的能力及权力的提升以及雇用质量的提高，也包含劳动者的社会保障及其权力的提高(Barrientos et al.,2008)。社会升级的维度可以用体面劳动所包含的要素进行衡量。

企业社会责任的定义中，利益相关者的关注度最为突出(Dahlsrud,2008)，而员工作为企业内部最为重要的利益相关者(Graafland and Eijffinger,2004)，对企业的生存和发展起着非常重要的作用。因此，积极履行社会责任的企业，其员工的体面劳动将体现得更为完善。Zhao and Gu(2009a)对中国服装产业的调查研究表明，积极履行企业社会责任的企业的员工获得更高的工资，拥有更多的社会保障和福利，其劳动条件也更加改善，并获得更多培训的机会，同时也获得更多的话语权。

根据以上分析，本研究提出以下假设：

H3：企业社会责任对体面劳动有显著的正向影响。

三、研究变量的度量

由理论模型可知，本研究的变量共有四个：企业社会责任、企业势力、企业价值、体面劳动。

(一)企业社会责任的度量

企业社会责任是个"备受煎熬"的概念(Godfrey & Hatch,2007)，自 Bowen 于 1953 年提出企业社会责任概念(Carroll,1999)的五十多年来，尽管众多的学者致力于给出一个清晰的、不偏不倚的定义，但企业社会责任应怎样定义始终存在混淆(Dahlsrud,2008)，众说纷纭，至今未形成一个权威的定义。因此，关于企业社会责任的确切度量存在相当的困难。鉴于此，本研究通过企业对企业社会责任的态度来映射企业社会责任。态度度量的指标涉及企业社会责任与企业利润的关系、劳工标准的履行与企业成本的关系、环保和劳工规章的履行、来自产业网络内各种机构的压力、长期利益与短期利益的关系、商业利益与环保和社会责任的关系等问题(表 6-1)。量表采用了李克特(Likert-type)五分计量法，依照非常不同意、不同意、适度、同意、非常同意分别设定了 1、2、3、4、5 分。其中题 1、题 2、题 3、题 4、题 6 得分越低，表明企业履行社会责任越积极，题 5 得分越高，表明企业履行社会责任越积极。

表 6-1 企业社会责任的态度度量

研究变量	态度度量
企业社会责任	1.企业履行社会责任和企业利润之间是矛盾的
	2.如果提高劳工标准,增加的成本将危及企业生存
	3.对于环保和劳工方面的管制和规章,能达到最低要求就可以了
	4.迫于采购商、行业协会及政府部门等外部压力,才履行环保劳工标准
	5.为了企业长期利益,可以放弃一些眼前利益,主动承担一些社会责任
	6.企业以商业利益为第一目的,环保和社会责任是第二位的

(二)企业势力的度量

企业势力体现企业在全球产业网络中的地位,关系到价值的分配。企业势力越大,意味着企业在与客户的合作中拥有更多的话语权,可以通过客户的侃价能力、订单中要求的交货期限和客户关系的稳定性来体现(表 6-2)。量表采用了五分计量法,依照权力的大小分别设定了 1、2、3、4、5 分,得分越高,客户的侃价能力越弱,订单中要求的交货期限越宽松,客户关系的稳定性越强,企业势力越大。

表 6-2 企业势力的度量

研究变量	度量指标
企业势力	1. 客户的侃价能力
	2. 订单中要求的交货期限
	3. 客户关系的稳定性

(三)企业价值的度量

根据 Herderson 等(2002)的研究,企业的价值可以用不同形式的经济租来衡量,包括技术租、组织租、关系租和品牌租①。技术租主要指掌握关键产品和流程的技术;组织租主要指特殊的组织和管理技能,如 JIT 生产技术和全质量管理等;关系租主要指企业之间的关系管理等;品牌租指在主要市场树立知名品牌。本研究用企业先进技术和设备的实施效果来衡量技术租;用企业品牌战略的实施效果来衡量品牌租;用企业质量管理的实施效果来衡量组织租;用供应链管理的效果来衡量关系租(表 6-3)。量表采用了五分计量法,依照战略实施效果分别设定了 1、2、3、4、5 分。各题项得分越高,说明实施的效果越好,企业价值越大。

---

① 在 Herderson et al. (2002)的研究中,还提到了额外租,如贸易保护政策所带来的租金。本研究认为,贸易保护政策这一类额外租不会受企业社会责任的影响,因此不在考虑的范围内。

表 6-3　企业价值的度量

研究变量	度量指标
企业价值	1. 企业先进技术和设备的实施效果
	2. 企业品牌战略的实施效果
	3. 企业质量管理的实施效果
	4. 企业供应链管理的实施效果

(四)体面劳动的度量

体面劳动的概念包括四个要素：就业、社会保障、劳动者权力和社会对话(Ghai,2002)。前两者指就业机会、薪酬、保障和工作条件，后两者重点强调劳动者的社会关系。Paredes 等(2007)用不同的变量对四个要素进行了描述，以失业率、工资率、工作时间等变量来描述就业，以公共社会保障的覆盖面、养老保险等变量来描述社会保障，以性别工资差异率、童工等变量来描述劳动者权力，以工会密度等变量来描述社会对话。本研究用“最低工资标准”、“《劳动法》规定的工作时间”来反映就业；用“不使用童工”来反映劳动者权利；用“员工集体谈判权”来反映社会对话；用“企业提供的福利”来反映社会保障(表 6-4)。前四个指标采用五分计量法，反映做到的难易程度，得分越高说明越容易做到，体面劳动实施得越好。最后一个指标用企业提供的各种福利的数量来表示，得分越高说明体面劳动实施得越好。

表 6-4　体面劳动的度量

研究变量	度量指标
体面劳动	1. 最低工资标准
	2.《劳动法》规定的工作时间
	3. 不使用童工
	4. 员工集体谈判权
	5. 企业提供的福利

第二节　研究设计

为验证企业社会责任与企业价值、企业社会责任与企业势力、企业社会责任与体面劳动之间的正相关假设，本研究运用结构方程模型的分析方法，通过对中国纺织服装企业的问卷调查搜集相关数据，运用 Amos 软件进行实证检验,对假设进行验证。

一、问卷的设计与发放

(一)问卷设计

课题组曾于2005年对中国纺织服装企业就“企业社会责任与企业战略选择”的主题进行了问卷调查研究(问卷见附录Ⅱ),为本次的调查研究确立了良好的基础。本研究的调查问卷主要包括三部分内容,第一部分主要是被调查企业的基本资料及其经营的基本情况,共设计了10道问题(表6-5);第二部分主要是反映研究变量度量指标,共18道问题(表6-6);第三部分主要是反映企业体面劳动的一些支持数据、企业的经营战略及与采购商的关系等资料,用于具体分析企业之间的差异,共计23道问题(表6-7)。

表6-5　问卷设计——企业的基本信息

题项标记	问卷题号与设计内容
经营产品	1-1 贵公司的主要产品是
成立时间与企业规模	1-2 贵公司成立于____,注册资金为____,员工总数有____
企业性质	1-3 贵公司性质为
经营方式	1-4 贵公司主要经营方式是
近三年销售额	1-5 贵公司销售额2005年:____万元;2006年:____万元;2007年:____万元
近三年利润总额	1-6 贵公司税后利润总额2005年:____万元;2006年:____万元;2007年:____万元
利润变动趋势	1-7 近三年来,贵公司利润变动趋势
更新设备时间	1-8-1 贵公司最近一次更新设备的时间是
进口设备比例	1-8-2 贵公司生产设备中进口设备的比例
管理体系认证	1-9 贵公司通过何种管理体系的认证
产品出口比例	1-10-1 贵企业的产品____%出口
产品出口地区	1-10-2 贵公司产品主要出口国/地区

在正式调研之前,选择了两家企业对问卷进行了预调试,根据预试的反馈意见对问卷中的问题和表述方法作了有针对性的调整,最终确定调查问卷(见附录Ⅰ)。

表 6-6　问卷设计——研究变量

研究变量	题项标记	问卷题号与设计内容
企业社会责任	CSR1	2-7-1 企业履行社会责任和企业利润之间是矛盾的
	CSR2	2-7-2 如果提高劳工标准,增加的成本将危及企业生存
	CSR3	2-7-3 对于环保和劳工方面的管制和规章,能达到最低要求就可以了
	CSR4	2-7-4 迫于采购商、行业协会及政府部门等外部压力,才履行环保劳工标准
	CSR5	2-7-5 为了企业长期利益,可以放弃一些眼前利益,主动承担一些社会责任
	CSR6	2-7-6 企业以商业利益为第一目的,环保和社会责任是第二位的
企业势力	客户侃价能力	2-4-1 经营中,贵公司觉得客户的侃价能力
	交货期限	2-4-2 经营中,贵公司觉得订单中要求的交货期限
	客户关系稳定	2-4-3 经营中,贵公司觉得客户关系的稳定性
企业价值	先进技术设备	3-5-1 请贵公司评价先进技术设备在公司发展战略中的实施效果
	品牌	3-5-2 请贵公司评价品牌在公司发展战略中的实施效果
	质量管理	3-5-3 请贵公司评价质量管理在公司发展战略中的实施效果
	供应链管理	3-5-7 请贵公司评价供应链管理在公司发展战略中的实施效果
体面劳动	最低工资标准	2-6-1 贵公司认为最低工资标准实施的难易
	工作时间	2-6-3 贵公司认为《劳动法》规定的工作时间实施的难易
	童工	2-6-2 贵公司认为不使用童工实施的难易
	员工集体谈判	2-6-6 贵公司认为员工集体谈判权实施的难易
	社会保障	2-1-2 贵公司提供给一线职工的各种福利包括

表 6-7　问卷设计——支持数据

题项标记	问卷题号与设计内容
工资水平	2-1-1 贵公司一线职工(如车间工人)平均薪资水平:______元/月(含"四金")
工资变动	2-1-3 贵公司今年的一线职工工资和去年相比
员工流动性	2-1-4 贵公司一线职工流动性:(%/年)
自动化设备	2-2 如果因工资上涨/员工流动性增加,贵公司是否考虑增加自动化生产设备
CSR 订单比例	2-3 出口贸易中,国外采购商要求产品符合社会责任标准(如大品牌商制定的 COC"工作守则"、SA8000 认证等)才给订单,这类订单占出口产品的比例是

续表

题项标记	问卷题号与设计内容
员工维权	2-5-1 员工能匿名投诉吗(无论问题的大小)
工作环境	2-5-2 企业是否把安全、健康的工作环境与工作岗位描述相联系
员工培训	2-5-3 企业是否有车间或流水线员工的发展和阶段性培训计划
工会组织	2-5-5 企业是否有工会组织
环保部门	2-5-4 企业是否设立专门的环境保护部门
排放三废	2-5-6-1 贵企业是否排放废水、废料、废气
排放标准	2-5-6-2 若上一题回答是,其排放情况如何
采购商认证补贴	2-8-1 采购商对贵公司执行 CSR 认证给予补贴吗?
采购商咨询支持	2-8-2 采购商对 CSR 认证所产生的内部调整给予咨询支持吗?
采购商交货期限	2-8-3 采购商在订单过程中是否给予交货期宽限?
采购商订货价格	2-8-4 该采购商的订货价格是否优于其他客户?
采购商生产关注	2-8-5 采购商对贵公司的生产过程是否关注?
采购商合作关系	2-8-6 相对其他客户,该采购商是否与贵公司保持较长期的合作关系?
研发方式	3-1 贵公司研发方式
研发目标	3-2 贵公司研发目标
信息设备	3-3 贵公司信息管理与数字化设备
经营战略	3-4 贵公司未来的经营战略
战略重要性与实施效果	3-5 请贵公司评价各要素在公司发展战略中的重要性(左)和实施效果(右)

(二)问卷的发放与回收

为了实现对纺织服装业的跟踪调查,本次问卷发放地点与 2005 年调研发放的地点相同,主要集中在浙江宁波纺织服装产业集群。宁波纺织服装产业集群作为中国最大的纺织服装产业集群之一,在中国纺织服装业占据着重要的地位,对该地区的纺织服装企业的调查能集中反映中国纺织服装业的现状。

问卷发放的对象主要是纺织服装企业的总经理、副总经理。发放时间为 2008 年 3 月初至 4 月底。经过近 2 个月的时间调研,共发出问卷 100 份,回收有效问卷 93 份。

二、数据分析方法

本研究运用 SPSS 11.5 和 AMOS 7.0 统计分析软件工具对调查数据进行

统计分析，数据分析方法主要包括以下三个方面：

(一)描述性统计分析

描述性统计分析的目的在于对一组数据的全貌进行概括和描述，从而更好地理解这些数据所包含的信息。本研究利用软件 SPSS 11.5 对问卷数据进行描述性统计分析，以掌握样本的基本特征，并对变量的各项统计表现如均值、标准差等进行分析和说明。

(二)信度和效度分析

信度(Reliability)是指测量结果具有一致或稳定性的程度。信度主要检测所搜集数据的可靠性，一致性越高，信度越高(易丹辉，2008)。信度系数是一种相关系数，主要包括稳定(Stability)系数、等值(Equivalence)系数和内在一致性(Internal Consistency)系数等。分析信度的常用方法主要有重测法(测量稳定系数)、复本法(测量等值系数)以及测量内在一致性系数的折半法和 Cronbach's α 系数法。由于复本法、重测法等信度分析方法在实施和控制上存在很多困难，所以在相关研究中，测量内在一致性信度的 Cronbach's α 系数法应用得最为广泛。当 Cronbach's $\alpha \geqslant 0.7$ 时，属于高信度；当 $0.35 \leqslant$ Cronbach's $\alpha < 0.7$ 时，属于尚可；当 Cronbach's $\alpha < 0.35$ 时，则为低信度[①]。本研究利用 SPSS 11.5 软件，通过 Cronbach's α 系数对问卷测量项目的内在一致性信度进行分析。

效度(Validity)是指测量工具能够正确测量出所要测量问题的程度。测定效度就是要确认所搜集的数据能否得到所要得到的结论、反映所要讨论的问题，同时也判定潜变量是否合理(易丹辉，2008)。一般学术研究中常出现的效度有三类：内容效度(Content Validity)，又称表面效度(Face Validity)和逻辑效度(Logical Validity)；效标关联效度(Criterion-related Validity)或实用效度(Pragmatic Validity)；建构效度(Constructive Validity)(荣泰生，2009)。对理解测量结果的含义而言，建构效度是最重要的效度指标之一，它能够测验出理论的特质或概念的程度。本研究采用检验建构效度最常用的因子分析法(Factor Analysis)中的主成分分析法 (Principal Components)。第一成分方差的贡献率的大小反映可测条目对研究变量的贡献，贡献越大说明与所研究问题或领域关系越密切，一般认为大于 0.4 较好[②]。

在主成分分析前，先用 KMO(Kaiser-Meyer-Olkin)和 Bartlett 检验，以确认数据是否适宜做因子分析。KMO 越接近 1 表明数据越适合做因子分析，一

---

① 资料来源：Gilford，1954，转引自荣泰生，2009：82。

② 资料来源：易丹辉. 结构方程模型方法与应用. 北京：中国人民大学出版社，2008：85。

般而言，当 KMO≥0.5，Bartlett 统计值的显著性≤α（α 一般为 0.05），各题项的载荷系数均大于 0.5 时，可以做主成分分析（马庆国，2007）。

（三）结构方程模型分析

结构方程模型（Structural Equation Modeling，SEM）是 20 世纪 70 年代 Joreskog和 Sorbom 在统计理论基础上提出发展而来的，是一种基于变量的协方差矩阵来分析变量之间关系的统计方法，故也可以称为协方差结构分析。结构方程模型是一种验证性的分析方法，将一些无法直接观测又欲研究探讨的问题作为潜变量，通过一些可以趋势观测的变量（指标）反映这些潜变量，从而建立起潜变量之间的关系（即结构）；从一种假设的理论架构出发，通过采集数据，验证这种理论假设是否成立的方法。

与传统的统计建模分析方法相比，结构方程模型具有以下几个优点：(1)可以同时处理多个因变量，增强了模型的有效性；(2)容许自变量和因变量含测量误差，加强了模型对实际问题的解释性；(3)可以同时估计因子结构和因子关系，使估算结果更精确；(4)允许更大弹性的模型设定，即可以处理单一指标从属于多个因子的因子分析，也可以处理多阶的因子分析模型，在因素结构关系拟合上，也允许自变量之间可能存在共变方差关系；(5)能够估计整个模型的拟合优度。结构方程模型可计算不同模型对同一个样本数据的整体拟合程度，从而判断哪一个模型更接近数据所呈现的关系。

本研究的理论模型有企业社会责任、企业势力、企业价值和体面劳动四个潜变量，选择了 18 个测量指标（其中反映企业社会责任的指标 6 个，反映企业势力的指标 3 个，反映企业价值的指标 4 个，反映体面劳动的指标 5 个）构建了结构方程模型，并运用 AMOS 统计分析软件进行检验。

第三节　样本描述性分析与信度和效度检验

一、样本描述性分析

从企业经营的主要产品看，被调查企业以针织和梭织服装为主，分别占到了 61.3%和 54.8%（见表 6-8）。

表 6-8　企业主要产品

产　品	样本量	百分比(%)*
针织服装	57	61.3
梭织服装	51	54.8
饰配件	4	4.3
面辅料	2	2.2
化纤	2	2.2
纺纱	3	3.2
染整	4	4.3
其他	3	3.2

注：* 为多选题。

绝大多数被调查企业在中国改革开放后成立，中国的入世(2001)和多纤维协定的取消极大地促进了中国纺织服装业的发展。根据 2008 年调查显示，近 40%的被调查企业在 2002 年后成立(见表 6-9)。

表 6-9　企业成立时间

企业成立时间	样本量	百分比(%)
2004—2007	17	18.3
2002—2003	19	20.4
1980—2001	55	59.1
1980 年以前	2	2.2
合　计	93	100.0

从企业注册资本看，注册资本在 300 万元以下的企业为 53.8%，注册资本在 300—999 万元的企业为 26.9%，注册资本在 1000—2999 万元的企业为 9.7%，注册资本在 3000 万元以上的企业为 9.7%(见表 6-10)，说明被调查样本以中小企业居多。

表 6-10　企业注册资本

注册资本(万元)	样本量	百分比(%)
1～299	50	53.8
300～499	7	7.5
500～999	18	19.4
1000～1999	5	5.4
2000～2999	4	4.3
3000～4999	2	2.2
5000～9999	7	7.5
10000 以上	0	0.0
合　计	93	100.0

从企业职工数看，被调查企业的职工数集中在500人以内，其中1—199人的企业有43.0%，200—499人的企业有35.5%，500—999人的企业有6.5%，1000—1999人的企业有8.7%，2000人以上的企业有6.5%(见表6-11)。

表6-11　企业职工数

职工数	样本量	百分比(%)
1～199	40	43.0
200～499	33	35.5
500～749	5	5.4
750～999	1	1.1
1000～1299	5	5.4
1300～1599	2	2.2
1600～1999	1	1.1
2000以上	6	6.5
合计	93	100.0

从企业性质看，被调查企业以民营企业居多，占72.0%，三资企业占14.0%，选择“其他”类型的企业包括股份制等占14.0%，国有企业和上市公司没有列入问卷调查对象(见表6-12)。

表6-12　企业性质

企业性质	样本量	百分比(%)
民营	67	72.0
三资	13	14.0
国有	0	0.0
上市公司	0	0.0
其他	13	14.0
合计	93	100.0

从经营模式看，加工类的企业比例最高，为84.9%，加工和制造是目前被调查企业主流的经营模式，还处于价值链附加值较低的环节；其次是自有品牌并且拥有制造能力的企业占38.7%，可以看到有相当的企业已投入到了品牌经营，向价值链高端发展(见表6-13)。

表 6-13　企业经营模式

经营模式	样本量	百分比(%)
加工	79	84.9
自有品牌(有制造能力)	36	38.7
自有品牌(虚拟品牌)	4	4.3
品牌特许经营	12	12.9

二、变量的描述性分析

本文采用 SPSS11.5 统计软件进行描述性分析,计算每个观测变量的最小值、最大值、均值、标准差,计算结果如表 6-14 所示。

表 6-14　描述性统计表

研究变量	测量指标	最小值	最大值	均值	标准差
企业社会责任	CSR1	1.00	5.00	2.9778	1.09111
	CSR2	1.00	5.00	3.1333	1.10362
	CSR3	1.00	5.00	2.9222	1.07293
	CSR4	1.00	5.00	2.6444	1.05267
	CSR5	1.00	5.00	3.8000	0.91431
	CSR6	1.00	5.00	2.7222	1.13204
企业势力	客户侃价能力	1.00	3.00	1.9333	0.76143
	交货期限	1.00	4.00	2.0889	0.80231
	客户关系稳定性	1.00	5.00	3.7640	0.73473
企业价值	先进技术设备	1.00	5.00	4.0667	0.76143
	品　牌	1.00	5.00	3.3889	1.05675
	质量管理	2.00	5.00	4.0667	0.77605
	供应链管理	2.00	5.00	3.4778	0.83770
体面劳动	最低工资标准	2.00	5.00	4.1556	0.76307
	工作时间	1.00	5.00	2.6111	1.23338
	童　工	1.00	5.00	4.8111	0.53830
	员工集体谈判权	1.00	5.00	3.8667	0.86375
	社会保障	1.00	8.00	4.5556	1.75532

注:$N=90$,有三个样本数据缺失。

从表 6-14 中可以看出：企业社会责任的各个测量指标的标准差都大于或接近 1，说明被调查企业对企业社会责任认识有较大的差异，其中 CSR1、CSR3、CSR4、CSR6 的均值小于 3，而 CSR5 的均值大于 3，说明在总体水平上大部分企业倾向于主动履行社会责任；其次，企业势力的各个测量指标的标准差均小于 1，说明被调查企业在企业势力上差异较小，其中客户侃价能力和交货期限的均值均小于 3，说明大部分企业的客户的侃价能力较强，交货期限比较紧，在产业网络中的势力较小，处于不利的地位。客户关系相对较为稳定；企业价值的各项测量指标均值均大于 3，说明被调查的大部分企业在先进技术设备、品牌、质量管理、供应链管理方面都有较好的绩效；体面劳动的各项测量指标中，工作时间和社会保障的标准差大于 1，说明被调查企业在工作时间和社会保障上差异较大，而最低工资标准、不使用童工、员工集体谈判权的标准差均小于 1，说明被调查企业在这三个方面差异较小，同时，最低工资标准、童工、员工集体谈判权、社会保障的均值均比较高，说明大部分企业在这方面做得较好，而工作时间的均值较小，说明有许多企业未能按照《劳动法》规定的工作时间执行，反映加班的现象较为普遍，这也与加工型企业交货期限比较紧张相关。

三、信度检验

本研究采用 Cronbach's α 系数对量表的信度进行检验，α 越大，表明该变量的各个指标的相关性越大，即内部一致性程度越高。一般来说，当 Cronbach's $\alpha \geqslant 0.7$ 时，说明量表具有高信度；当 $0.35 \leqslant$ Cronbach's $\alpha < 0.7$ 时，说明信度尚可；当 Cronbach's $\alpha < 0.35$ 时，属于低信度。本研究的信度检验结果如表 6-15 所示，企业社会责任、企业价值等变量具有高信度，企业势力和体面劳动的信度尚可，说明数据具有较高的内部一致性。

四、效度检验

效度是指评估的有效性，即运用量表或其他评估方法所获得的结果达到期望目标的程度。本研究采用探索性因子分析(EFA)来检验量表的结构效度。

在做因子分析前，需用 KMO 和 Bartlett 样本测度检验数据是否适合做因子分析。KMO 越接近 1 表明数据越适合做因子分析，一般情况下，当 KMO 大于 0.9 时效果最佳，小于 0.5 时不适宜做因子分析，同时 Bartlett 球形检验的统计值的显著性应小于 0.05。本研究量表的 KMO 检验和 Bartlett 球形检验结果如表 6-16 所示，从中可以看出 KMO>0.5，Bartlett 球形检验的统计值的显著性<0.05，说明该组数据具有很高的相关性，适合做因子分析。

运用主成分分析法对问卷的 18 个测量指标进行因子分析（表 6-17），从中可以看出，各个因子的载荷值均大于0.5的标准，说明此量表具有较好的建构效度。

表 6-15　信度检验结果

研究变量	Cronbach's α 值	测量指标	删除该指标的 Cronbach's α 值
企业社会责任	0.7022	CSR1	0.6888
		CSR2	0.6259
		CSR3	0.6563
		CSR4	0.6694
		CSR5	0.6763
		CSR6	0.6542
企业势力	0.5105	客户侃价能力	0.3489
		交货期限	0.3294
		客户关系稳定性	0.5281
企业价值	0.7534	先进技术设备	0.7615
		品牌	0.6924
		质量管理	0.6610
		供应链管理	0.6580
体面劳动	0.3762	最低工资标准	0.3854
		工作时间	0.1195
		童工	0.3446
		员工集体谈判权	0.3585
		社会保障	0.3688

表 6-16　KMO 检验和 Bartlett 球形检验结果

Kaiser-Meyer-Olkin Measure of Sampling Adequacy.		0.624
Bartlett's Test of Sphericity	Approx. Chi-Square	355.308
	df	153
	Sig.	0.000

表 6-17 因子分析结果

研究变量	测量指标	因子负荷	KMO	Bartlett Chi-Square	P
企业社会责任	CSR1	0.541	0.751	83.529	0.000
	CSR2	0.737			
	CSR3	0.650			
	CSR4	0.619			
	CSR5	−0.585			
	CSR6	0.664			
企业势力	客户侃价能力	0.757	0.585	17.609	0.001
	交货期限	0.767			
	客户关系稳定性	0.600			
企业价值	先进技术设备	0.628	0.764	86.306	0.000
	品牌	0.784			
	质量管理	0.815			
	供应链管理	0.814			
体面劳动	最低工资标准	0.517	0.554	27.456	0.002
	工作时间	0.793			
	童工	0.541			
	员工集体谈判权	0.510			
	社会保障	0.594			

第四节 结构方程模型分析

一、模型设定

(一)模型路径图

上一节的分析表明本研究的各个变量及其构建的信度和效度均已经达到了理想标准。根据结构方程模型路径图的图标规则,现将本研究的理论结构模型转化为结构方程模型路径图。本研究运用 AMOS 7.0 软件绘制结构方程模型路径图(见图 6-2)。本模型包含:

外源潜变量:企业社会责任。它对应 6 个外源观测变量,分别为 CSR1、CSR2、CSR3、CSR4、CSR5、CSR6,$e1-e6$ 为这 6 个外源观测变量的误差项。

内生潜变量:企业势力、企业价值、体面劳动。企业势力对应3个内生观测变量,分别为客户侃价能力、交货期限、客户关系稳定性;企业价值对应4个内生观测变量,分别为先进技术设备、品牌、质量管理、供应链管理;体面劳动对应 5 个内生观测变量,分别为最低工资标准、工作时间、童工、员工集体谈判权、社会保障福利。$e7-e18$ 分别为这12个内生观测变量的误差项,$e19-e21$ 为结构方程的残差项,反映了内生潜变量在结构方程中未能被解释的部分。

图中单向直线箭头连接的两个变量表示假定有因果关系,箭头由原因变量指向结果变量。双向弧线箭头连接的两个变量表示假定有相关关系。单向直线箭头上的参数表示潜变量之间影响程度的路径系数或者是潜变量对其观测变量的因子载荷。双向弧线箭头上的参数表示两个变量间的相关系数。

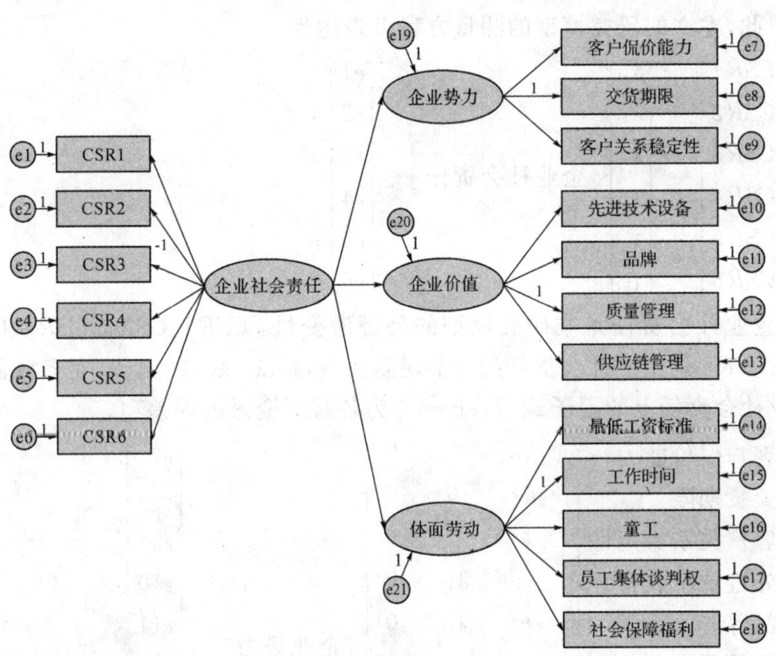

图 6-2 结构方程模型路径

为了让模型能够识别,一般情况下,观测变量的误差项对观测变量的因子载荷设定为 1,结构方程的残差项对内生潜变量的系数设定为 1,同时每个潜变量对其观测变量的因子载荷至少一个设定为 1。本研究根据效度分析中每个潜变量中各观测变量因子载荷最大的设定为 1。由于观测变量 CSR2 与潜变量企业社会责任成反向关系,因此将其因子载荷设定为－1。

(二)模型方程式

结构方程模型包含测量方程(Measurement Equation)和结构方程(Structural Equation)两部分。测量方程描述潜变量与指标之间的关系,结构方程描述潜变量之间的关系。

1. 测量方程的矩阵方程形式可表述为

$$X = \Lambda_x \xi + \delta \tag{6-1}$$

$$Y = \Lambda_y \eta + \varepsilon \tag{6-2}$$

其中,X— 外源观测变量组成的向量;Y— 内生观测变量组成的向量;Λ_x— 外源观测变量与外源潜变量之间的关系,是外源观测变量在外源变量上的因子载荷矩阵;Λ_y— 内生观测变量与内生潜变量之间的关系,是内生观测变量在内生变量上的因子载荷矩阵;ξ— 外源潜变量组成的向量;η— 内生潜变量组成的向量;δ— 外源观测变量 X 的误差项;ε— 内生观测变量 Y 的误差项。

由此,本文的研究模型的测量方程可表述为:

$$\begin{bmatrix} CSR1 \\ CSR2 \\ CSR3 \\ CSR4 \\ CSR5 \\ CSR6 \end{bmatrix} = \begin{bmatrix} \lambda_1 \\ \lambda_2 \\ \lambda_3 \\ \lambda_4 \\ \lambda_5 \\ \lambda_6 \end{bmatrix} [\text{企业社会责任}] + \begin{bmatrix} e1 \\ e2 \\ e3 \\ e4 \\ e5 \\ e6 \end{bmatrix} \tag{6-3}$$

其中,企业社会责任是本研究模型的外源潜变量,$CSR1$、$CSR2$、$CSR3$、$CSR4$、$CSR5$、$CSR6$ 是企业社会责任的 6 个观测变量,λ_1、λ_2、λ_3、λ_4、λ_5、λ_6 是各观测变量在企业社会责任上的因子载荷,$e1 - e6$ 为各观测变量的误差项。

$$\begin{bmatrix} \text{客户侃价能力} \\ \text{交货期限} \\ \text{客户关系稳定性} \\ \text{先进技术设备} \\ \text{品牌} \\ \text{质量管理} \\ \text{供应链管理} \\ \text{最低工资标准} \\ \text{工作时间} \\ \text{童工} \\ \text{员工集体谈判权} \\ \text{社会保障福利} \end{bmatrix} = \begin{bmatrix} \lambda_7 & 0 & 0 \\ \lambda_8 & 0 & 0 \\ \lambda_9 & 0 & 0 \\ 0 & \lambda_{10} & 0 \\ 0 & \lambda_{11} & 0 \\ 0 & \lambda_1 2 & 0 \\ 0 & \lambda_{13} & 0 \\ 0 & 0 & \lambda_{14} \\ 0 & 0 & \lambda_{15} \\ 0 & 0 & \lambda_{16} \\ 0 & 0 & \lambda_{17} \\ 0 & 0 & \lambda_{18} \end{bmatrix} \begin{bmatrix} \text{企业势力} \\ \text{企业价值} \\ \text{体面劳动} \end{bmatrix} + \begin{bmatrix} e7 \\ e8 \\ e9 \\ e10 \\ e11 \\ e12 \\ e13 \\ e14 \\ e15 \\ e16 \\ e17 \\ e18 \end{bmatrix} \tag{6-4}$$

其中，企业势力、企业价值、体面劳动是本研究模型的3个内生潜变量，客户侃价能力、交货期限、客户关系稳定性是企业势力的3个观测变量，λ_7、λ_8、λ_9 是各观测变量在企业势力上的因子载荷，先进技术设备、品牌、质量管理、供应链管理是企业价值的4个观测变量，λ_{10}、λ_{11}、λ_{12}、λ_{13} 是各观测变量在企业价值上的因子载荷，最低工资标准、工作时间、童工、员工集体谈判权、社会保障福利是体面劳动的5个观测变量，λ_{14}、λ_{15}、λ_{16}、λ_{17}、λ_{18} 是各观测变量在体面劳动上的因子载荷，$e7-e18$ 为各观测变量的误差项。

2. 结构方程的矩阵方程形式可表述为：

$$\eta = B\eta + \Gamma\xi + \zeta \tag{6-5}$$

其中，B— 内生潜变量之间的关系；Γ— 外源潜变量对内生潜变量的影响；ζ— 结构方程的残差项组成的向量，反映了 η 在结构方程中未能被解释的部分。

由此，本文的研究模型的结构方程可表述为：

$$\begin{bmatrix}\text{企业势力}\\ \text{企业价值}\\ \text{体面劳动}\end{bmatrix} = \begin{bmatrix}\gamma_1\\ \gamma_2\\ \gamma_3\end{bmatrix}[\text{企业社会责任}] + \begin{bmatrix}e19\\ e20\\ e21\end{bmatrix} \tag{6-6}$$

其中，企业社会责任是本研究模型的外源潜变量，企业势力、企业价值、体面劳动是本研究模型的内生潜变量，γ_1、γ_2、γ_3 是企业社会责任分别对企业势力、企业价值、体面劳动的影响系数，$e19-e21$ 是结构方程的残差项，分别代表企业势力、企业价值、体面劳动在方程中未被解释的部分。

二、模型估计

本研究运用 AMOS 7.0 软件选用最大似然估计对模型进行参数估计(表6-18)。从表中可以看出，体面劳动对童工、体面劳动对员工谈判这两个系数的 P 值 >0.05，未通过显著性检验。由于在上一节效度分析中体面劳动的各观测变量的因子载荷均达到了理想标准，同时在理论上体面劳动与不使用童工、员工集体谈判权具有较强的正向关系，因此本文将保留体面劳动对童工、体面劳动对员工集体谈判权这两条路径，试图通过提高模型的拟合优度来提高系数的显著性水平。

表 6-18 系数估计结果

路径关系			Estimate	S. E.	C. R.	*P*
企业价值	<---	企业社会责任	0.353	0.123	2.883	0.004
企业势力	<---	企业社会责任	0.246	0.124	1.973	0.049
体面劳动	<---	企业社会责任	0.823	0.230	3.578	***
CSR1	<---	企业社会责任	−0.662	0.201	−3.295	***
CSR2	<---	企业社会责任	−1.000			
CSR3	<---	企业社会责任	−0.765	0.203	−3.763	***
CSR5	<---	企业社会责任	0.623	0.172	3.629	***
CSR6	<---	企业社会责任	−0.940	0.223	−4.219	***
CSR4	<---	企业社会责任	−0.770	0.200	−3.841	***
客户侃价	<---	企业势力	1.002	0.442	2.269	0.023
交货期限	<---	企业势力	1.000			
客户稳定	<---	企业势力	0.587	0.276	2.129	0.033
技术设备	<---	企业价值	0.642	0.162	3.966	***
品牌	<---	企业价值	1.305	0.236	5.517	***
质量管理	<---	企业价值	1.000			
供应链	<---	企业价值	1.088	0.192	5.662	***
最低工资	<---	体面劳动	0.226	0.113	1.992	0.046
工作时间	<---	体面劳动	1.000			
童工	<---	体面劳动	0.120	0.075	1.610	0.107
员工谈判	<---	体面劳动	0.190	0.120	1.585	0.113
社会保障	<---	体面劳动	0.560	0.267	2.095	0.036

注：*** 表示 P 小于 0.001。

三、模型评价

(一)违犯估计检验

在评价模型拟合度之前，须先进行“违犯估计”，确认估计系数是否超出可接受的范围。所谓违犯估计是指模型内统计所输出的估计系数，超出了可接受的范围，也就是模型获得不适当的解的情况。常见的违犯估计项目有：(1)负的误差方差存在；(2)标准化系数超过或太接近 1(通常以 0.95 为门槛)。由表 6-19可知，模型中标准化系数的绝对值均未超过 0.95。由表 6-20 可知，模型中估计的方差及其标准误差均为正。因此，该模型并未发生违犯估计的现象，可以进行整体模型拟合度的检验。

表 6-19　标准化系数估计结果

路径关系			Estimate
企业价值	<—	企业社会责任	0.441
企业势力	<—	企业社会责任	0.381
体面劳动	<—	企业社会责任	0.590
CSR1	<—	企业社会责任	−0.433
CSR2	<—	企业社会责任	−0.646
CSR3	<—	企业社会责任	−0.508
CSR5	<—	企业社会责任	0.486
CSR6	<—	企业社会责任	−0.592
CSR4	<—	企业社会责任	−0.522
客户侃价	<—	企业势力	0.606
交货期限	<—	企业势力	0.573
客户稳定	<—	企业势力	0.368
技术设备	<—	企业价值	0.482
品牌	<—	企业价值	0.706
质量管理	<—	企业价值	0.737
供应链	<—	企业价值	0.743
最低工资	<—	体面劳动	0.294
工作时间	<—	体面劳动	0.806
童工	<—	体面劳动	0.222
员工谈判	<—	体面劳动	0.218
社会保障	<—	体面劳动	0.317

表 6-20　方差估计结果

	Estimate	S. E.	C. R.	*P*
企业社会责任	0.503	0.171	2.934	0.003
*e*19	0.179	0.102	1.758	0.079
*e*20	0.261	0.078	3.358	***
*e*21	0.636	0.356	1.784	0.074
*e*2	0.701	0.137	5.102	***
*e*3	0.844	0.143	5.913	***
*e*4	0.798	0.136	5.857	***
*e*5	0.632	0.105	5.999	***

续表

	Estimate	S. E.	C. R.	P
$e6$	0.823	0.150	5.491	***
$e1$	0.957	0.155	6.171	***
$e7$	0.363	0.106	3.418	***
$e8$	0.427	0.112	3.827	***
$e9$	0.462	0.079	5.865	***
$e10$	0.440	0.072	6.142	***
$e11$	0.553	0.114	4.861	***
$e12$	0.272	0.060	4.496	***
$e13$	0.311	0.070	4.420	***
$e14$	0.526	0.083	6.370	***
$e15$	0.528	0.348	1.518	0.129
$e16$	0.272	0.042	6.517	***
$e17$	0.703	0.108	6.524	***
$e18$	2.741	0.435	6.305	***

注：*** 表示 P 小于 0.001。

(二)模型整体拟合度检验

结构方程模型的拟合指数一般分为三类：(1)绝对拟合指数(Absolute Fit Measures)，用来确定模型可以预测协方差阵和相关矩阵的程度。本文主要选取卡方值(χ)、相对卡方值(χ/df)、近似误差均方根(Root Mean Square Error of Approximation，RMSEA)等三个指标来检验。(2)增殖拟合指数(Incremental Fit Measures)，衡量理论模型与虚无模型的比较结果，本文主要选取比较拟合指数(CFI)、增量拟合指数(IFI)等两个指标来检验。(3)简约拟合指数(Parsimonious Fit Measures)：用来评价模型的简约程度，本文主要选取简约基准拟合指数(PNFI)和简约拟合指数(PGFI)等两个指标来检验。

拟合度检验结果如表 6-21 所示，从中可以看出，模型的比较拟合指数未通过检验。为了得到更好的拟合优度，需进行模型的修正。

表 6-21　研究模型的拟合程度分析表

类　别	拟合指数名称	理想标准	模型结果	是否符合标准
绝对拟合指数	卡方值(χ)	$P>0.05$	$P=0.068$	符合
	相对卡方值(χ/df)	<2	1.189	符合
	近似误差均方根(RMSEA)	<0.08	0.046	符合
增殖拟合指数	比较拟合指数(CFI)	>0.9	0.892	不符合
	增量拟合指数(IFI)	>0.9	0.901	符合
简约拟合指数	简约基准拟合指数(PNFI)	>0.5	0.511	符合
	简约拟合指数(PGFI)	>0.5	0.658	符合

四、模型修正

模型修正有两个方向，一是向模型简约方面修正，即删除或限制一些路径，使模型变得更简洁；二是向模型扩展方面修正，即放松一些路径的限制，提高模型的拟合程度(易丹辉，2008)。本研究利用 MI 修正模型，即朝模型扩展方面进行修正。如果两个误差变量允许相关，MI 与卡方统计量减少有关。常用的方法是去掉最大的 MI 的参数，即允许这两个误差变量相关。然而，允许误差项变量相关，只有它有实际意义时才能执行。本研究修正指数如表 6-22 所示，根据实际意义的分析，决定在 *e*14 和 *e*18 误差变量之间增加一条相关路径。

表 6-22　修正指数表

			MI	Par Change
*e*14	<——>	*e*18	4.230	−0.270
*e*11	<——>	*e*14	5.236	−0.149
*e*8	<——>	*e*12	4.063	0.094
*e*1	<——>	*e*16	6.037	0.138
*e*3	<——>	*e*7	6.618	0.182

修正后的结构方程模型路径图及参数估计结果如图 6-3 所示。对修正后的模型进行参数估计和拟合度的检验，检验结果见表 6-23—表 6-25。从表 6-23 可以看出，各个系数在 90％的置信度下均具有显著的统计意义。表 6-24 显示了模型修正后的标准化系数。从表 6-25 可以看出，模型的各个拟合指数均达到了理想标准，拟合优度较好，说明本研究提出的模型是合理的。

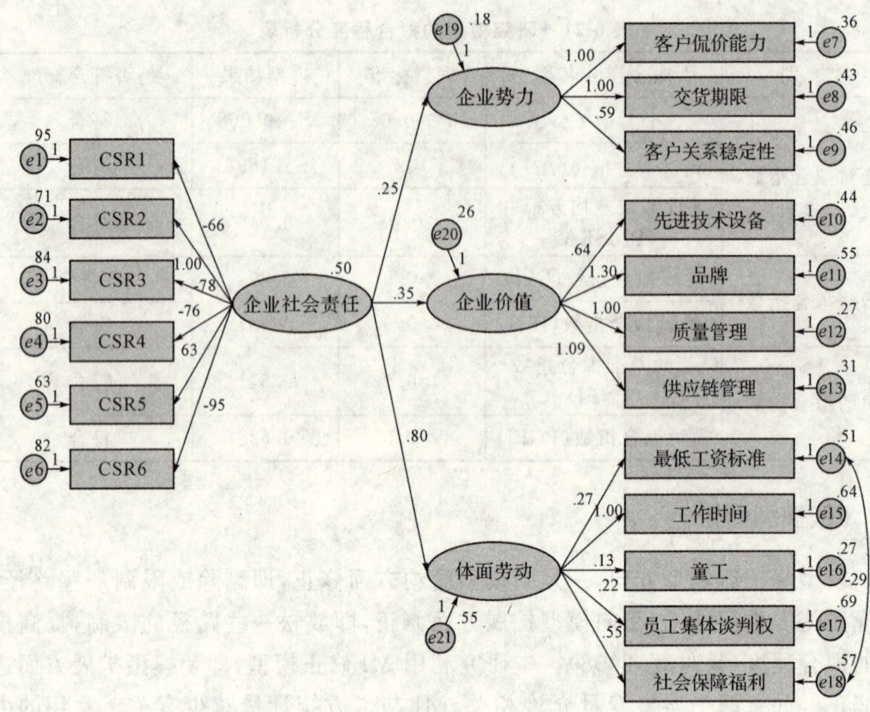

图 6-3　修正后的结构方程模型路径

表 6-23　模型修正后参数估计结果

路径关系			Estimate	S. E.	C. R.	*P*
企业价值	<——	企业社会责任	0.351	0.123	2.850	0.004
企业势力	<——	企业社会责任	0.246	0.125	1.966	0.049
体面劳动	<——	企业社会责任	0.801	0.230	3.483	***
CSR1	<——	企业社会责任	−0.663	0.202	−3.275	0.001
CSR2	<——	企业社会责任	−1.000			
CSR3	<——	企业社会责任	−0.778	0.205	−3.785	***
CSR5	<——	企业社会责任	0.629	0.173	3.632	***
CSR6	<——	企业社会责任	−0.947	0.225	−4.208	***
CSR4	<——	企业社会责任	−0.777	0.202	−3.838	***
客户侃价	<——	企业势力	1.002	0.442	2.268	0.023
交货期限	<——	企业势力	1.000			
客户稳定	<——	企业势力	0.590	0.277	2.132	0.033
技术设备	<——	企业价值	0.642	0.162	3.966	***
品牌	<——	企业价值	1.303	0.236	5.513	***
质量管理	<——	企业价值	1.000			

续表

路径关系			Estimate	S. E.	C. R.	P
供应链	<—	企业价值	1.088	0.192	5.660	***
最低工资	<—	体面劳动	0.275	0.123	2.226	0.026
工作时间	<—	体面劳动	1.000			
童工	<—	体面劳动	0.131	0.078	1.675	0.094
员工谈判	<—	体面劳动	0.224	0.126	1.771	0.077
社会保障	<—	体面劳动	0.662	0.287	2.306	0.021

注：*** 表示 P 小于 0.001。

表 6-24　模型修正后标准化系数估计结果

路径关系			Estimate
企业价值	<—	企业社会责任	0.435
企业权利	<—	企业社会责任	0.380
体面劳动	<—	企业社会责任	0.607
CSR1	<—	企业社会责任	−0.431
CSR2	<—	企业社会责任	−0.642
CSR3	<—	企业社会责任	−0.514
CSR5	<—	企业社会责任	0.488
CSR6	<—	企业社会责任	−0.593
CSR4	<—	企业社会责任	−0.523
客户侃价	<—	企业权利	0.605
交货期限	<—	企业权利	0.573
客户稳定	<—	企业权利	0.369
技术设备	<—	企业价值	0.483
品牌	<—	企业价值	0.706
质量管理	<—	企业价值	0.738
供应链	<—	企业价值	0.743
最低工资	<—	体面劳动	0.337
工作时间	<—	体面劳动	0.759
童工	<—	体面劳动	0.228
员工谈判	<—	体面劳动	0.242
社会保障	<—	体面劳动	0.353

表 6-25　研究模型的拟合程度分析表(修正后)

类　别	拟合指数名称	理想标准	模型结果	是否符合标准
绝对拟合指数	卡方值 (χ)	$P>0.05$	$P=0.099$	符合
	相对卡方值 (χ/df)	<2	1.162	符合
	近似误差均方根 (RMSEA)	<0.08	0.043	符合
增殖拟合指数	比较拟合指数(CFI)	>0.9	0.908	符合
	增量拟合指数(IFI)	>0.9	0.916	符合
简约拟合指数	简约基准拟合指数(PNFI)	>0.5	0.517	符合
	简约拟合指数(PGFI)	>0.5	0.656	符合

五、假设检验结果

本研究的假设检验结果如表 6-26 所示,从表中可以看出,三个研究假设都通过了检验,假设成立。

(1)企业社会责任对企业势力有正向影响。从表 6-26 可知,企业社会责任对企业势力的路径系数达到了显著水平,即有正面的直接影响效果,假设 H1 通过了检验。

(2)企业社会责任对企业价值有正向影响。从表 6-26 可知,企业社会责任对企业价值的路径系数达到了显著水平,即有正面的直接影响效果,假设 H2 通过了检验。

(3)企业社会责任对体面劳动有正向影响。从表 6-26 可知,企业社会责任对体面劳动的路径系数达到了显著水平,即有正面的直接影响效果,假设 H3 通过了检验。

此外,从表中可以看出,在三组变量关系中,企业社会责任与体面劳动的相关系数最大,企业社会责任与企业势力的相关系数相对较小。这说明企业社会责任促进社会升级的作用力较强,提升企业势力的作用力相对较弱。

表 6-26　研究假设的检验结果

对应假设	变量间的关系	标准化路径系数	P 值	检验结果
H1	企业社会责任—企业势力	0.380	0.049	假设成立
H2	企业社会责任—企业价值	0.435	0.004	假设成立
H3	企业社会责任—体面劳动	0.607	0.000	假设成立

第五节 研究结果讨论

根据上文对全球产业网络下的企业社会责任和产业升级之间关系的研究结论，本节进一步对结果进行论证与分析。通过对企业社会责任观念进行聚类分析，用更充分的数据来支持企业社会责任与经济升级和社会升级存在着正相关的观点。

一、企业社会责任观念聚类分析

在结构方程模型分析中，企业社会责任的6个指标作为连续变量来研究，而在本节中，为了更清晰地来描述企业间不同的社会责任战略，我们将企业社会责任作为分类变量，研究企业选择不同的企业社会责任战略所带来的不同影响。

本研究利用SPSS 11.5软件对企业社会责任战略进行聚类分析，企业社会责任战略被分为两类，其中第1类39家，占样本量的43.33%，第2类51家，占样本量的56.67%(表6-27)。两类企业的指标均值如表6-28所示，从中可以看出，第1类企业反向反映企业社会责任观念的指标均值均比第2类企业的均值要高，而正向反映企业社会责任的指标均值要比第2类低，因此，将第1类企业定义为被动反应型，第2类定义为主动适应型。

表6-27 企业社会责任战略分类

企业分类	N	%
1	39	43.33
2	51	56.67
总 计	90	100

表6-28 企业社会责任战略分类指标均值

分类指标	均 值	
	1	2
1.企业履行社会责任和企业利润之间是矛盾的	3.62	2.49
2.如果提高劳工标准，增加的成本将危及企业生存	3.92	2.53
3.对于环保和劳工方面的管制和规章，能达到最低要求就可以了	3.64	2.37
4.迫于采购商、行业协会及政府部门等外部压力，才履行环保劳工标准	3.10	2.29
5.为了企业长期利益，可以放弃一些眼前利益，主动承担一些社会责任	3.46	4.06
6. 企业以商业利益为第一目的，环保和社会责任为第二	3.51	2.12

二、企业社会责任与经济升级

结构方程模型分析表明企业社会责任对企业势力和企业价值有显著的正向影响，说明企业社会责任与经济升级之间的正相关关系，聚类分析进一步支持了这一观点。

表 6-29 显示了采购商与不同类型企业之间的关系。从中可以看出，相比被动反应型企业而言，主动适应型企业获得采购商补贴的比例更高，采购商对企业进行 CSR 认证给予咨询支持的比例更大，得到的订货价格优于其他客户所占比例也更高，同时更容易保持与采购商之间的长期合作关系。这说明积极履行企业社会责任的企业更容易得到采购商的支持和补贴，双方的关系也更加稳定。这些证据进一步支持了企业社会责任能促进企业势力提升的观点。

表 6-29　CSR 战略与采购商关系

企业与采购商之间的关系	被动反应型%		主动适应型%	
	是	否	是	否
采购商对贵公司执行 CSR 认证给予补贴吗	15.38	84.62	21.57	78.43
采购商对 CSR 认证给予咨询支持吗	43.59	56.41	58.82	41.18
有 CSR 要求的采购商的订货价格是否优于其他客户	38.46	61.54	41.18	58.82
有 CSR 要求的采购商是否保持较长期的合作关系	76.92	23.08	88.24	11.76

图 6-4 表现了不同类别企业不同的经营方式。从中可以看出，尽管加工是两类企业主要的经营方式，但相对于被动反应型企业而言，主动适应型企业品牌经营的比例更大，这意味着积极履行社会责任的企业更主动地向高附加值的环节升级，更有可能获得品牌租，企业价值也随之提升。

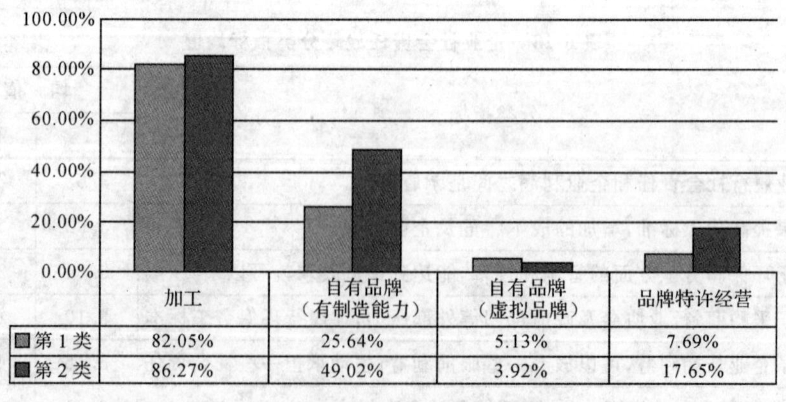

图 6-4　CSR 战略与企业的经营方式

表6-30、表6-31显示了不同类型企业通过管理体系认证数量的差异和企业信息管理与数字化设备数量的差异。从中可以看出,相比被动反应型企业而言,主动适应型企业通过管理体系认证的数量和企业信息管理与数字化设备的数量更多,使企业获得更多的关系租、质量租和技术租。

表6-30　CSR战略与企业管理体系认证

企业分类	企业通过管理体系认证的数量				合　计
	0	1	2—3	4及以上	
被动反应型	41.03	43.59	15.38	0.00	100
主动适应型	23.53	29.41	43.14	3.92	100

表6-31　CSR战略与企业信息管理与数字化设备

企业分类	企业信息管理与数字化设备的数量				合　计
	0—1	2—3	4—6	7及以上	
被动反应型	43.59	35.90	17.95	2.56	100
主动适应型	25.49	41.18	27.45	5.88	100

图6-5反映了不同企业类型研发方式的差异。从中可以看出,由于两类企业的经营模式都是以加工为主,因此其研发方式都更多地选择了与客户或供应商合作的方式,但主动适应型企业在各种研发方式上所占的比例均要高于被动反应型的企业,在自主研发上的差异尤为明显,这与主动适应型企业更多地注重品牌是相对应的。企业在研发上的投入,将给企业带来更多的创新,有助于扩大企业的优势和增强企业的竞争力,进而也有助于提升企业价值。

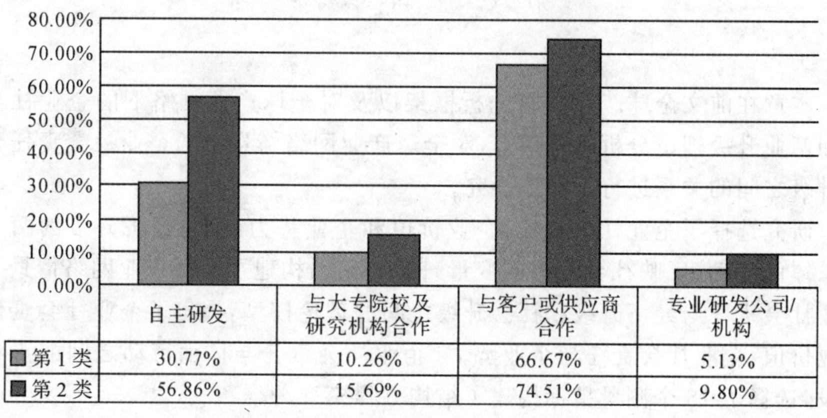

图6-5　CSR战略与企业的研发方式

三、企业社会责任与社会升级

结构方程模型分析表明企业社会责任对体面劳动有显著的正向影响，说明企业社会责任与社会升级之间的正相关关系，聚类分析进一步支持了这一观点。

表 6-32 反映了不同类型企业在员工和环境两方面表现的差异。从中可以看出，相比被动反应型企业而言，主动适应型企业的员工享有更多的匿名投诉权，工作环境也更加安全健康，员工得到更多的培训、发展的空间更大，更多的企业设立了工会，员工享有更多的话语权；同时，设立环保部门的比例也更高。说明企业社会责任能促进社会升级。

表 6-32 CSR 战略与社会表现

社会表现	被动反应型%		主动适应型%	
	是	否	是	否
员工能匿名投诉吗	71.79	28.21	80.39	19.61
企业是否把安全、健康的工作环境与工作岗位描述相联系	82.05	17.95	92.16	7.84
企业是否有车间或流水线员工的发展和阶段性培训计划	51.28	48.72	86.27	13.73
企业是否有工会组织	51.28	48.72	70.59	29.41
企业是否设立专门的环境保护部门	7.69	92.31	37.25	62.75

第六节 本章小结

本章在前文全球产业网络分析框架以及对全球产业网络下的企业社会责任和产业升级理论分析的基础上，对全球产业网络情景下的企业社会责任和产业升级之间的关系进行了实证研究。

研究选择了企业社会责任、企业价值和企业势力(反映经济升级的两个变量)、体面劳动(反映社会升级的变量)四个变量，构建了全球产业网络情景下的企业社会责任与经济升级和社会升级之间的理论模型，提出了企业社会责任与企业价值、企业社会责任与企业势力、企业社会责任与体面劳动之间的正相关假设，选择了 18 个测量指标构建了结构方程模型。

通过问卷调查法，对中国纺织服装企业进行了数据搜集，信度和效度分析表明量表具有良好的一致性和建构效度。运用 Amos 软件对模型进行了实证检验，并运用 MI 对模型进行了修正，研究证明企业社会责任与企业势力、企业价值、体面劳动之间存在着正相关关系，相关系数依次增加，表明企业社会责任对企业势力的作用力相对较弱，与体面劳动之间的作用力较强。

聚类分析对企业社会责任与经济升级和社会升级存在着正相关关系的观点提供了进一步支持。根据企业对社会责任观念的认识进行了聚类，将样本分为主动适应型和被动反应型两类企业。研究表明，主动适应型企业更容易得到采购商的支持和补贴，双方的关系也更加稳定，这些证据进一步支持了企业社会责任能促进企业势力提升的观点；主动适应型企业更注重品牌和研发，推动企业向高附加值的环节升级，从而获得更多品牌租。同时，主动适应型企业通过管理体系认证的数量和企业信息管理与数字化设备的数量更多，使企业获得更多的关系租、质量租和技术租，促进企业价值的提升；主动适应型企业的员工享有更多的匿名投诉权、更健康的工作环境、更多的培训机会和发展空间以及更多的话语权，体面劳动表现更为积极；主动适应型企业设立环保部门的比例也更高，环境保护的意识也更强。

第七章　中国纺织服装企业经济升级和社会升级案例分析

中国拥有最完整的纺织服装产业链，从纤维生产、纺纱、织造、染整到服装缝制，包括纺机及服装辅料配件的生产，但弱于设计研发、服务贸易、品牌营销和零售。在全球商品链中中国强于生产却弱于流通，强于产品弱于品牌，强于单品加工弱于系列设计和商品策划，缺乏主导权和价格权；在全球价值链中，中国只获得很小部分加工附加值，而服装及终端产品十分之九的附加值被设计师品牌、零售商和服装品牌拥有者占有；在全球生产网络中，中国是最大的原料、设备和中间产品的进口国，如棉花、羊毛、纺机、染化料，中国还是潜在的终端产品的大市场。中国的服装消费需求，不仅拉动了中国纺织产业链，还是世界纺织经济的发动机。作为全球最大的纺织服装生产和出口国，中国纺织服装企业在全球产业网络中处于比较低的地位，在价格方面话语权较低。同时，以低劳动力成本为竞争优势的中国纺织服装企业，面临着生产成本和企业社会责任的双重压力。两难困境中的中国纺织服装企业应该走怎样的升级路径，是企业界和学术界关注的焦点问题。本章通过对"申洲"和"雅戈尔"两家纺织服装企业的案例分析，探讨中国纺织服装企业在全球产业网络框架下经济升级和社会升级的成功路径。

第一节　"申洲"——OEM 中走出的产业升级的典范

一、企业概况

申洲国际集团控股有限公司为一家大型的针织服装加工制造企业，其核心企业宁波申洲针织有限公司创建于 1990 年 3 月，由北仑对外经济服务公司、上海针织二十厂和美国景洲企业公司三方合资成立，注册资金 215 万美元。成立之初，公司员工仅有200余人，总资产800万元。通过二十年的发展，集团公司所属工厂占地2000余亩，拥有员工3.5万人，总资产38亿元人民币。2005年11月，集团在香港联交所顺利上市，IPO募集的资金净额达8.56亿港币，成为公司发展的重要里程碑。为提高集团的国际竞争力，集团实施走出去战略，在柬埔寨建立生产基地，为集团的长远发展抢占先机。集团先后与UNIQLO、伊藤忠、伊都锦、伊藤洋华堂等如本知名服装品牌及零售商，NIKE、ADIDAS、PUMA、FILA及MIZUNO等国际知名运动服装品牌建立了良好的合作关系，为加深与重要客户的合作，集团为UNIQLO、NIKE、ADIDAS等国际知名企业设立了专用工厂。2007年，集团实现销售收入50亿人民币、创汇4.2亿美元、创利税7.8亿人民币。面对全球性的经济危机，申洲集团的销售收入不减反而有了长足的增长。2009年，集团实现销售收入61亿人民币、创利税14.7亿人民币，针织服装出口额、利税总额、利润总额、产能规模均连续6年列中国针织服装行业第一位。与2008年相比，2009年主要出口市场日本、美国和欧洲的销售额分别增长31.4%、30.1%和23.7%[①]。

二、创新研发和技术升级

申洲拥有国内最先进的面料研发检测实验室、亚洲唯一的申洲NIKE设计开发中心，以及全世界最先进的设备和国际品牌专用厂，这使得申洲能够引领潮流，每年开发2000多种新面料，为世界不同客户提供检测，专用工厂服务于世界一流品牌。申洲重视创新人才的培养，每年投入数亿元研发经费，从事与研发有关的工作人员超过1000人，其中科研人员近700人。另外，集团还聘请一批资深的教授、学者担任技术顾问，并与全国多家高校和科研机构建立了长期技术协作关系，形成了强大的技术创新开发能力。

申洲与耐克的合作开创了一种全新的合作模式，共同设立了申洲NIKE设计开发中心。通过全球领导品牌设计室与制造工厂相结合的模式，充分发挥双方各自的优势。设计与制作紧密结合，耐克设计师的修改意见，申洲在2小时内予以改进，使供应链的反应机制更为流畅和快速，减少新品面市的时间，误差也更小。

申洲国际发展纵向一体化的营运模式，将所有生产工序，从面料织造、染色与后整理、印绣花和剪裁及缝纫集中在同一工业区内，有效提升了工艺技术和制造水平，为集团客户提供一站式优质服务，使客户做到"货到即售"(Ready on Delivery)，提高了申洲的竞争力。目前，申洲国际已经成为中国最具规模的纵向一体化针织服装制造商。纵向一体化的营运模式为集团带来多项优势，完整

① 这也验证了Gereffi and Frederick(2010)的观点：配额的取消以及经济的衰退加速了全球供应链精简的趋势：领导厂商在世界范围内对供应商的定位趋向于更少、更大以及更有能力的地方供应商。

的产业链布局不但有效减少了生产工序的衔接时间及物流成本，更有助于集团降低生产成本，增强赢利能力，同时亦使集团较少受到上下产业的影响，提高了抗风险的能力。

集团推行严谨的品质控制措施，由原材料到成品均进行严格的品质监控，先后完成 ISO9001 质量管理体系、ISO14001 环境管理体系、瑞士 OeKo-Tex100 认证、OHSA18001 职业健康安全体系等多项国际认证，产品质量得到国际知名厂商的一致认可，顺利通过国际品牌企业的验厂，集团合作伙伴 UNIQLO 多次把集团评为“全球最佳供应商”。

三、人性化管理促进企业和谐

申洲集团十分重视企业内部的和谐，由党委、企业管理层、工会、办公室、人事处和专业律师组成职工维权调解中心，并在各车间和部门成立协调小组，积极化解内部矛盾、维护职工权益。集团还充分发挥职工代表大会作用，将其作为员工参与企业民主管理、促进企业和谐发展的重要平台。

申洲集团提倡以人为本的理念，在车间、食堂、宿舍设立投诉意见信箱，广征员工意见，定期做出答复并根据意见进行整改，热线交流手机号码予以公示，让员工能随时随地通过手机信息反映问题，将问题消解在萌芽状态。

申洲集团积极致力于员工作环境、权利保障和生活条件等方面的改善。集团 75%的厂区面积配置了中央空调，并与 UNIQLO、NIKE、ADIDAS、PUMA 等重要客户建立了员工权利保障合作条款。集团积极为全体员工缴纳各类保险，做到应保尽保。公司还设立职工急难救助基金，大部分基金源自于公司行政拨款。申洲慈善救助基金使用规定，凡是与公司签订了正式劳动合同的员工，或该员工无固定收入的配偶、父母、子女，在不幸遭遇自然灾害、重大疾病、意外事故等变故后，都可以向公司慈善救助站提出救助申请。公司救助站调查审核后，将一次性发放 2000～10000 元不等的救助金，特殊情况可特批。

申洲集团投资 1.3 亿建设 8.6 万平方米的单身职工住宅小区和 1400 套夫妻公寓，让员工享受人性化居住环境；购置 15 辆豪华大巴，保证员工上下班安全、便捷；建设 20 个食堂和一个 6000 平方米配餐中心，保证员工吃得安全、可口。申洲员工实行错时分批就餐，并给予每人每餐一元的补贴。

此外，集团非常重视员工的培训提高，仅 2007 年就先后组织各类培训 56 期。

公司一直致力于对社会的回馈，仅 2000 年到 2006 年，申洲公司已陆续捐款 2800 万元用于慈善公益事业，其中包括为外省市贫困地区援建“希望小学”，为市、区街道建造敬老院和公园，为乡镇设立帮困基金等。2006 年又捐款 600

万元支持中国女排落户北仑。2010 年再度获得宁波市“十大最具爱心慈善企业”称号。

四、循环经济实现科学发展

作为用水和耗能大户，集团努力实现节能减排和增产不增污的目标，打造绿色品牌。集团的各生产工厂都建立了环保工作网络，落实专门的环保管理员。集团先后投资 2.3 亿元引进国际上最先进的成套节水节能型染色机设备，耗水、耗气、耗电下降 30%以上，日节水 6000 吨。如国内传统染色机每吨布用水量 250～300 吨，而申洲引入的德国 THEN 染色机每吨布用水量只有 85～95 吨，希腊 SCLAVOS 染色机每吨布用水量更是只有 60～80 吨。集团先后投资 6000 余万元自建 60000M3/D 的印染废水处理工程和废水回用工程，经水质净化处理后的废水 85%用于生产再利用，10%～15%用于卫生冲洗、锅炉浇煤、引风机轴承冷却及绿化浇地，每年可节约用水 165～290 万吨，消减 COD 排放量 180 吨。集团自建的污水处理中心还与环保局联网，实施 24 小时在线监控。集团投资 160 万元，采用 SSX-Ⅲ型硫化床烟气洗涤器对锅炉烟气进行处理，脱硫率达 82%、除尘率达 98%。集团第一批通过了清洁生产审核验收，成为 12 家浙江省清洁生产试点企业之一，并被确定为第一批浙江省级绿色企业。

五、案例点评与小结

面临后 MFA(多纤维协定)时代的挑战和困局，存在着两条道路，一是沿袭“追底杀低”的低成本、低价格、低价值、低档次的产业竞争模式；二是坚持创新、协调和可持续发展。2008 年的残酷现实证明第一条道路是死路，而申洲集团以创新实践，实现纯加工出口企业的产业升级之路，即流程升级、产品升级、功能升级和链条升级。

通过先进装备的引进，提高生产效率和企业规模，整合流程，从设计打样到交货的快速反应，满足市场需要。

通过产品研发，加强原创设计研发，提升产品品质和差异化，提高非价格的竞争力。

通过提供优良的客户服务，承担部分客户要求的职能，如协同研发、商品检测、快速交货配送，提升集团核心能力。

通过整合产业链，纵向一体化，拓展海外基地和市场，实践向中西部转移，拓展更广泛的产业领域。

产业升级不仅体现在公司的经济效益，申洲集团实施绿色环保和企业社会责任的可持续发展战略，实践了和谐科学的发展观，成为服装加工出口行业的典范。

第二节　雅戈尔多元化创新协同发展之路

一、企业概况

雅戈尔集团创建于1979年，经过30多年的发展，逐步确立了以品牌服装、地产开发、股权投资等产业为主体，多元并进、专业化发展的经营格局。目前，雅戈尔已成为拥有员工5万余人的大型跨国集团公司，集团旗下的雅戈尔股份有限公司于1998年在上海证券交易所上市。

2009年雅戈尔集团实现销售收入274亿元，利润总额41.54亿元，出口创汇6.28亿美元，上交国家税收16.14亿元。雅戈尔集团入选"2007中国顶尖企业榜百强"，以良好的经营业绩和持续的增长潜力列2009全国制造业500强第120位、中国企业效益200强第74位，同时还获中华慈善事业突出贡献奖，连续三年上榜"福布斯慈善榜"和"胡润企业社会责任50强"。

二、多元创新之路

(一)提升技术创新能力

雅戈尔整合五个专业技术中心——梭织面料研发中心、毛纺织后整理研发中心、服装辅料研发中心、服装设计研发中心、信息化工程研发中心，成立雅戈尔集团技术研究开发中心，拥有专职技术开发人员750人，集团技术中心有科研人员64人。每年坚持投入销售收入的3%作为技术开发经费，2005年集团科技活动经费支出达1.52亿元，比上一年增长32.17%。几年来，集团先后开发新产品、新技术27项，其中国内领先水平24项、国际先进水平3项，有6种新技术申报国家发明专利。

雅戈尔形成了生产一代、研制一代、开发一代、储备一代的连锁体系，在每年投放市场的产品中，全新面料、款型、工艺的新型产品占据70%的份额，在很大程度上满足了消费者多样化的需求，为发掘潜在顾客和建立良好的顾客关系提供了有力保障。

(二)建立营销新体制

雅戈尔凭借自身的实力和优势、先进的营销理念，在全国各地构建起较为完善的销售网络体系。至今，雅戈尔的市场网络已涵盖了全国(除台湾、澳门外)各个省、市、自治区和直辖市，建立了150余家分公司、2000余个商业网点。

随着雅戈尔销售市场的拓展和产品销量的攀升，为降低生产和营销成本、缓解物流管理的压力，进一步增强产品的市场竞争力。2005年前后，根据企业“细化市场，做足销售”的经营方针，雅戈尔先后成立了西部、北方和南方三家公司，以此缩小管理半径，加快区域配送中心建设步伐，对现有营销网络系统进行有效调整。

经过一年运作，新模式的营销网络功能成效显著，北方公司和西部公司均实现销售、利润、货款回收率三项指标的提高。其中，西部公司在重庆的生产、销售基地于2005年底正式投入运行，除形成衬衫100万件、西服上装15万套的生产能力外，还建有西南10省市仓储配送中心，将大幅降低运营成本，缩短周转时间。目前，以服饰、南部、西部、北部四大公司为框架，以省级配送中心为支柱的雅戈尔营销网络新格局已经初步形成，将进一步优化营销管理，为拓展市场销售局面奠定基础。

雅戈尔注重以信息技术提升营销网络。专项启动的“雅戈尔数字化工程”，旨在用高科技手段改造提升营销网络体系，在全国各销售网点推行计算机网络化管理，引进国际先进水平的管理软件，利用信息化技术强化物流、资金流、信息流管理，打造全新高效配销渠道，以增强企业对市场的应变能力。

(三)现代化设备流程创新应用

雅戈尔以引进高新技术和设备提升服装业核心竞争力为重要手段，走“高起点、高科技、高投入、高效益”的四高技术改造之路。集团每年用于设备更新和引进的资金达5000万元以上。

此外，雅戈尔量身定制系统具备数据传输、人体数据结构、CAD制版等功能，取众家之长，合企业之需，可称为引进消化吸收再创新能力的典范。法国博格公司的CAD系统在业界享有盛誉，相对于其他公司的CAD系统则显得单薄。而日本CTC公司则在量身数据领域达到世界先进水平，但数据库不够完善。雅戈尔技术专家将两者系统进行改进，在CTC公司基础上添加雅戈尔多年来积累的人体尺寸数据，完善数据准确度，并将CAD系统与CTC公司数据库整合成量身定制系统。现在，只要在专卖店量身，数据传输到量身定制中心，五分钟后就能在车间开始制造，极大地提高了生产效率与成品满意度。国家科技部将雅戈尔列为国家CAD、CAM应用推广示范企业。

(四)产业链协同开发

雅戈尔利用产业链优势，开展多种形式的上下游协同开发，以此提高技术利用率，通过集成创新来提升产品价值。DP纯棉免熨精品衬衫，就是雅戈尔产业链协同开发的典型例子。

雅戈尔衬衫厂是免烫领域的领跑者，积累了大量的技术经验，成功地开发了如HP免熨衬衫、VP免熨衬衫、NV免熨衬衫等国家重点新产品。而面料后整理专家日中纺与衬衫厂紧密配合,联合应对攻关中出现的问题,做好面料研发工作,为 DP 纯棉免熨衬衫特制全棉高支免熨面料。双方合作开发的新型衬衫不久便成功面市,成为雅戈尔第四项国家重点新产品,上市并取得良好的经济效益。

除了集团内纵向的联合研究开发外,雅戈尔同样注重横向合作来提高自身技术水平,加强新产品开发。雅戈尔把技术合作开发的视野放宽到全球范围,2005 年雅戈尔毛纺与世界著名纺织巨头意大利玛佐多公司达成合作协议,玛佐多公司以注资技术转让和提供营销渠道的方式与雅戈尔毛纺展开合作事宜,双方共同研究开发新型面料,合力拓展世界高端纺织品市场。目前,该项目已列入科技局国际合作资金支持计划。

(五)品牌战略

品牌服装是雅戈尔集团的基础产业,自 1979 年从单一的生产加工起步,现已形成了以品牌服装经营为龙头的纺织服装垂直产业链。

目前,雅戈尔在全国拥有 100 余家分公司,400 多家自营专卖店,共 2000 余家商业网点。雅戈尔拥有衬衫、西服、西裤、夹克、领带和 T 恤六个中国名牌产品,主打产品衬衫为全国衬衫行业第一个国家出口免检产品,连续 15 年获得市场综合占有率第一位,西服连续 10 年保持市场综合占有率第一位。雅戈尔品牌多次获评最受消费者喜爱品牌和行业标志品牌。

雅戈尔品牌服饰连续七年居中国服装行业销售和利润总额双百强排行榜首位,被评为最受消费者喜爱品牌,相继获得中国服装协会颁发的公众大奖、成就大奖、营销大奖,是首届浙江省十大品牌创新先锋之一,被中国品牌研究院评为行业标志品牌。2009 年,雅戈尔成立服装控股有限公司,设立五个品牌工作室,即 Mayor & Youngor 、Youngor CEO 、GY、HARTMARX、汉麻世家等五个品牌,进一步在品牌定位、风格和内涵上建立鲜明的个性,同时加快新产业、新技术和新产品的研发。

自 2004 年以来,雅戈尔集团将品牌服装进一步延伸至棉花种植、纺织等服装上游产业。2008 年集团并购美国 KELLWOOD 公司旗下核心男装业务——香港新马集团,促使雅戈尔设计开发及国际经营能力进一步提升,在美国拥有自己的分销网络,形成了全球最大的纺织服装产业链之一。

进一步加强上下游协同创新能力,发挥产业链优势,在未来的国际竞争中争取更强的主动性是雅戈尔的战略路线。2007 年,雅戈尔集团收购香港新马集团,是雅戈尔步入跨国经营阶段的重要标志。2010 年 4 月,新马公司成功收购伊藤忠持有越南 91%的股权,成功实现了生产基地的跨国转移。

三、企业社会责任战略

(一)保障员工权益,创造内部和谐

1.尊重员工

在雅戈尔没有“外来妹”、“打工仔”等说法,来到雅戈尔的都是雅戈尔人,享受与本地职工一样的待遇,没有地域歧视和用工歧视。所有领导干部一律与普通员工一起排队打饭,一起就餐,没有特殊化待遇。进出公司,领导车辆为员工让路,形成了自觉行为。在股权分配上,只要在雅戈尔工作满一年,不分岗位、地域员工均可以入股。通过五级薪酬分配,员工对于工作的满意度一直维持在一个较高的水平,员工的流失率也较小。

2.关爱员工

在企业分配制度上雅戈尔实行五个体制:一、以“按劳分配,效率优先”为原则,奖掖先进,鼓励争先;二、年底以奖金制度平衡平时分配中不合理部分,兼顾公平;三、通过基金会进行分配,体现员工主人翁意识;四、通过按股分红,作为按劳分配的补充;五、对因疾患天灾等所致的困难员工进行特殊救助,平均每年费用达数百万元。在关心员工健康方面,雅戈尔每年组织免费体检:35岁以上的员工一年一次,35岁以下的员工三年一次,每年企业为此投入200万元人民币。此外,雅戈尔还在每年春节前为员工提供订票服务,并包车送员工回家;为留岗员工组织集体年夜饭、春节晚会等活动,使员工能感受到家的温暖。

3.营造良好的工作环境和生活环境

雅戈尔投入巨额资金,引进国际最先进的设备,如智能化吊挂设备、CAM裁床等,减轻工人劳动强度,降低安全隐患;安装中央空调,保障员工的身心健康。为营造良好的生活环境,雅戈尔从1999年到2006年先后建设三幢职工宿舍,共投入8200万元,建设房间929间,可入住员工6800人。宿舍配有衣柜、写字台、电话,24小时提供热水,设置了多功能活动室、电视机房、室内外健身器材、网吧等娱乐设施,并定期举办各类活动,还为员工宿舍安装独立空调,仅此一项的投入即为500万元。

4.切实提高员工收入

早在1993年股权改造的时候,雅戈尔就考虑到构建和谐企业的问题,提出员工入股,成为企业的主人。按照当时规定,董事长可以持股20%,还可以配股20%,但是雅戈尔却实行普通员工“按劳分配为主,按股分红为辅”,中层干部按劳分配与按股分红相结合,高层按资分红的原则,有效地兼顾了各层面的利益,形成了制衡的机制,同时也有效地保障了员工的长远利益。当时乡镇企业工人退休后没有保障,但由于雅戈尔给员工每人人了5000股,经过扩股送股后折算

成股值就是200多万的资产，每年分红即可达3万元。在这样的条件和待遇下，雅戈尔企业维持了长久的稳定与和谐。

在分配体系上合理地解决股东分配与员工分配。员工的工资每年保持8%～10%的增幅，并从制度上保证员工收入的增长要高于干部收入增长。

建立和谐企业还需要建立一整套健全的制度。作为一个在短时间内发展壮大的企业，雅戈尔在制度建设方面面临压力，近几年一直在加强考核、管理、分配、提升、培训等制度建设，力争使每一个人都有公平竞争的机会，让每个人都有参与企业提升发展的机会，从而使雅戈尔在未来的发展中有一个更加和谐的发展环境。

(二)环保节能生产，实施"绿色工程"

雅戈尔自建立以来，不断采用高科技改造企业设备，严格以节能和环保的标准要求自己，同时在这两方面也取得了显著的成果。

1. 降低能耗，节约资源

1999年服装城建成后，随着设备的大量引进和产能的扩大，水、电、气的能耗逐渐加大，降低能耗、节约资源成为企业的重中之重。为降低能耗，2004年雅戈尔与浙江省工业设计院空调系统节能设计研究所合作，将原来的冷却冷冻水泵改造成小功率的高效节能泵，仅此一项每年可节约用电60万度。同时在技术改造和日常管理方面，注重在工艺、设备中综合考虑设备的能耗问题，2007年上半年公司先后对各生产企业生产车间的照明灯进行了改造，可降低能耗30%。雅戈尔在独家引进免烫处理设备不久，即斥资300万元从日本引进一套污水处理系统，通过先进的系统处理，同时实现安全排放和水资源的循环利用，有效地节约了资源。

2. 应用绿色能源，推行清洁生产

雅戈尔近几年的高速发展，使企业在不断扩能的同时，能源的需求量也不断扩大。原本导热油锅炉使用的重油燃料不仅价格日益高涨，排放标准也日趋接近环保标准的底线，寻找一种环保廉价的能源替代品成为当时企业工作的重心。经过多方比较与调研之后，水煤浆能源应用方案脱颖而出。水煤浆是一种新型的清洁燃料，它以煤炭为主料，以水、化学添加剂为辅料组成，经过专用设备的研磨、细化制成。用水煤浆替代原来的重油，不仅进一步控制了能源成本，而且大大减少了进煤排渣产生的污染，带来了企业生产的清洁和环保。水煤浆项目的成功运作，不仅节约了能源，而且带来企业生产的清洁化，清洁生产的概念正日益在雅戈尔成本控制工作中发挥重要作用，同时也使企业管理层对生产环保的重要性取得了全新的认识。

(三)爱心成就“慈善企业”

在胡润百富榜发布《2007 胡润企业社会责任 50 强》榜单中，雅戈尔集团股份有限公司以 2003 年至 2006 年累计社会捐款总额 1 亿余元，成为入选的三家浙江企业之一。

成为有社会责任感的企业公民是雅戈尔的文化理念，扶危济困，襄助公益事业是企业履行的重要社会责任之一 。1997 年，宁波遭受百年不遇的台风袭击，雅戈尔向市、县捐款 150 万元，向市慈善总会捐款 100 万元；1998 年，雅戈尔为再就业工程捐款 600 万元，为抗洪救灾捐款 1000 万元；1999 年，雅戈尔把本来准备用于 20 周年厂庆的 200 万元捐给了敬老院；2003 年，“非典”爆发，在第一时间，雅戈尔捐赠 500 万元，资助宁波卫生系统购置 10 余辆隔离式救护车，这是宁波市行动最早、数额最大的抗非捐赠；2005 年 1 月，印度洋海啸灾后第一时间雅戈尔向宁波市红十字会捐款 100 余万元，以支持灾区人民的家园重建工作。其中雅戈尔西服厂一位职工化名“俏夕阳”无偿捐出了 9980 元，谐音 “救救吧”，向灾区伸出了援助之手；2003 年 11 月，雅戈尔捐资 500 万元建立“雅戈尔爱心助医基金”，每年向区慈善总会捐赠 50 万元，专门扶助家庭贫寒、尿毒症肾移植患者。2008 年，雅戈尔向四川汶川地区累计捐赠 2700 余万元。创业 30 多年来，雅戈尔已累计向公益事业捐赠 1 亿多元，在造福桑梓的同时不断丰富延伸企业公民的内涵和价值追求，赋予雅戈尔品牌独特的精神品质。

四、案例点评与小结

雅戈尔三十年的发展，得益于三十年的改革开放，反映中国服装业三十年的成长，更是中国服装业二十年技术创新、协同发展的典范.

我们在惊叹雅戈尔从 1979 年由几个知青创建的单一的生产加工小企业发展成长为拥有 150 余家分公司、400 家自营店、2000 个专业销售点的中国第一衬衫、西服品牌，更赞赏雅戈尔企业升级的路径。

意大利的服装业成为世界时尚界的领袖，其经验是技术、艺术加营销术，而产业体系则以纵横向整合，核心企业为维系的网络组织，和产业区为代表的产业集群，构成了专精化的生产体系、时尚化的品牌群。

中国的服装业一直是强于生产而弱于营销，强于规模而弱于价值，强于技术而弱于艺术，而雅戈尔以自己三十年的求索，构建了以服装为龙头的面料、成衣上下游协同的生产链；以品牌领衔的设计研发、制造、营销整合的价值链；以时尚标杆的衬衫、西服、夹克、领带等为主的商品链；以数字化技术支持的物流、资金、流通、敏捷系统的信息流，实践中国的技术、艺术、营销之术，追循品质、品位、品牌之道。

雅戈尔的企业社会责任战略切实保障了员工的利益，促进了企业内部的和谐，推行清洁生产和“绿色工程”，促进了企业与环境的和谐，慈善战略成就了爱心企业，促进了企业与社会的和谐。

第三节　本章小结

申洲与雅戈尔两个代表性的案例分析进一步证实了理论和实证研究的结果。在全球产业网络的分析框架下，企业价值可以用不同形式的经济租来衡量，如技术租、组织租、关系租和品牌租等。研究结果表明企业的供应链管理（关系租）和质量管理（组织租）尤为重要（第六章实证分析的数据表明，供应链管理对企业价值贡献度最大，为 0.743；质量管理次之，为 0.737），品牌战略对企业价值的提升也同样重要（品牌战略对企业价值的贡献度为 0.706）。申洲作为 OEM 的成功典范，以关系租和组织租的形式促进企业的经济升级，而雅戈尔作为多元化创新协同的品牌战略的模范，以品牌租的形式促进企业的经济升级。不可忽略的是，两家企业都非常重视企业的技术能力，这是企业获得技术租的基础。

通过对申洲与雅戈尔的案例分析表明，中国服装产业升级的路径是沿着两个并行不悖的方向：

一个方向是实践同一个“功能”的时候，通过流程和产品升级，提升“素质”，丰富“内涵”，整合“关系”，改变“模式”，革新“流程”，开发“通路”。如申洲在加工制造这一环节，纵向一体化延伸，提高服装与面料设计、开发水平，提高产品创新能力、品种多样化和时尚化水平，实现了企业价值的提升，与全球领导企业合作的内容也更为深入，从加工到设计再到销售与物流，在产业网络中的地位有所上升，与采购商之间的关系也更加稳定，意味着企业势力的提升。企业社会责任战略改善了员工体面劳动的质量和数量，与员工的关系更加和谐，促进了企业的和谐发展；

另一个方向如雅戈尔，从最初的加工制造到有自己的原创设计和品牌改变企业在价值链中的功能，甚至“链条”的升级，通过多元化的创新协同战略，实现技术、艺术、营销术的结合，追循品质、品位、品牌之道，促进企业的经济升级。企业社会责任战略切实保障了员工的利益，促进了企业内部的和谐，推行清洁生产和“绿色工程”，促进了企业与环境的和谐，慈善战略成就了爱心企业，促进了企业与社会的和谐，造就了良好的“企业公民”形象。

申洲即是前一种升级的典型，同时也以渐近的方法演示后一种升级：如承担了部分原创设计、合作产品开发和服务，实现了功能升级。

第八章　研究结论和建议

第一节　研究结论

一、研究结果

本文在探讨全球产业网络分析框架内涵的基础上，对企业社会责任和产业升级的概念和内涵进行了梳理，构建了全球产业网络情景下企业社会责任和产业升级关系的理论模型，并结合中国纺织服装业的调查进行了实证研究。主要研究结论如下：

(1)全球产业网络作为一种新的组织，与企业和市场相比，有着不同的本质特征。网络内的交换是在互动的情景下基于关系进行的，组织成员间的关系是靠声誉来维系的，成员之间是合作共赢的关系。基于信任的交换有效地降低交易成本，加快了交易的速度，从而提高了交易的绩效。价值、势力和嵌入是全球产业网络分析框架的三个要素。与全球商品链和全球价值链的分析框架相比，全球产业网络的分析框架更注重社会性。特定产品和劳务的生产和交换也是价值的创造、提升和分配的过程，是全球产业网络的核心内容，反映经济性；基于价值的创造和分配而形成的组织结构决定着产业网络内的势力分布以及成员相互之间的关系，是全球产业网络的基础，反映社会性。

(2)全球产业网络作为一种新的经济组织，有着不同于企业和市场的本质特征，网络内的交换更加社会化，更多地依赖关系、相互利益和声誉(Powell，1990)。而企业社会责任对声誉产生影响(姜启军、顾庆良，2008)，对网络成员之间的关系及组织的稳定和发展产生影响。企业社会责任概念的流行是与经济的全球化发展分不开的。全球产业网络的社会结构通过各种约束和传递机制来规范地方供应商的企业社会责任行为；另一方面，企业社会责任成了地方供应商嵌入全球产业网络的有利甚至是必要条件之一。学者对企业社会责任的认识经历了从“职责到战略的转变”(Kotler and Lee,2005)。

(3)学者对产业升级的研究经历了从宏观理论到产业实践的演变,随着全球化的进一步发展,研究框架也从全球商品链、全球价值链转移到全球产业网络。在全球产业网络的框架下,发展中国家的升级问题从两个方面进行研究:经济升级和社会升级。价值的创造是全球产业网络分析框架的核心,与价值创造相关的重要问题包括劳动力在什么条件下通过怎样的劳动过程转换成实际劳动(社会性);产生不同形式租金的可能性(经济性)。前者关系到社会升级问题,而后者与经济升级相关联。社会升级意味着劳动者作为社会行为者的能力及权力的提升以及雇用质量的提高。全球产业网络下的经济升级和社会升级是相互作用相互影响的,经济升级促进社会升级,而社会升级对经济升级有反作用。

(4)本研究选择了企业社会责任、企业价值和企业势力(反映经济升级的两个变量)、体面劳动(反映社会升级的变量)四个变量,构建了全球产业网络情景下的企业社会责任与经济升级和社会升级之间的理论模型,结合中国纺织服装业的调查,进行了实证检验。研究验证了企业社会责任与企业势力、企业价值、体面劳动之间存在着正相关关系,相关系数依次增加,表明企业社会责任对企业势力的作用力相对较弱,而与体面劳动之间的作用力较强。

聚类分析对研究结果提供了进一步的支持。根据企业对社会责任观念的认识进行了聚类,将样本分为主动适应型和被动反应型两类企业。研究表明,主动适应型企业更容易得到采购商的支持和补贴,双方的关系也更加稳定;主动适应型企业更注重品牌和研发,推动企业向高附加值的环节升级,从而获得更多品牌租。同时,主动适应型企业通过管理体系认证的数量和企业信息管理与数字化设备的数量更多,使企业获得更多的关系租、质量租和技术租,促进企业价值的提升;主动适应型企业的员工享有更多的匿名投诉权、更健康的工作环境、更多的培训机会和发展空间以及更多的话语权,体面劳动表现更为积极;主动适应型企业设立环保部门的比例也更高,环境保护的意识也更强。

(5)申洲与雅戈尔两个代表性的案例分析进一步证实了理论和实证研究的结果。申洲作为OEM的成功典范,以关系租和组织租的形式促进企业的经济升级,而雅戈尔作为多元化创新协同品牌战略的模范,以品牌租的形式促进企业的经济升级。不可忽略的是,两家企业都非常重视企业的技术能力,这是企业获得技术租的基础。中国服装产业升级的路径是沿着两个并行不悖的方向进行的。

二、研究结果的讨论

在对调研数据的实证分析过程中，一些数据证实或验证了一些观点：

（一）对企业社会责任的认识

由于学术界对企业社会责任概念的研究一直处于“混淆”之中，使得本研究对企业社会责任的认识也处于“混沌”的状态，表现在对潜变量“企业社会责任”的测量指标选择上存在着较大的随意性，但数据分析的结果还是证明了员工是企业承担社会责任最重要的利益相关者的观点。研究表明，反映“企业社会责任”变量的6个观测变量中的CSR2（如果提高劳工标准，增加的成本将危及企业生存）与企业社会责任的相关系数最大，为0.646。

（二）对企业势力的认识

企业势力是全球产业网络中权力分布的反映，对企业价值的获取产生直接影响。本研究选择了客户侃价能力、交货期限和客户关系稳定性三个观测指标来反映企业势力。数据分析结果表明，在这三个测量指标中，客户的侃价能力与企业势力的相关系数最大，为0.606；交货期限次之，为0.573；客户关系的稳定性为0.369。说明供应商与采购商之间讨价还价的能力直接反映着产业网络内成员之间的势力分布，影响着全球产业网络的结构。在全球产业网络的情景下，企业社会责任能通过网络治理的社会机制促进企业在网络中地位的提升和整个网络结构的稳定。

（三）对企业价值的认识

企业价值可以用不同形式的经济租来衡量，如技术租、组织租、关系租和品牌租等。本研究用企业先进技术和设备的实施效果来衡量技术租；用企业品牌战略的实施效果来衡量品牌租；用企业质量管理的实施效果来衡理组织租；用供应链管理的效果来衡量关系租。数据分析结果显示，在这四个测量指标中，供应链管理与企业价值的相关系数最大，为0.743；质量管理次之，为0.737；品牌战略为0.706；最后为技术设备，为0.482。说明在全球产业网络的情景下，企业的供应链管理（关系租）和质量管理（组织租）尤为重要，这是与全球产业网络的社会性相对应的；不可否认的是，品牌战略对企业价值的提升同样重要；而技术设备对企业价值的贡献力相对较弱。这说明相比硬技术而言，软技术对企业经济升级的作用更为重要。在全球产业网络的情景下，企业社会责任能通过网络治理的社会机制促进知识（特别是隐性知识）的转移和扩散，促进供应商技术能力的升级，从而促进经济升级。

（四）对体面劳动的认识

体面劳动的概念包括四个要素：就业、社会保障、劳动者权利和社会对话。

前两者指就业机会、薪酬、保障和工作条件，后两者重点强调劳动者的社会关系。本研究用“工资标准”、“工作时间”来反映就业；用“企业提供的福利”来反映社会保障；用“不使用童工”来反映劳动者权利；用“员工集体谈判权”来反映社会对话。数据分析结果显示，在这五个测量指标中，工作时间与体面劳动之间的相关系数最大，为0.806；其次为社会保障和工资，分别为0.317和0.294；最后为不使用童工和员工集体谈判权，分别为0.222和0.218。前三者是对体面劳动数量方面的反映，后三者是对体面劳动质量方面的反映。说明现阶段中国纺织服装企业劳动者的体面劳动还处于相当低级的状况，工作时间是其重要的体现，在工资收入、社会保障以及劳动力权利和社会对话方面都需要加强。研究表明在全球产业网络的情景下，企业社会责任与体面劳动之间的强相关性，说明企业社会责任与社会升级之间的显著性关系。

(五)对中国纺织服装企业升级路径的认识

申洲与雅戈尔两个代表性的案例分析进一步证实了理论和实证研究的结果。申洲作为OEM的成功典范，以关系租和组织租的形式促进企业的经济升级；而雅戈尔作为多元化创新协同品牌战略的模范，以品牌租的形式促进企业的经济升级。中国服装产业升级的路径是沿着两个并行不悖的方向进行的。

第二节 促进中国制造业经济升级和社会升级的建议

本书的研究结果虽然是根据中国纺织服装产业的实证研究得出的，但对其他产业的经济升级和社会升级同样有参考价值和借鉴意义。根据本书的研究结论，对中国制造业的经济升级和社会升级提出以下建议：

(一)主动实施企业社会责任战略

本书的研究表明，企业社会责任能提高企业的绩效。因此，企业社会责任并不意味着成本，而是一种投入，能给企业带来正向的绩效。在全球产业网络的情景下，企业社会责任能通过产业网络的社会机制和治理机制，使供应商能获得更多的话语权和更多的支持，使供应商与采购商之间的关系更为稳定，企业可以获得更多的经济租(包括关系租、组织租、品牌租和技术租)，促进企业势力和企业价值的提升。通过积极的企业社会责任战略能改善劳动者的工作环境和劳动质量，使劳动者实现体面劳动。

(二)利用社会机制加强客户关系管理

网络的社会性是有别于其他组织的重要特征。在全球产业网络的情景下，关系租是企业价值的重要来源。企业应积极利用社会机制加强客户关系管理，促进隐性知识在产业网络内的转移和扩散，提升供应商企业的技术能力，提升企业势力，增加话语权，获得更多的关系租，使网络组织更加稳定。

（三）加强组织管理以获得更多的组织租

在全球产业网络的情景下，组织租是企业价值的重要来源。企业应积极利用全球产业网络的社会机制提高特殊的组织和管理技能，如 JIT（just-in-time）生产技术和全质量管理等，提高组织管理的效率，建立自己的竞争优势，享有更多的对话权，获得更多的组织租，提高企业的竞争力。

（四）实施品牌战略获得品牌租

在全球产业网络的情景下，品牌租同样是企业价值的重要来源。企业应该研发和设计，与市场相结合，树立自己的品牌，并逐步建立起自己的产业网络，在网络内处于领导地位，对产业网络的组织拥有领导权，影响产业网络的权力分配结构，获取更高的经济租。

第三节　研究局限性与展望

本书通过理论和探索性的实证研究方法对全球产业网络下的企业社会责任与产业升级之间的关系进行了验证。研究存在一定的局限性，有待改进和进一步深入研究。

一、研究的局限性

（一）研究变量的设计上

本书运用全球产业网络的分析框架，赋予了产业升级新的内涵，用企业势力和企业价值来衡量经济升级，用体面劳动来衡量社会升级。这是一个新的观点。虽然实证检验支持了理论假设，但这几个变量的选择是否全面和客观需要更多的实证研究来证实。

（二）观测指标的选择上

由于学术界没有形成统一的企业社会责任概念，因此对于观测指标的选择也没有明确的依据。本书对“企业社会责任”这一潜变量的观测指标的选择存在较大的“随意性”，尽管信度分析通过了“企业社会责任”变量与其观测变量的一致性检验，但在今后的研究中需更加科学和谨慎；反映“体面劳动”的观测指标根据其要素来确定。由于不同的阶段不同的社会存在着不同的体面劳动模式，因此本书选择的五个反映“体面劳动”的观测指标有可能不能全面、准确地体现中国劳动者体面劳动的现状，可能需要更细致和深入的研究来表达。

(三)调查样本的选择上

由于时间和经费的原因，本次调研的地点集中在宁波地区，不能全面地反映中国纺织服装产业的现状，研究的结论对其他产业可能存在不完全的普适性。

二、研究展望

(1)本书验证了企业社会责任与企业势力之间的关系，而企业势力是全球产业网络社会性的表现之一，如何将企业社会责任战略与全球产业网络的社会机制相结合以促进企业势力的提升是一个有待于深入研究的课题；同时，机构势力和集体势力是全球产业网络势力这一要素的其他两个成分，企业社会责任与机构势力、集体势力的关系研究本书并未涉及，也有待于进一步研究。

(2)本书验证了企业社会责任与企业价值之间的关系。本书中企业价值是根据四种经济租来确定的，这是从价值的创造这一角度分析的。价值的分配和获取是全球产业网络价值这一要素的其他两个成分，企业社会责任与价值的分配和获取之间的关系本书未涉及，是进一步研究的方向。

(3)本书验证了企业社会责任与体面劳动之间的关系。体面劳动是从员工的角度进行研究的，而广义的社会升级还包括社会、环境、消费者等利益相关者，这可以成为新的研究角度。同时，不同文化背景下不同时期体面劳动都有不同的内涵，揭示现阶段体面劳动的特征是一个新的课题。

附录Ⅰ　纺织服装企业社会责任调查问卷Ⅰ

尊敬的公司负责人：

您好！

为了解纺织服装企业社会责任现状和企业对社会责任问题的认识，为公司社会责任战略转型和产业升级提供决策依据，为有关职能部门的政策制定提供参考，我们进行了这次问卷调查。

本问卷采取不记名的方式，我们保证所有数据将用于学术探讨和政策研究，请您按照贵公司的实际情况和自己的真实想法填写。

如果您希望我们反馈此次调查结果，请在问卷上注明贵公司名称、地址、联系电话和传真，我们将在调查分析结束后向您提供结果。

占用您的宝贵时间，特此表达我们诚挚的歉意！

衷心感谢您对本次调查的大力支持！

祝贵公司兴旺发达！

企业社会责任与产业升级研究课题组

2008 年 2 月

公司名称：____________________

地　　址：____________________　邮编：____________________

电　　话：____________________　传真：____________________

一、基本情况

1.贵公司的主要产品是:(可多选)

□针织服装 □梭织服装 □饰配件 □面辅料 □化纤 □纺纱 □染整

□其他(请注明)____

2.贵公司成立于______年,注册资金:人民币______员工总数:______

3.贵公司性质:□民营 □三资 □国有 □上市公司 □其他(请注明 ______)

4.贵公司主要经营方式:(可多选)

□加工 □自有品牌(有制造能力) □自有品牌(虚拟品牌) □品牌特许经营

5.贵公司销售额 2005 年:____万元;2006 年:____万元;预计 2007 年:____万元

6.贵公司税后利润总额 2005 年:____万元;2006 年:____万元;预计 2007 年:____万元

7.近三年来,贵公司利润呈:

□较快增长 □较慢增长 □保持不变 □缓慢下降 □急速下降

8.①贵公司最近一次更新设备的时间是:

□10 年之前 □5 年之前 □3 年之前 □近 1~2 年 □近期准备更新

②贵公司生产设备中进口设备的比例为____%

9.贵公司通过下列何种管理体系的认证:(可多选)

□ ISO9000 □ ISO14000 □ OHSAS18000 □ SA8000

□ CSC9000T □COC(国际大公司制定的生产行为手册,只有符合其原则的工厂才能为其供货) □其他(请注明 ____) □无

10.①贵企业产品的____%用于出口

②产品主要出口国/地区(可多选)

□美国 □日本 □欧盟 □南美 □东南亚 □中东 □其他(请注明)______

二、实施篇

1.①贵公司一线职工(如车间工人)平均薪资水平:______元/月(含“四金”)

②贵公司提供给一线职工的各种福利包括:(多选)

养老保险金____ 医疗保险金____ 失业保险金____ 住房公积金____ 住宿____

伙食补贴____ 班车或交通补贴____ 休假或旅游____ 女职工生育保险____

其他福利(请注明)____

③贵公司今年的一线职工工资和去年相比:

□减少了 □不变 □增加 5%以下(含 5%) □增加 5%~10%(含 10%)

□增加 10%以上

④贵公司一线职工流动性：(%/年)

□5%以下 □5%～10%(含5%) □10%～15%(含10%) □15%以上

2. 如果因工资上涨/员工流动性增加，贵公司是否考虑增加自动化生产设备 □是 □否

3. 出口贸易中，国外采购商要求产品符合社会责任标准(如大品牌商制定的COC“工作守则”、SA8000认证等)才给订单，这类订单占出口产品的比例是：

□ 0% □ 约25% □ 约50% □ 约75% □100%

4. 经营中，贵公司觉得：

(1)客户的侃价能力：□很强 □较强 □一般 □较弱 □很弱

(2)订单中要求的交货期限：□很紧 □较紧 □一般 □较宽松 □宽松

(3)客户关系的稳定性：□很不稳定 □不稳定 □一般 □较稳定 □很稳定

5. 请就下列问题做出选择：(打“√”)

	是	否
(1)员工能匿名投诉吗(无论问题的大小)？		
(2)企业是否把安全、健康的工作环境与工作岗位描述相联系？		
(3)企业是否有车间或流水线员工的发展和阶段性培训计划？		
(4)企业是否设立专门的环境保护部门？		
(5)企业是否有工会组织？		
(6)贵企业是否排放废水、废料、废气？		
第(6)题若回答是，其排放情况如何： □超过环保标准 □达到环保标准 □基本达到环保标准 □距离环保标准有一定距离 □相差甚远		

6. 贵公司认为下列哪些方面是可以做到的(打“√”)

	很难做到	较难做到	有点困难	比较容易	很容易
(1)最低工资标准					
(2)不使用童工					
(3)《劳动法》规定的工作时间					
(4)《劳动法》规定的加班费计算标准					
(5)无性别歧视					
(6)员工集体谈判权利					

7.请贵公司对以下观点按同意程度进行评分:(画"○")

注:1 非常不同意 2 不同意 3 适度 4 同意 5 非常同意 不同意→同意

(1)企业履行社会责任和企业利润之间是矛盾的	1	2	3	4	5
(2)如果提高劳工标准,增加的成本将危及企业生存	1	2	3	4	5
(3)对于环保和劳工方面的管制和规章,能达到最低要求就可以了	1	2	3	4	5
(4)迫于采购商、行业协会及政府部门等外部压力,才履行环保劳工标准	1	2	3	4	5
(5)为了企业长期利益,可以放弃一些眼前利益,主动承担一些社会责任	1	2	3	4	5
(6)企业以商业利益为第一目的,环保和社会责任是第二位的	1	2	3	4	5

8.贵公司作为供货商,为具有如 COC、SA8000 等要求的国际采购商提供产品时:

(注:COC 国际大公司制定的生产行为手册,只有符合其原则的工厂才能为其供货)

(1)采购商对贵公司执行 CSR 认证给予补贴吗? □是 □否

(2)采购商对 CSR 认证所产生的内部调整给予咨询支持吗? □是 □否

(3)采购商在订单过程中是否给予交货期宽限? □是 □否

(4)该采购商的订货价格是否优于其他客户? □是 □否

(5)采购商对贵公司的生产过程是否关注? □是 □否

(6)相对其他客户,该采购商是否与贵公司保持较长期的合作关系? □是 □否

三、战略篇

1.贵公司研发方式:(可多选)

□自主研发 □与大专院校及研究机构合作 □与客户或供应商合作

□专业研发公司/机构 □其他(请注明 ____)

2.贵公司研发目标:(可多选)

□产品差别化 □降低成本 □扩大产能规模 □改善工作条件/劳动生产率

□提高质量/档次 □环保与清洁生产 □其他(请注明 ____)

3.贵公司信息管理与数字化设备:(可多选)

□互联网/局域网 □电子商务平台 □柔性生产设备(如服装吊挂生产系统)

□客户关系管理(CRM) □供应链管理(SCM) □公司资源计划(ERP)

□CAD/CAM □自动裁剪缝纫设备 □Data Color(数字色彩系统)

□其他(请注明 ____) □以上均没有

4.贵公司未来的经营战略:

□专精于某一产品/服务 □扩大生产规模,获得规模效益 □纵向一体化(从原材料生产到成品生产) □多元化经营 □寻找或开拓新的领域 □其他(请注明 ____)

5. 请贵公司评价各要素在公司发展战略中的重要性(左)和实施效果(右):(画"○")

注:战略重要性中:1 很不重要　2 不太重要　3 一般　4 比较重要　5 非常重要

实施效果中:1 效果很差　2 效果较差　3 一般　4 效果较好　5 效果很好

战略重要性　　　　**实施效果**

不重要——→重要　　　　**差——→好**

1	2	3	4	5	要素	1	2	3	4	5
1	2	3	4	5	先进技术和设备	1	2	3	4	5
1	2	3	4	5	品　牌	1	2	3	4	5
1	2	3	4	5	质量管理	1	2	3	4	5
1	2	3	4	5	客户关系管理	1	2	3	4	5
1	2	3	4	5	信息化建设	1	2	3	4	5
1	2	3	4	5	研发和创新	1	2	3	4	5
1	2	3	4	5	供应链管理	1	2	3	4	5
1	2	3	4	5	成本领先	1	2	3	4	5
1	2	3	4	5	产品差异化	1	2	3	4	5
1	2	3	4	5	人力资源	1	2	3	4	5
1	2	3	4	5	资本运作能力	1	2	3	4	5
1	2	3	4	5	销售渠道网络	1	2	3	4	5
1	2	3	4	5	企业文化	1	2	3	4	5
1	2	3	4	5	环境保护和清洁生产	1	2	3	4	5
1	2	3	4	5	劳工标准与社会责任	1	2	3	4	5
1	2	3	4	5	其他(　　　　　　)	1	2	3	4	5

再次感谢您的衷心合作!

联 系 人:赵林飞　　电话:13357166857　　传真:(021)62708696

电子邮件:feelingch@163.com 或 qlgu@dhu.edu.cn

地　　址:上海市延安西路 1882 号东华大学旭日工商管理学院(顾庆良教授)

邮　　编:200051

附录Ⅱ　纺织服装企业社会责任调查问卷Ⅱ

尊敬的企业主管：

您好！

为了解中国企业社会责任的实际情况和企业对社会责任问题的真实看法，为企业战略发展和竞争力提升提供决策依据，为有关职能部门的政策制定提供研究参考，我们进行了这次抽样调查。

本问卷采取不记名方式，所有数据将用于学术探讨和政策研究，请您按照贵企业的实际情况和自己的真实想法填写。

如果您希望我们反馈此调查结果，请在问卷上注明贵企业名称、地址、联系电话和传真，我们将在调查分析结束后向您提供结果。

衷心感谢您对本次调查的大力支持！

东华大学管理学院研究课题组

中国纺织工业协会社会责任建设推广办公室

浙江省社会科学联合会立项课题(05B24)

2005 年 11 月

公司名称：________________

地　　址：________________　　邮编：________________

电　　话：________________　　传真：________________

1. 贵企业的经营模式:【 】

a. 自主品牌运营(虚拟品牌,无制造能力) b. 加工和制造 c. 自有品牌(有制造能力)

d. 特许经营品牌 e. 其他(请注明)________

2. ①贵企业属于:【 】

a. 国营 b. 三资 c. 合伙制民营企业 d. 家族制民营企业

e. 上市公司 f. 其他(请注明)________

②贵企业成立于______年

③贵企业的注册资本(人民币):______万

④贵企业的主要产品是【 】(可多选)

a. 服装 b. 化纤 c. 纺纱 d. 面辅料 e. 染整 f. 其他(请注明)______

3. ①全职员工的人数:______

②贵企业提供员工的福利包括【 】(可多选)

a. 养老保险金 b. 医疗保险金 c. 失业保险金 d. 住房公积金 e. 住宿

f. 伙食补贴 g. 班车或交通补贴 h. 休假或旅游 I. 其他(请注明)______

③贵企业的员工月平均工资【 】

a. 700 元以下 b. 700 元～899 元 c. 900～1199 元 d. 1200 元～1699 元

e. 1700 元～1999 元 f. 2000 元～2499 元 g. 2500 元以上

④今年的员工工资和去年的工资相比【 】

a. 减少了 b. 没有变化 c. 增加了约 5% d. 增加了约 10% e. 增加了约 20%

4. 请就下列问题做出选择

(1)企业在工资待遇方面是否受地方政府最低收入的限制? 【 】 a 是 b 否

(2)员工能匿名投诉吗(无论问题的大小)? 【 】 a 是 b 否

(3)企业是否把安全、健康的工作环境与工作岗位描述相联系? 【 】 a 是 b 否

(4)企业是否有车间或流水线员工的发展和阶段性培训计划? 【 】 a 是 b 否

(5)企业是否设立专门的环境保护部门? 【 】 a 是 b 否

(6)贵企业是否排放废水、废料、废气? 【 】 a 是 b 否

若是,其排放情况如何?【 】

a. 超过环保标准 b. 达到环保标准 c. 基本达到环保标准

d. 距离环保标准有一定距离 e. 相差甚远

5. 企业每年在环境保护上的投入占总投资的比例是【　　】

a. 0　　b. 5％以下　　c. 5％～10％　　d. 10％～15％　　e. 15％以上

6. ①是否有人作为企业社会责任问题的代表相应地参加高层决策会议(董事会或其他类似的会议)【　　】　　a. 是　　b. 否

②若有,该人的意见代表了【　　】

a. 高层管理者的意见　　b. 高层和一些中层管理者代表的意见　　c. 高层和中层管理者的意见　　d. 高层、中层管理者和一些员工代表的意见　　e. 所有员工的意见

7. 一般情况下,谁决定企业的目标并组织实施这一目标?【　　】

a. 只有高层管理者　　b. 高层和一些中层管理者代表　　c. 高层和中层管理者

d. 高层、中层管理者代表和一些员工代表　　e. 高层、中层管理者和一些员工代表

8. ①企业领导收到过员工关于健康、安全、性别歧视等有关企业社会责任问题的投诉吗?【　　】

a. 无　　b. 很少　　c. 有一些　　d. 比较多　　e. 很多

若收到,企业是如何处理的?【　　】

a. 认真处理每件投诉,并把处理结果告知员工　　b. 能处理大部分的投诉

c. 能处理部分投诉　　d. 绝大多数不予处理　　e. 没必要处理这类问题

②企业收到过当地居民有关环境污染的投诉吗?【　　】

a. 无　　b. 很少　　c. 有一些　　d. 比较多　　e. 很多

若收到,企业是如何处理的?【　　】

a. 立即改进,并向公众道歉　　b. 寻求改进措施,尽可能解决问题　　c. 尽量改进,如果企业经济实力不允许,暂时不处理　　d. 能不处理就不处理　　e. 没必要处理

9. ①贵企业产品的____％用于出口

②产品主要出口国/地区是【　　】(可多选)

a. 美国　　b. 日本　　c. 欧盟　　d. 南美　　e. 东南亚　　f. 中东　　g. 其他(请注明)______

10. 国外采购商要求产品符合社会责任标准(如 SA8000)才给订单,这类订单占出口产品的比例是【　　】

a. 0％　　b. 约 25％　　c. 约 50％　　d. 约 75％　　e. 100％

11. 国外采购商要求产品符合环境标准(如 ISO14000)才给订单,这类订单占出口产品的比例是【　　】

a. 0％　　b. 约 25％　　c. 约 50％　　d. 约 75％　　e. 100％

12.请对下列表述选择您的看法：	完全反对	比较反对	不清楚	比较同意	完全同意
(1)企业生存和发展是第一位的，环境保护和社会公正是第二位的	□	□	□	□	□
(2)具有社会责任感的企业更容易建立稳定的客户关系	□	□	□	□	□
(3)改善劳动条件很难给企业带来经济效益，是锦上添花	□	□	□	□	□
(4)只要员工愿意加班，加班时间长短是员工的事	□	□	□	□	□
(5)具有社会责任感的企业更能促进企业提高管理水平	□	□	□	□	□
(6)企业为员工和其他社会成员的福利着想，有助于提高企业声誉	□	□	□	□	□
(7)若劳动力充裕，企业向同行业工资水平看齐，不会主动提高工资	□	□	□	□	□
(8)企业不会主动改进目前不符合环保或社会责任的行为，只有通过法律和市场的力量才能规范企业行为	□	□	□	□	□
(9)本企业以经济绩效作为衡量各级管理者工作的唯一标准	□	□	□	□	□
(10)在当今的社会中“企业社会责任”不是民营企业家考虑的问题	□	□	□	□	□

13. 请对下列问题做出选择：	无	有一点	适度	较高	高
(1)在以后的十年里，你认为改善企业社会责任状况在何种程度上能提升企业的竞争态势？	□	□	□	□	□
(2)企业在何种程度上相信采取相应的企业社会责任对策能提高产品质量和生产率？	□	□	□	□	□
(3)企业在何种程度上相信通过采取企业社会责任对策可提高企业的综合竞争力？	□	□	□	□	□
(4)企业在何种程度上相信生产绿色环保产品能提高企业竞争力？	□	□	□	□	□
(5)你认为“通过采取企业社会责任对策有利于企业的可持续发展”的影响程度为：	□	□	□	□	□

14.在与主要采购商的合作中，你觉得：

(1)采购商的议价能力【　　】　a.很强　b.较强　c.一般　d.较弱　e.很弱

(2)订单中要求的时间期限【　　】　a.很紧　b.较紧　c.一般　d.较宽松　e.宽松

(3)合作关系的稳定性【　　】

a.很稳定　b.比较稳定　c.一般　d.不稳定　c.很不稳定

15. 当企业效益不好时，作为企业领导，你会【　　】

a. 裁员　b. 减薪　c. 先让员工待岗，待企业复苏后再召回员工　d. 与员工共渡难关

16. 每年的员工流动率【　　】

a. 5%以下　　b. 约 10%　　c. 约 15%　　d. 约 20%　　e. 约 25%

17. 对于企业社会责任问题，对照本企业的执行情况，请做出选择：	完全反对	比较反对	不清楚	比较同意	完全同意
(1)企业履行社会责任和企业利润之间是矛盾的	□	□	□	□	□
(2)企业目前没有计划考虑企业社会责任问题	□	□	□	□	□
(3)目前如果考虑企业社会责任问题，增加的成本将危及企业生存	□	□	□	□	□
(4)企业履行社会责任和企业长期利润之间是一致的	□	□	□	□	□
(5)对于企业社会责任方面的政府管制和规章制度，企业能达到最低要求就可以了	□	□	□	□	□
(6)如果不利于企业的生存和发展，企业就没有必要履行社会责任	□	□	□	□	□
(7)在确保持续经营的前提下，本企业希望能尽最大努力履行社会责任	□	□	□	□	□
(8)企业能自觉履行社会责任，服从政府有关社会责任方面的要求	□	□	□	□	□
(9)企业社会责任是本企业发展战略的一个重要方面	□	□	□	□	□
(10)为了企业长期利益，本企业可以放弃一些眼前利益，主动承担一些社会责任	□	□	□	□	□

18. 贵企业认为下列哪些方面是可以做到的	很难做到	较难做到	有点困难	比较容易	很容易
(1)最低工资标准	□	□	□	□	□
(2)不使用童工	□	□	□	□	□
(3)执行《劳动法》规定的工作时间	□	□	□	□	□
(4)无性别歧视	□	□	□	□	□
(5)员工集体谈判权利	□	□	□	□	□

19. ①贵企业在企业社会责任方面的规章制度，与行业中的其他企业相比【　　】

a. 没有　b. 比其他企业少　c. 差不多　d. 比其他企业多一些　e. 比其他企业多很多

②这些规章制度以书面形式表示的程度【　　】

a. 很少　　b. 稍微有一些　　c. 有一些　　d. 很多　　e. 全部

20.贵企业处理管理层和员工之间就工作时间和劳动强度等方面的分歧时【　　】

a.不允许员工有异议　　b.允许员工有异议,但要求员工执行规定

c.如果员工达不到要求,可以离开企业　　d.企业给加班员工提供补贴,这已经尽到责任

e.尊重员工意见,根据各人情况,安排合适的工作

21.贵企业最近两年是否遇到招工难的情况?【　　】

a.每年都遇到过　　b.曾遇到过　　c.在用工旺季时遇到过

d.虽然招工有点难,但还是能招到员工　　e.没有遇到过招工难问题

22.作为企业领导,你在乎员工对企业的评价吗?【　　】

a.非常在乎　　b.比较在乎　　c.说不清　　d.不太在乎　　e.完全不在乎

23.请根据下列因素在企业发展中的重要性和执行效果对其打"√"。

	重要性					执行效果				
	非常重要	比较重要	一般	不太重要	很不重要	执行效果很好	效果较好	效果一般	效果较差	效果很差
(1)成本领先	□	□	□	□	□	□	□	□	□	□
(2)环境保护/清洁生产	□	□	□	□	□	□	□	□	□	□
(3)员工积极性/素质培养	□	□	□	□	□	□	□	□	□	□
(4)企业文化/员工凝聚力	□	□	□	□	□	□	□	□	□	□
(5)企业制度/机制改革	□	□	□	□	□	□	□	□	□	□
(6)品牌建设	□	□	□	□	□	□	□	□	□	□
(7)全面质量管理	□	□	□	□	□	□	□	□	□	□
(8)社会责任	□	□	□	□	□	□	□	□	□	□
(9)研发和创新	□	□	□	□	□	□	□	□	□	□

24.请对下列问题做出选择(请在符合想法的选项的相应空格内打"√"。

内　容	无	很少	有时	比较多	经常
(1)劳动监察大队是否就加班加点、延长劳动时间等问题前来管制?					
(2)政府职能部门(如劳动监察等部门)对贵企业进行有关童工、强迫劳动、健康安全、劳动待遇和工作时间等方面的宣传指导吗?					
(3)你们收到消费者、社区或民间组织等关于企业社会责任问题的投诉吗?					
(4)政府环保部门是否就污水排放等环境问题前来管制?					

25. 贵企业(或母公司)是否知道下列标准?是否通过此标准的认证,今后的打算如何?

内　容	知道	不知道	已通过	已经申请	准备申请	没有计划	此认证和我们没有关系
(1)ISO9000							
(2)ISO14000							
(3)SA8000							
(4)CSC9000T							
(5)HSAS18000							
(6)其他(请注明)							
(7)							

26. 你认为本企业的企业社会责任水平是否已达到 SA8000 的标准?【　　】

a. 已超过此标准　　b. 完全达到标准　　c. 已接近　　d. 有一定距离

e. 相差甚远　　f. 不了解此标准

27. 你认为本企业的环境管理水平是否已达到 ISO14000 的标准?【　　】

a. 已超过此标准　　b. 完全达到标准　　c. 已接近　　d. 有一定距离

e. 相差甚远　　f. 不了解此标准

28. 贵企业若还没有实施企业社会责任认证(如 SA8000),其主要原因是【　　】(可多选)

a. 完全超过此标准　　b. 实施成本太高,企业将无法生存　　c. 现阶段没有必要实施

d. 若实施,企业主赚的钱就少了　　e. 能赢利就很不错了,没有考虑下一步如何发展

f. 目前该认证和我们没有关系　　g. 企业目前没有这方面的压力

h. 其他________________

29. 关于下列问题,贵企业在何种程度上建立信息披露制度,如:相关信息通过简报、报告和互联网等手段可有效获取,请在相对应的信息披露程度下对其判断。

	①完全没有披露	②内部,仅对管理人员适当披露	③内部,仅对个人适当披露	④内部,对所有员工披露	⑤对外披露
(1)工资构成体系和平均每月工资					
(2)员工工作时数记录(包括加班、请假)					
(3)员工不满和解决程序					
(4)员工组织(工会组织和工会条例)					
(5)事故、工伤和急救记录					
(6)员工、消费者等的投诉及处理记录					
(7)环境保护记录					

30. 如果有媒体在环境保护或社会责任方面对贵企业作出批评，你的反应是【　　】

a. 否认　　b. 不理睬　　c. 应付过去　　d. 改进一部分　　e. 完全改进

31. 近三年来，企业利润呈【　　】

a. 较快增长　　b. 较慢增长　　c. 保持不变　　d. 缓慢下降　　e. 急速下降

32. 贵企业前年年销售额：______万元；　去年年销售额：______万元

预计今年年销售额：______万元

33. 贵企业前年税后利润总额：______万元；　去年税后利润总额：______万元

预计今年税后利润总额：________万元

34. 贵企业是否有以下荣誉称号【　　】(可多选)

a. 文明企业　b. 绿色环保企业　c. 诚信企业　d. 名牌产品企业

e. 其他(请注明)______

再次感谢您的衷心合作！

联 系 人：顾庆良　电话：(021)62373970　传真：(021)62708696

电子邮件：qlgu@dhu.edu.cn

地　址：上海市延安西路1882号东华大学旭日工商管理学院(顾庆良教授)

邮　编：邮编200051

参考文献

[1]白树强.全球竞争论[M].北京:中国社会科学出版社,2000.

[2]卜国琴.全球生产网络与中国产业升级[D].暨南大学博士论文,2007(6).

[3]卜国琴.全球生产网络治理模式对加工贸易升级的影响分析[J].生产力研究,2007(12):59－60.

[4]常凯.WTO、劳动标准与劳工权益保障 [J].中国社会科学,2002(1):126－134.

[5]陈永正.论企业社会责任的本质、形成条件及其表现形式.载环境与发展研究所.企业社会责任在中国[M].北京:经济科学出版社,2004(6):305－314.

[6]段文娟,聂鸣,张雄.全球价值链视角下的中国汽车产业升级研究[J].科技管理研究,2006(2):35－38.

[7]高春亮,李善同,周晓燕.专业化代工、网络结构与我国制造业升级[J].南京大学学报(哲学人文社科版),2008(2):66－73.

[8]郭劲光.网络嵌入:嵌入差异与嵌入绩效[J].经济评论,2006(6):25－30.

[9]胡丹婷,汪佩霞.全球价值链下的中国服装产业升级[J].纺织学报,2007(12):131－134.

[10]胡放之,张艳.韩国经济起飞阶段的工业化模式与工资水平[J].湖北工学院学报,2004,19(5):67－71.

[11]黄永明,何伟,聂鸣.全球价值链视角下中国纺织服装企业的升级路径选择[J].中国工业经济,2006(5):56－63.

[12]黄永明等.全球价值链治理和产业集群升级国外文献研究综述[J].北京工商大学学报(社会科学版),2006,21(2):6－10.

[13]姜启军,顾庆良.企业社会责任和企业战略选择[M].上海:上海人民出版社,2008(3).

[14]金碚.世界分工体系中的中国制造业[J].中国工业经济,2003,182(5):5－14.

[15]金芳.国际分工的深化趋势及其对中国国际分工地位的影响[J].世界经济研究,2003(3):4－9.

[16]兰国荣.生产守则运动下的中国“血汗工厂”.Http://langr1985.bokee.

com/5555000.html.2006-10-11.

[17]黎继子等.全球价值链与中国地方产业集群的供应链式整合[J].中国工业经济,2005,23(2):118－125.

[18]李正.企业社会责任与企业价值相关性研究[J].中国工业经济,2006(2):77－83.

[19]李正卫.动态环境条件下的组织学习与企业绩效[D].博士学位论文,浙江大学,2003.

[20]厉无畏、王振.中国沿海地区产业升级[M].上海:上海财经大学出版社,2001.

[21]梁文玲,李鹏.基于全球价值链治理的中国纺织企业升级战略思考[J].经济问题探索.2008(7):67－71.

[22]刘春生.全球生产网络的特征[J].软件工程师,2006:36－37.

[23]刘春生.全球生产网络的推动力量[J].软件工程师,2006:32－33.

[24]刘春生.全球生产网络下新的国际分工格局[J].软件工程师,2007:39－40.

[25]刘德学,苏桂富,卜国琴.中国加工贸易升级对策研究——基于全球生产网络视角[J].国际经贸探索.2006(4):4－8.

[26]刘德学,苏桂富.中国加工贸易升级状况分析:基于全球生产网络视角[J].国际商务——对外经济贸易大学学报,2006(4):21－26.

[27]刘德学等.全球生产网络与加工贸易升级[M].北京:经济科学出版社,2006.

[28]刘俊海.公司的社会责任[M].北京:法律出版社,1999.

[29]刘芹,陈继祥.基于全球价值链治理的我国纺织服装产业集群[J].纺织学报,2006(11):66－69.

[30]刘雪峰.网络嵌入性与差异化战略及企业绩效关系研究[D].博士学位论文,浙江大学,2007(5).

[31]刘志强.资源外包网络的"契约—关系"双重治理[J].中国经济问题,2008(2):43－49.

[32]卢代富.企业社会责任的经济学与法学分析[M].北京:法律出版社,2002.

[33]鲁邦旺.全球产业网络的发展状况与形成原因分析[J].北方经济,2007(1):67－68.

[34]吕文栋,张辉.全球价值链下地方产业集群战略研究[J].中国软科学,2005,170(2):119－124.

[35]马庆国.管理统计:数据获取、统计原理、SPSS工具与应用研究[M].北京:科学出版社,2007.

[36]穆瑞杰,朱春奎.复杂性网络治理理论研究[J].河南社会科学,2005(5):81－84.

[37]钱纳里等.工业化和经济增长的比较研究[M].吴奇,王松宝等译.上海:上海三联书店,1995.

[38]任胜钢等.基于企业内外部网络视角的创新绩效多因素影响模型与实证研究[J].中国工业经济,2010,265(4):100—109.
[39]荣泰生.AMOS与研究方法 [M].重庆:重庆大学出版社,2009(3).
[40]芮明杰,樊圣君.造山:以知识和学习为基础的企业的新逻辑[J].上海管理科学学报,2001(3):2.
[41]沈洪涛,沈艺峰.公司社会责任思想起源与演变[M].上海:上海人民出版社,2007
[42]沈洊.全球价值链视角下的中国汽车[J].云南社会科学,2006(2):61—64.
[43]苏桂富,刘德学.浅析全球生产网络的运行机制及其经济学本质[J].生产力研究,2006(1):41—43.
[44]谭深,刘开明.跨国公司的社会责任与中国社会[M].北京:社会科学文献出版社,2003.
[45]汪斌,侯茂章.杭州区域创新体系与产业集群发展的关联研究——基于全球价值链视角[J].天津商学院学报,2007a(1):6—11.
[46]汪斌,侯茂章.经济全球化条件下全球价值链理论研究[J].国际贸易问题,2007b(3):92—97.
[47]汪斌,侯茂章.浙江地方产业集群嵌入全球价值链的若干问题研究——以杭州典型地方产业集群为例[J].浙江学刊,2006(4):212—216.
[48]汪斌.中国产业:国际分工地位和结构的战略性调整[M].北京:光明日报出版社,2006.
[49]汪丁丁.知识沿时间和空间的互补性以及相关的经济学[J].经济研究,1997(6).
[50]汪应洛,李瑁.知识的转移特性研究[J].系统工程理论与实践,2002(10):8—11.
[51]王德禄.知识管理:竞争力之源 [M].南京:江苏人民出版社,1999.
[52]王怀明,宋涛.我国上市公司社会责任与企业绩效的实证研究[J].南京师大学报(社会科学版),2007:58—75.
[53]王开明,万君康.论知识的转移与扩散[J].外国经济与管理,2000(10):2—7.
[54]王如镜.基于全球价值链视角的IT制造业集群的升级研究——以苏州为例[J].华东经济管理,2006(8):16—18.
[55]王述英等.产业经济学[M].北京:经济科学出版社,2006.
[56]文嫮,曾刚.嵌入全球价值链的地方产业集群发展——地方建筑陶瓷产业集群研究[J].中国工业经济,2004(6):36—42.
[57]文嫮,曾刚.全球价值链治理与地方产业网络升级研究——以上海浦东集成电路产业网络为例[J].中国工业经济,2005(7):20—27.
[58]文嫮.基于全球性互动的地方产业网络发展研究——以上海浦东IC地方产业网络为例[J].当代经济管理,2006(4):77—82.

[59]文嫮.嵌入全球价值链的中国地方产业网络升级机制的理论与实践研究[D].华东师范大学,2005.

[60]邬关荣.加工贸易转型升级研究——以服装产业为例[M].北京:经济科学出版社,2007.

[61]吴晓波,刘雪峰,胡松翠.全球制造网络中本地企业知识获取的实证研究[J].科学学研究,2007(3):17.

[62]肖小勇,李自如.基于知识特性与转移动机的知识转移机制研究[J].社会主义研究,2005(2):111－114.

[63]谢荷锋,水常青.个体间非正式知识转移研究述评[J].研究与发展管理.2006,18(4):54－62.

[64]谢辉.组织隐性知识整合及扩散机制研究[D].中南大学博士学位论文,2005.

[65]徐涛.高技术产业集群非正式网络治理机制研究[J].中南财经政法大学学报,2008(4):32－36.

[66]徐雪刚.全球生产网络下中国外贸企业的战略转型[J],世界经济与政治论坛,2008(2):100－105.

[67]易丹辉.结构方程模型方法与应用[M].北京:中国人民大学出版社,2008.

[68]尹建华,王兆华.资源外包网络的治理研究[J].中国工业经济,2004(8):42－47.

[69]尹建华.资源外包网络理论及其治理研究[D].大连理工大学博士学位论文,2005.

[70]余晓敏.经济全球化背景下的劳工运动:现象、问题与理论[J].社会学研究,2006(3):188－218.

[71]Yusuf S.,Altaf M. A. & Nabeshima K.中国社会科学院亚太所译.全球生产网络与东亚技术变革[M].北京:中国财政经济出版社,2005.

[72]张方华.网络嵌入影响企业创新绩效的概念模型与实证分析[J].中国工业经济,2010(4):110－119.

[73]张辉,王缉慈.外生型产业集群研究——以浙江平湖光机电产业集群为例[A].顾强等.中国产业集群(第4辑)[C].北京:机械工业出版社,2006:88－94.

[74]张辉,喻桂华.从产业集群的空间分层性来探讨上海对江、浙县域辐射[J].生产力研究,2005(7):137－139.

[75]张辉.全球价值链理论与我国产业发展研究[J],中国工业经济,2004,194(5):38－46.

[76]张辉.全球价值链下地方产业集群——以浙江平湖光电产业为例[J].产业经济研究,2004,13(6):27－33.

[77]张辉.全球价值链下地方产业集群空间等级体系[A].顾强等.中国产业集群(第3辑)[C].北京机械工业出版社,2005b:112－121.

[78]张辉. 全球价值链下地方产业集群升级模式研究[J]. 中国工业经济,2005a(9):11－18.

[79]张辉. 全球价值链下地方产业集群转型和升级[M]. 北京:经济科学出版社,2006.

[80]张辉等. 全球价值链下北京产业升级研究[M]. 北京:北京大学出版社,2007.

[81]张向阳,朱有为,孙津. 嵌入全球价值链与产业升级——以苏州和温州两地为例[J]. 国际贸易问题,2005(5):63－68.

[82]张向阳,朱有为. 基于全球价值链视角的产业升级研究[J]. 外国经济与管理,2005,27(5):21－27.

[83]张忠. 全球企业社会责任运动和我国的对策[J]. 前沿,2005(6):47－49.

[84]赵君丽. 开放经济条件下中国纺织服装产业的升级问题[J]. 商业研究,2007(12):37－40.

[85]赵君丽. 全球价值链下中国纺织服装产业升级研究[D]. 上海:上海财经大学,2009.

[86]赵林飞,顾庆良. 全球产业网络下的工资水平与产业升级关系研究[J]. 社会科学战线,2010(8):267－268.

[87]周波,高汝熹. 知识转移的经济分析[J]. 科学学与科学技术管理,2006(5):52－60.

[88]周和荣,张鹏程,张金隆. 组织内非正式隐性知识转移机理研究[J],科研管理,2008(9):70－77.

[89]周祖城,张漪杰. 企业社会责任相对水平与消费者购买意向的关系的实证研究[J]. 中国工业经济,2007(9):111－118.

[90]朱允卫,董美双. 基于全球价值链的温州鞋业集群升级研究[J]. 国际贸易问题,2006(10):55－61.

[91]卓越,张珉. 全球价值链中的收益分配与"悲惨增长"——基于中国纺织服装业的分析[J]. 中国工业经济,2008(7):131－140.

[92] Abernathy W. J. & Townsend P. L. Techonology, productivity, and process change [J]. *Technological Forecasting and Social Change*, 1975 (7):377-396.

[93] Andersson U., Forsgren M. & Holm U. The strategic impact of external networks: Susidiary performance and competence development in the multinational corporation [J]. *Strategic Management Journal*, 2002 (23):979-996.

[94] Axelord R. *The Evolution of Corporation* [M]. New York, NY: Basic Books, 1984.

[95] Bair & Gereffi. Local clusters in global chains: the causes and consequences of export dynamism in Torreon's Blue Jeans industry [J]. *World Development*, 2001, 29(11):1885-1903.

[96] Bair J. Global capitalism and commodity chains: Looking back, going forward [J]. *Competition and Change*, 2005, 9(2):153-180.

[97] Barrientos, Stephanie & Kritzinger A. Squaring the circle: Global production and the informalization of work in South African fruit exports [J]. *Journal of International Development*, 2004, 16(1):81-92.

[98] Barrientos S., Gereffi G. & Rossi A. What are the challenges and opportunities for economic and social upgrading? Concept Note for Manchester Workshop, Dec. 2008.

[99] Berry M.A. & Rondinelli D. A. Proactive corporate environmental management: A new industrial revolution [J]. *The Academy of Management Executive*, 1998, 12(2):38-50.

[100] Boatright J. R. *Ethics in Finance* [M]. Oxford: Blackwell, 1999:57.

[101] Boney A. Industrial transformation in the apparel industry: A comparison of EI Salvador and Hong Kong. *A Comprehensive Exercise*, Carleton College, 2006.

[102] Bowen H. R. *Social Responsibility of the Businessman* [M]. New York, NY: Harper and Brothers, 1953.

[103] Brenner S.N. & Cochran P. The stakeholder theory of the firm: Implications for business and society theory and research, paper presented at the annual meeting of the International Association for Business and Society, Sundance, UT. 1991. 转引自沈洪涛,沈艺峰(2007):161.

[104] Burke L. & Logsdon J.M. How corporate responsibility pays off? [J]. *Long-range Planning*, 1996, 29(4):495-502.

[105] Callon M. The sociology of actor-network: The case of electric vehicle, In Callon M., Law J. & Rip A. (eds.). *Mapping the Dynamics of Science and Technology: Sociology of Science in the Real World*, 1986:19-34.

[106] Campbell J. J. Why would corporations behave in socially responsible ways? A institutional theory of corporate social responsibility [J]. *Academy of Management Review*, 2007, 32(3):946-967.

[107] Carrigan M. & Attalla A. The myth of the ethical consumer—do ethics matter in purchase behavior [J]. *Journal of Consumer Marketing*, 2001, 18(7):560-577.

[108] Carroll A. B. A three-dimensional conceptual model of corporate per-

formance [J]. *Academy of Management Review*, 1979, 4(4):497-505.

[109] Carroll A. B. Corporate social responsibility: Evolution of a definitional construct [J]. *Business and Society,* 1999, 38(3):268-295.

[110] Carroll A.B. The pyramid of corporate social responsibility [J]. *Business Horizons* 34/4(July-August), 1991:39-48.

[111] Chapple W. & Moon J. Corporate social responsibility(CSR) in Asia: A seven-country study of CSR [J]. *Business and Society,* 2005, 44(4): 415-441.

[112] Clarkson MBE. Defining, evaluating, and managing corporate social performance: the stakeholder management model [J]. *Res Corp Soc Perform Policy,* 1991,12:331-358.

[113] Coe N. et al. "Globalizing" Regional Development: A Global Production Networks Perspective[J]. *Transactions of the Institute of British Geographers,* New Series, 2004, 29(4):468-484.

[114] Cowe R. *Investing in Social Responsibility: Risks and Opportunities* (ABI Research Report). Association of British Insurers, London, 2001.

[115] Dacin T.M., Ventresca, M.J. & Beal B.D. The embeddedness of organization: Dialogue and direction[J]. *Journal of Management,* 1999, 25 (3):317-356.

[116] Dahlsrud A. How corporate social responsibility is defined: An analysis of 37 definitions. *Corporate Social Responsibility and Environmental Management,* 2008.

[117] Damgaard T. & Spencer R. Coordination supply chains-Interfacing production networks-or creating market? The case of global integrators and sourcing in China. Http://impgroup.org/uploads/papers/4678.pdf.

[118] Das T.K. & Teng B. S. Between trust and control: Developing confidence in partner cooperation in alliances[J]. *The Academy of Management Review,* 1998, 23(3):491-512.

[119] De Bettignies H.C. Reviewing meanings and contexts of the role of business in society. Paper presented during the Launch of the European Academy of Business in Society, Fontainebleau. *INSEAD*, 2002,(5).

[120] Dicken P. et al. "Globalizing" regional development: A global product networks perspective. *GPN Working Paper*, 2003(3).

[121] Dicken P. *Global Shift (3rd ed.)* [M]. London: P.C.P., 1998.

[122] Donaldson T. & Preston L. A stakeholder theory of the corporation: Concepts, evidence, and implications [J]. *Academy of Management Review,*

1995, 20(1):65-91.

[123]Dore R. Goodwill and the spirit of market capitalism[J]. *British Journal of Sociology*, 1983, 34:459-482.

[124]Drucker P. F. The Practice of Management. New York, NY: Harper & Row Publishers,1954.

[125]Dyer J. H. & Ouchi W.G. Japanese-style partnerships:Giving companies a competitive edge [J]. *Sloan Management Review*, 1993, 35(1):51-63.

[126]Echols A. & Tsai. W. Niche and Performance:The moderating role of network embeddedness[J]. *Strategic Management Journal*, 2005, 26(3).

[127]Ernst D. & Kim L. Global production networks, knowledge diffusion, and local capability formation. A conceptual framework. *East-West Center Working Papers*, 2001(19).

[128]Ernst D. & Kim L. Global production networks, knowledge diffusion, and local capability formation [J]. *Research Policy*, 2002 (31): 1417-1429.

[129] Ernst D. Global production networks and industrial upgrading—A knowledge-centered approach. *East-West Center Working Papers*, 2001(25).

[130] Ernst D. Global Production Networks and the Changing Geography of Innovation Systems: Implications for Developing Countries. *East-West Center Working Papers*, 2000(9).

[131]Ernst D. Global production networks and the changing geography of innovation systems: implications for developing countries. *Economics of Innovation & New Technology*, 2002,11(6): 497-524.

[132]Ernst D. How Globalization Reshapes the Geography of Innovation Systems. Reflections on Global Production Networks in Information Industries. Paper for DRUID 1999 Summer Conference on Innovation Systems, 1999:9-12.

[133] Ernst D. How sustainable are Benefits from Global production Networks? Malaysia's upgrading prospects in the Electronics Industry. *East-West Center Working Papers,* 2003a(57).

[134]Ernst D. Pathways to innovation in the Global Network Economy:Asian Upgrading Strategies in the Electrics Industry. *East-West Center Working Papers*, 2003b(58).

[135]Evan W.M. & Freeman R.E. A stakeholder theory of the modern corporation: Kantian capitalism, in T. Beauchamp & N. Bewie(eds.), *Ethical Theory and Business*. Englewood Cliffs, NJ: Prentice Hall, 1998:97-106.

[136] Forstater M. Sectoral coverage of the global economic crisis: Implications of the global financial and economic crisis on the textile and clothing sector. International Labour Organization(ILO) Sectoral Activities Programme, 2010.

[137] Freeman R. E. *Strategic Management: A Stakeholder Approach* [M]. Pitman Publishing Inc., 1984.

[138] Freeman R. E. The politics of stake theory: Some future directions [J]. *Business Ethics Quarterly*, 1994, 4(4): 409.

[139] Garriga E. & Mele Dome'nec. Corporate social responsibility theories: Mapping the territory[J]. *Journal of Business Ethics*, 2004(53): 51-71.

[140] Gereff G. The organization of buyer -driven global commodity chains: how US retailers shape overseas production networks, in Gereffi and Korzeniewicz (eds.), *Commodity Chains and Global Development*. Westport, Praeger, 1994: 95-122.

[141] Gereffi G. & Frederick S. The global apparel value chain, trade and the crisis: Challenges and opportunities for developing countries. *Policy Research Working Paper*, 2010: 5281.

[142] Gereffi G. & Memedovic O. The global apparel value chain: what prospects for upgrading by developing countries? [R] Paper presented at UNIDO Strategic Research and Economics Branch, Vienna, 2003.

[143] Gereffi G. & Tam T. Industrial upgrading through organizational chains: Dynamics of rent, learning, and mobility in the global economy. Paper presented at the 93rd Annual Meeting of the American Sociological Association. San Francisco, CA, 1998: 21-25.

[144] Gereffi G., Humphrey J. & Sturgeon T. The Governance of Global Value Chains[J]. *Review of International Political Economy* 2005, 12 (1): 78-104.

[145] Gereffi G. A commodity chains framework for analyzing global industries [Z]. *Working Paper for IDS*, 1999b.

[146] Gereffi G. International trade and industrial upgrading in the apparel commodity chain[J]. *Journal of International Economics*, 1999a(48): 37-70.

[147] Ghai D. *Decent Work: Concepts, Models and Indicators*, 2002.

[148] Ghai D. Decent work: Universality and diversity, in Decent work: Objectives and strategies Edited by Ghai D, 2006. Http://www.ilo.int/public/english/bureau/inst/download/decentghai.pdf.

[149]Ghai D. Education and decent work: Concepts, models and indicators. ILO, 2002. Http://papers.ssrn.com/s013/papers.cfm.

[150]Gibbon P. The African growth and opportunity act and the global commodity chain for clothing[J]. *World Development*, 2003, 31(11):1809-1827.

[151]Girvan N. Transnational corporations and non-fuel primary commodities in developing countries[J]. *World Development*, 1987,15(3):713-740.

[152]Godfrey P. & Hatch N. Researching corporate social responsibility: An agenda for the 21st century[J]. *Journal of Business Ethics*, 2007,(70): 87-98.

[153]Graafland J. & J. Eijffinger. S.C.W. Corporate social responsibility of Dutch companies: benchmarking, transparency and robustness[J]. *De Economist*, 2004(3):152.

[154]Granovetter M. Economic action and social structure: The problem of embeddedness[J]. *American Journal of Sociology*, 1985, 91(3):481-510.

[155]Granovetter M. The strength of weak ties[J]. *American Journal of Sociology*, 1973, 78(6):1360-1380.

[156]Griffin J. J. & John M. F. The corporate social performance and corporate financial performance debate: Twenty five years of incomparable research[J]. *Business and Society*, 1997, 36(1):5-31.

[157]Grunsven L. V. & Smakman F. Competitive adjustment and advancement in global commodity chains II: The case of the Singapore garment industry[J]. *Singapore Journal of Tropical Geography*, 2002, 23(1):70-92.

[158]Guha A. & Ray A. S. India and Asia in the world economy: The role of human capital and technology[J]. *International Studies*, 2002, 41(3).

[159]Gulati R. Network location and learning: The influence of network resources and firm capabilities on alliance formation[J]. *Strategic Management Journal*, 1999(20):397-420.

[160]Hagedoom J. Understanding the cross-level embeddedness of interfirm partnership formation[J]. *Academy of Management Review*, 2006, 31(3):570-680.

[161]Handelman J. M. & Stephen J. A. The role of marketing actions with a social dimension appeals to the institutional environment[J]. *Journal of Marketing*, 1999, 63(3):33-48.

[162]Hardjono T. W. & Marrewijk M. The social dimensions of business excellence[J]. *Corporate Environmental Strategy*, 2001, 8(3):223-233.

[163]Hassler M. The global clothing production system: Commodity chains

and business networks[J]. *Global Networks*, 2003(3):513-531.

[164] Heal G. Corporate social responsibility: A economic and financial framework. *The Geneva Papers*, 2005.

[165] Herderson J. et al. Global production networks and the analysis of economic development. *GPN Working Paper*, 2002b(1).

[166] Herderson J. et al. Global production networks and the analysis of economic development [J]. *Review of International Political Economy*, 2002, 9(3):436-464.

[167] Hopkins T. & Wallerstein I. Commodity chains in the world economy prior to 1800[J]. *Review*, 1986, 10(1):157-170.

[168] Hopkins T. & Wallerstein I. Patterns of development of the modern world-system[J]. *Review*, 1977, 1(2):111-145.

[169] Humphrey J. & Schmitz H. Developing country firms in the world economy: Governance and upgrading in the global value chains. Duisburg: University of Duisburg, *INEF Resport*, 2002b(61).

[170] Humphrey J. & Schmitz H. How does insertion in global value chains affect upgrading in industrial clusters? [J]. *Regional Studies*, 2002a, 36(9):1017-1027.

[171] Humphrey J. Upgrading in global value chains. *ILO Working Paper*, 2004(28).

[172] ILO. A fair globalization: Creating opportunities for all, report of the world commission on the social dimension of globalisation. Geneva, 2004.

[173] Jamali D. & Mirshak R. Corporate social responsibility (CSR): Theory and practice in a developing country context [J]. *Journal of Business Ethics*, 2007, 27(3):243-262.

[174] Johannessen J. A., Olaisen B and Olaisen J. Aspects of innovation theory based knowledge-management [J]. *Internation Journal of Information Management*, 1999(19).

[175] Jonathan A. Assessment of technology transfer emerging from integration into buyer-drivern commodity chains in the global apparel industry, 2006. Http://www.jounathanfink.com/Fink_Naghshpour_2006.doc.

[176] Jones C., Hesterly W. S. and Borgatti S. P. A general theory of network governance: exchange conditions and social mechanisms[J]. *Academy of Management Review*, 1997, 22(4):911-945.

[177] Juholin E. For business or the good of all? A Finnish approach to corporate social responsibility[J]. *Corporate Governance*, 2004, 4(3):20-31.

[178] Kagnicioglu D. & Kagnicioglu C. H. Descriptive analysis of social standards for suppliers in top 100 fortune global 500 companies [J]. *Journal of American Academy of Business*, 2007,11(1):330-337.

[179] Kakkainen B. Fung A. & Sabel C. After backyard environmentalism: Toward a performance-based regime of environmental regulation [J]. *American Behavioral Scientist*, 2000, 44:690-709.

[180] Kaplinsky R. & Morris M. *A Handbook for Value Chain Research*, IDRC,2002.

[181] Kaplinsky R. Globalisation, industrialisation and sustainable growth: The pursuit of the Nth rent. Brighton:Institute of Development Studies, University of Sussex, *Discussion Paper*, 1998(365).

[182] Kaplinsky R. Globalisation and Unequalisation: What Can Be Learned from Value Chain Analysis?*Journal of Development Studies*, 2000,37(2).

[183] Keck M. & Sikkink K. *Activists Beyond Borders: Advocacy Networks International Politica*. Ithaca, NY:Cornell University Press, 1998.

[184] Keohane R. Reciprocity in international relations [J]. *International Organization*, 1986, 40(1):1-27.

[185] Kilduff P. Patterns of djustment in the US textile and apparel industry since 1979[J]. *Journal of Fashion Marketing and Management*, 2005, 9(2):180-194.

[186] Knack S. & Keefer P. Does social capital have an economic payoff? A cross-country investigation. *Quarterly Journal of Economics*, 1997:1250-1288.

[187] Knutsen H. Industrial development in buyer driven networks: The garment industry in Vitnam and Sri Lanka[J]. *Journal of Economic Geography*, 2004(4):545-564.

[188] Kotler P. & Lee N. *Corporate Social Responsibility: Doing the Most Good for Your Company and Your Cause*. New Jersey, NJ: John Wiley & Sons, Inc., 2005.

[189] Laaksonen T. et al. Cooperative strategies in customer-supplier relationships: The role of interfirm trust[J]. *International Journal of Production Economics*, 2008. doi:10.1016/j.ijpe.2008.07.029

[190] Latour B. On recalling ANT. In J. Law & J. Hassard(eds.), *Actor-Network Theory and After*. Oxford: Blackwell, 1999:15-25.

[191] Latour B. *Science in Action: How to Follow Scientists and Engineers Through Society*. Milton Keynes, England: Open University Press, 1987.

[192] Law J. After ANT: Complexity, naming and topology. In J. Law, & J. Hassard(eds.), *Actor-Network Theory and After*. Oxford: Blackwell,

1999:1-14.

[193] Law J. Technology and heterogeneous engineering: The case of Portuguese expansion. In W. Bijker, T. Hughes & T. Pinch(eds.), *The Social Construction of Technological Systems.* Cambridge, MA: MIT Press, 1999.

[194] Lobrin-Satumba A. C. Promoting decent work in global production systems: a case study on decent work and business process outsourcing in financial services in the Philippines. The Fourth Technical Workshop ILO/JILPT Fifth Round of Joint Investigative Studies, 2007:11-12.

[195] Loïc Sauvée. Efficiency, Effectiveness and the Design of Network Governance, 5th International Conference on Chain Management in Agribusiness and the Food Industry. The Netherlands: Noordwijk an Zee, 2002.

[196] MacCaulay S. Non-contractual relations in business: A preliminary study [J]. *American Sociological Review*, 1963(28):55-57.

[197] Maignan I The Netherlands, Ralston D. A. Corporation social responsibility in Europe and the U.S.: Insights from business self-presentations [J]. *Journal of International Business Studies,* 2002(33):497-514.

[198] Mallin C. A. Saadouni B. & Briston R. J. The financial performance of ethical investment funds[J]. *Journal of Business Finance and Accounting*, 1995,(22):486-496.

[199] Mansley M. *Socially Responsible Investment: A Guide for Pension Funds and Institutional Investors*. Sudbury, UK: Monitor Press, 2000.

[200] Margolis J.D. & Walsh J.P. Misery loves companies: rethinking social initiatives by business [J]. *Administrative Science Quarterly,* 2003 (48):268-305.

[201] Margolis J.D. & Walsh J.P. People and Profits? *The Search for a Link Between a Company's Social and Finacial Performance.* Mahwah, NJ: Lawrense Erlbaum Associations, 2001.

[202] Marsden C. Competitiveness and corporate social responsibility. Ethics feature: social responsibility, organization and people[J]. *Quality Journal of AMED, the Developers Network*, 1996, 3(2):6-12.

[203] Martin C.J. Corporatism from the firm perspective[J]. *British Journal of Political Science,* 2005(35):127-148.

[204] McMillan J. Managing supplier incentives systems in Japanese and U.S. industry [J]. *California Management Review*, 1990, 32(4):38-55.

[205] Mera A. The World Textile and The Japanese Apparel Market, At

International Symposium(Asia Clothing Industry at a crossroads amid Intensified Global Competition) Sponsored by The Institute of Developing Economics, JETRO, 2007.

[206] Messick D. & Machie D. Intergroup relations[J]. *Annual Review of Psychology*, 1989(40):45-81.

[207] Miettinen R. The riddle of things: Activity theory and actor-network theory as approaches to studying innovations[J]. *Mind, Culture, and Activity*, 1998, 6(3):170-195.

[208] Mitchell K. Agle B. & Wood D. J. Toward a theory of stakeholder Identification and Salience: Defining the principle of who and what really counts[J]. *Academy of Management Review,* 1997, 22(4):874.

[209] Mohr L. A. & Webb J. D. The effects of corporate social responsibility and price on consumer responses[J]. *Journal of Consumer Affairs*, 2005, 39(1):121-147.

[210] Mohr L. A., Webb D. J. & Harris K E. Do consumers expect companies to be socially responsible? The impact of corporate social responsibility on buying behavior[J]. *Journal of Consumer Affairs*, 2001, 35(1): 45-72.

[211] Nonaka, I. & Konno N. The concept of "Ba": building a foundation for knowledge creation [J]. *California Management Review*, 1998, 40(3): 40-54.

[212] Nonaka. I. The knowledge-creating company[J]. *Harvard Business Review,* 1991, (6):96-104.

[213] Nowak Martin A. & Sigmund K. Shrewd investments [J]. *Science*, 2000(288):819-820.

[214] Orlitzky M., Schnidt F. L. & Rynes S. L. Corporate social and financial performance: A meta-analysis [J]. *Orgnaization Studies,* 2003(24): 403-441.

[215] Panapanaan et al. Roadmapping corporate social responsibility in Finnish companies[J]. *Journal of Business Ethics*, 2003, 44(2/3):133-148.

[216] Paredes G. M. et al. Decent work in Santo André: Results of a multimethod case study. *Habitat International,* 2007.

[217] Pave M. & Krausz J. The association between corporate social-responsibility and financial performance: the paradox of social cost [J]. *Journal of Business Ethics*, 1996, 15:321-357.

[218] Perrini F, Pogutz S. & Tencati A. *Developing Corporate Social Re-*

sponsibility: A European Perspective. UK; MA, USA: Edward Elgar Cheltenham, 2006.

[219] Perrini F., Pogutz S. & Tencati A. Developing corporate social responsibility: A European Perspective. UK; MA, USA: Edward Elgar, Cheltenham, 2006.

[220] Pietrobelli C. & Saliola F. Power relationships along the value chain: Multinational firms, global buyers, and local suppliers performance. University of Rome, *CREI Working Paper* 2006(2). Http://host.uniroma3.it/centri/CREI, 2006.

[221] Poon TSC. Beyond the global production networks: a case of further upgrading of Taiwan's information technology industry [J]. *Technology and Globalization*, 2004, 1(1): 130-145.

[222] Porter. M. E. & Kramer. M. R. Strategy and society: The link between competitive advantage and corporate social responsibility [J]. *Harvard Business Review*, 2006(12): 1-16.

[223] Porter M.E. *The Competitive Advantage of Nations*. New York, NY: Free Press, 1990.

[224] Powell, W. Neither market nor hierarchy: Networks forms of organization[J]. *Research in organizational Behavior*, 1990(12): 295-336.

[225] Remesh B. P. Decent work in global production systems: a study of India's IT services and ITES/BPO Sector. The Fourth Technical Workshop ILO/JILPT Fifth Round of Joint Investigative Studies, 2007: 11-12.

[226] Robert R. Determinants of corporate social responsibility disclosure: an application of stakeholder theory" [J]. *Accounting, Organizations and Society*, 1992, 17(6): 595-612.

[227] Roman et al. The relationship between social and financial performance: repainting a portrait[J]. *Business and Society*, 1999, 38(1): 110-125.

[228] Roper S. & Grimes S. Wireless valley, silicon wadi and digital island—Helsiniki, Tel Aviv and Dublin and the ICT global production network, 2005: 297-313.

[229] Ruf B.M. An empirical investigation of the relationship between change in corporate social performance and financial performance: A stakeholder theory perspective [J]. *Journal of Business Ethics*, 2001, 32 (2): 144-160.

[230] Sacconi L. A social contract account for CSR as an extended model of

corporate governance(I):Rational Bargaining and Justification[J]. *Journal of Business Ethics*, 2006(68):259-281.

[231] Sagers et al. Coordinating efforts in virtual communities:Examining network governance in open source. Proceedings of the Tenth Americas Conference on Information Systems, New York, 2004:2695-2698.

[232] Sako M. *Prices, Quality and Trust: Inter-firm Relations in Britain and Japan.* Cambridge: Cambridge University Press, 1992.

[233] Sankar S. & Bhattacharya. C.B. Does doing good always lead to doing better? Consumer reactions to corporate social responsibility[J]. *Journal of Marketing Research*, 2001,38(2):225-243.

[234] Schuler D.A. & Cording M. A corporate social performance-Corporate financial performance behavioral model for consumers[J]. *Academy of Management Review*, 2006,31(3):540-558.

[235] Sheikh S. *Corporate Social Responsibilities: Law and Practice.* London: Cavendish Publishing Limited, 1996.

[236] Smith J. Globalization and transnational social movement organizations. In Davis G.F. et al.(eds.). *Social Movements and Organization Theory.* New York:Cambridge University Press, 2005: 226-248.

[237] Solomon A. & Solomon J. F. The SRI dilemma for pension fund trustees:Some perceptions of their evolving role. *Business Relationships, Accountability, Sustainability and Society(BRASS), Working Paper Series,* 2002,(7):1-45.

[238] Stoker G. Governance as Theory:Five Propositions. UNESCO, 1998: 17-18.

[239] Sturgeon T.J. How do we define value chains and production networks? Background Paper Prepared for the Bellagio Value Chains Workshop, 2000.

[240] Target S. Friends plans to give ethical lead(Companies and markets). *Financial Times*, 2000.

[241] Taudes A. Trcka M. & Lukanwicz M. Organizational learning in production networks[J]. *Journal of Economic Behavior & Organization* 2002,(47):141-163.

[242] Thoburn J. The impact of the world garment recession on the textile and garment industries of Asia. Seoul(Korea) Workshop:Nov. 13-15:United Nations Industrial Development Organization(UNIDO).

[243] Thompson, Edmund. Technology transfer to China by Hong Kong's Cross-border garment firms. *The Developing Economies*, 2003:88 111.

[244] Tim R. & Shawn B. A brand new brand of corporate social performance [J]. *Business and Society*, 2000,39(4):397-398.

[245] Troast J. G. et al. Institutions as barriers and enablers to negotiated agreements: Institutional entrepreneurship and the Plum Creek Habit Conservation Plan. In Hoffman A. J. & Vantresca(eds.), *Organizations, Policy and the Natural Environment*. Stanford, CA: Stanford University Press, 2002: 235-261.

[246] Ullmann A. Data in search of a theory: A critical examination of the relationship among social performance, social disclosure and economic performance of U.S. Firms' [J]. *Academy of Management Review*, 1985,10(3):540-557.

[247] USITC(United States International Trade Commission). Textiles and Apparel: Assessment of the Competitiveness of Certain Foreign Suppliers to the U.S. Market [R].*USITC Publication*, 2004(1):3671.

[248] Verschoor C. C. Consumers consider the importance of corporate social responsibility[J]. *Strategic Finance*, 2006(2).

[249] Virgilio et al. Roadmapping corporate social responsibility in Finnish companies[J]. *Journal of Business Ethics*, 2003(44).

[250] Vurro C. The evolutionary path of the concept of CSR. In Perrini, F., Pogutz, S. & Tencati A (ed.), *Developing Corporate Social Responsibility: A European Perspective*. UK; MA, USA: Edward Elgar Cheltenham, 2006.

[251] Warhurst A. Corporate social responsibility and human of international affairs, April 1998, London.

[252] Wicks et al. Feminist reinterpretation of the stakeholder concept [J]. *Business Ethics Quarterly*, 1994, 4(4):474-497.

[253] Wijnberg N. M. Normative stakeholder theory and aristotle: The link between ethics and politics [J]. *Journal of Business Ethics*, 2000(25): 329-342.

[254] Williams S. UK ethical investment: A coming of age[J]. *Journal of Investing*, 1999:58-75.

[255] Yoruk D. E. Patterns of industrial upgrading in the clothing Industry in Poland and Romania. *School of Slavonic & East European Studies Working Paper*, 2001(19).

[256] Zack M. H. Managing Codified Knowledge [J]. *Sloan Management Review*, 1999, 40(4):45-58.

[257] Zhao L.F. & Gu Q.L. Corporate social responsibility in China apparel industry. *Proceedings of World Academy of Science, Engineering and Technology*, 2009a(39):225-229.

[258] Zhao L.F. & Gu Q.L. Decent work and industrial upgrading in global production network: A case of China apparel industry. *Journal of Donghua University*, 2011, 28(6).

[259] Zhao L.F. & Gu Q.L. Globalization and industrial upgrading: A case of China apparel industry. The Proceedings of 2009 Conference on Systems Science, Management Science & System Dynamics, 2009b(9):161-168.

[260] Zhao L.F., Ding Z.J. & Gu Q.L. Industrial upgrading in global production network: A case of China apparel industry. *Proceedings of the Fiber Society 2009 Spring Conference*, 2009(2):1207-1211.

[261] Zukin S. & DiMaggio P. *Structures of Capital: The Social Organization of Economy* [M]. *Cambridge*, MA: Cambridge University Press, 1990.

后　记

发展中国家的产业升级是经济学界研究的一个焦点问题，其研究框架随着经济全球化的进一步发展，从全球商品链到全球价值链再到全球产业网络，处于不断发展和完善中。2008 年 11 月由国际劳工组织主持的曼彻斯特工作会议提出了"Capturing the Gains: Industrial and Social Upgrading in Global Production Networks"研究命题，以期构建全球产业网络研究的国际网络。本书的研究就是以中国纺织服装业为例对这一命题的验证。

本研究尝试突破经济升级和社会升级平行的研究路径，从全球产业网络分析框架的经济性和社会性出发，探讨全球产业网络情景下企业社会责任的传导约束机制，验证企业社会责任与经济升级和社会升级之间的关系。我们的研究得到了一些有意思的结果。坦率地说，从方法论角度还需要进一步完善，但是实证分析和案例分析都表明，企业社会责任可以促进企业的经济升级和社会升级。

本书是国际劳工组织项目 *Decent Work and Industrial Upgrading in Global Production Network: A case of China Apparel Industry*（项目号：40041167/0）和浙江省社会科学界联合会重点项目《企业社会责任与产业升级——以服装产业为例》（项目号：08Z24）的研究成果，课题组成员包括东华大学顾庆良教授、浙江理工大学赵林飞副教授、宁波大学的陶菁老师、东华大学旭日工商管理学院硕士研究生蔡峻、丁卓君以及浙江理工大学经济管理学院硕士研究生盛龙。在这里向他们的付出表示衷心的感谢。

特别感谢参与调查的企业，为我们的研究提供了详实的资料，这些企业的厂长经理以极大的耐心、热情和信任参与讨论。浙江纺织服装职业技术学院的老师在调研过程中给予了大力支持和帮助。没有他们的支持，就不可能有今天这本书。

本书的出版得到了 2010 年度浙江理工大学人文社会科学出版基金的资助，在这里表示特别的感谢。

衷心感谢浙江省特级专家陆立军教授百忙之中为我们的拙作作序。

感谢浙江大学出版社张琛编辑的热心帮助和支持。